活下去
才是硬道理

华为的 36 条生存法则

余胜海 / 著

SPM
南方传媒　广东人民出版社
· 广 州 ·

图书在版编目（CIP）数据

活下去才是硬道理：华为的36条生存法则 / 余胜海著. —广州：广东人民出版社，2024.2（2025.8重印）

ISBN 978-7-218-16921-7

Ⅰ.①活… Ⅱ.①余… Ⅲ.①通信企业—企业文化—研究—深圳 Ⅳ.①F632.765.3

中国国家版本馆CIP数据核字（2023）第175392号

HUOXIAQU CAI SHI YINGDAOLI：HUAWEI DE 36TIAO SHENGCUN FAZE
活下去才是硬道理：华为的36条生存法则

余胜海　著

出 版 人：肖风华

策　　划：李　敏
责任编辑：李　敏　温玲玲
装帧设计：仙　境　奔流文化
责任技编：吴彦斌　马　健

出版发行：广东人民出版社
地　　址：广州市越秀区大沙头四马路 10 号（邮政编码：510199）
电　　话：（020）85716809（总编室）
传　　真：（020）83289585
网　　址：http://www.gdpph.com
印　　刷：广州市豪威彩色印务有限公司
开　　本：787 毫米 ×1092 毫米　1/16
印　　张：18.5　字　数：250 千
版　　次：2024 年 2 月第 1 版
印　　次：2025 年 8 月第 2 次印刷
定　　价：78.00 元

如发现印装质量问题，影响阅读，请与出版社（020-85716849）联系调换。
售书热线：（020）87716172

华为技术有限公司创立于1987年，在30多年的成长历程中，经历了四次"寒冬"和八次重大危机，但它不仅没有被这一系列的考验击垮，反而一次次浴火重生，蜕变为世界级的知名企业，创造了中国乃至世界企业发展史上的奇迹。华为九死一生的成长经历堪称一部"悲壮战斗史"，不仅展现了极强的韧性与风骨，而且走出了一条教科书式的技术自立自强的发展之路。

居安思危是华为的生存之道。众所周知，华为公司的创始人、总裁任正非是一位具有强烈忧患意识的企业家，他在《华为的冬天》里写道："10年来我思考的都是失败，对成功视而不见，也没有什么荣誉感、自豪感，而是危机感。"正是这种忧患意识让华为活了下来。

对于生存危机，任正非始终保持着与生俱来的警惕。他每隔三五年就在华为拉响"冬天"的警报，要求华为人保持清醒的头脑，戒骄戒躁、居安思危。因为，他知道企业的生死其实只在一线之间，唯有在"冬天"来临之前，把过冬的"棉袄"（现金流）准备好，才能活下去！

活下去，是华为贯穿于过去、现在和未来的纲领性主张。从2001年IT泡沫破灭后，任正非就一直高喊"活下去"，并把"活下去"作为公司最高纲领，使得华为的干部坚持自我批判、自我反思，不断谋求内部变革，应对各种挑战和潜在危机，做好极限生存准备，并成功地化解危机，顺利度过一个又一个"寒冬"。

坚守商业常识是华为的生存法则之一。30多年来，华为始终把"以客户为中心"作为极致追求，从未动摇，并把"以客户为中心"的价值观融入公司的制度与流程体系中，融进华为人的血液之中。

一流管理只讲常识，敬畏常识。华为的成功并不精妙，也不高深，都是企业经营管理中最朴素的常识。只要坚守这个常识，企业就可以长久地生存下去。

持续创新是华为不死的基因，也是华为应对不确定性的秘密武器。华为能从当年2万元起家的程控交换机代理商发展成为全球ICT（信息与通信技术）行业的领导者和世界500强企业，不坚持创新是不可能的。对于企业而言，创新未必能活，但不创新一定会死。

为了活下去，华为奉行"长期主义"，每年把营收的10%以上用于研发，在过去的10年里，累计投入研发资金达到9773亿元。近年来，华为在极度困难的情况下，研发投入仍有增无减，实现了从技术追随者到领导者的跨越，这就是华为绝地重生的真正原因。

多年的持续高投入，让华为成为全球最大的专利持有企业之一。目前，全球有数十家企业与华为签订了双边协议和付费专利许可，现在也轮到华为"摘果子"了。

华为扎根基础科学研究，敢从"根"上问大道，每年将30%的研发费用用于基础科学研究，这对于一个企业来说是一个惊人的数字。早在2019年，华为就拥有700多名数学家、800多名物理学家、120多名化学家和六七千名技术专家以及6万多名工程师。如果没有基础科学研究，华为就没有全球领先的5G技术并取得芯片技术上的突破。

基础科学研究是一个企业从优秀走向伟大的标志，比如IBM、谷歌、苹果等科技公司都有很强的基础科学研究能力。过去的120年，世界上伟大的科学成就都是从基础科学研究开始的。

在基础科学研究上，华为主张"向上捅破天，向下扎到根"，不断逼近香农极限，突破工程技术瓶颈。同时鼓励科学家和工程技术人员在基础科学研究上大胆探索，宽容失败，让华为的领先技术和产品在不断试错过程中变得更加强大，在世界上遥遥领先。

美国为什么害怕华为，倾全国之力打压华为？就是因为华为在搞基础科学研究，做底层架构，而且在一些重大基础科学研究和前沿技术方面领先美国，打破了美国的科技霸权。

华为是一个用理想牵引发展的伟大公司，始终保持战略定力，专注于ICT领域。在华为快速发展时期，正逢中国房地产业爆发，很多做实业的企业家都去做房地产了。面对巨大的诱惑，华为从没有动摇过，始终坚守实业，不搞房地产，不搞资本运作，坚守自己的理想。

华为的生存之道就是不搞多元化，聚焦主航道，"不在非战略机会点消耗战略竞争力量"，一旦出现重大战略机会就不惜代价，"饱和投入"，在关键领域建立起绝对领先优势。

提起华为，大家都说其组织执行力强，能打硬仗、胜仗。其实，华为的执行力源自自我驱动和机制驱动。任务下达，华为人就马上行动，立即执行，现在就干，绝不拖延！

如果战略是正确的，但执行力跟不上，那么企业仍然是失败的。研究表明，一个企业的成功，20%在于战略，80%在于执行。当目标确定，执行力就变得最为关键。很多企业的失败不是战略的问题，而是战略执行的问题，再好的战略，如果不执行，那也只是空谈。

组织结构是决定企业可持续发展的第一要素。华为构建起了"以客户为中心"的矩阵式组织，推行在董事会领导下的轮值董事长制度，实行集体决策。

同时简化业务流程，把决策权授予一线团队，让"听得见炮声的人来决策"，形成一个"铁三角"式的组织架构，一线员工直接面对市场需求，整个系统为前线提供资源和服务，领导层提供后勤支持保障，让整个组织形成强大的执行力和战斗力。

为了活下去，华为坚持"以奋斗者为本，长期艰苦奋斗"。不管是在早年野蛮生长时期，还是在IT泡沫时期，或是后来的"黄金十年"以及近几年的至暗时刻，华为始终保持艰苦奋斗，并让"奋斗文化"落地生根。

"以奋斗者为本，不让奋斗者吃亏"的分配原则，给华为注入了强大的生命力，一个"胜则举杯相庆，败则拼死相救"的铁血军团就是在这种土壤里培育出来的。华为能走到今天，就是因为这个组织拥有强大的个体和群体奋斗的精神力量。蓬生麻中，不扶自直！

华为之所以能保持30年的快速发展，与其基于人性的管理机制设计是密不可分的。

任正非对人性有着深入的洞察。他说："管理就是洞察人性，激发人的欲望。欲望的激发和控制构成了一部华为的发展史。一家企业管理的成与败、好与坏，背后所展示的逻辑，都是人性的逻辑、欲望的逻辑。"任正非的高明之处在于，他既能看到人性的"善"，又不回避人性的"恶"，用机制激励人天使的一面，用制度约束人魔鬼的一面。

通人性，方能聚人心。于是，员工对财富自由度、权力、成就感等的多样化诉求，构成了华为管理哲学的底层架构。任正非最重要的工作就是分票子、分位子（权力）、分面子（荣誉），与员工一起共享财富、权力和成就感，大家"力出一孔，利出一孔"，将华为推上让竞争对手难以企及的高度。

员工持股是华为"利益共享"制度设计的核心。华为一直在回避资本市场的诱惑，拒绝上市，实行员工持股。截至2022年底，华为有14.2万名员工持有公司股份，占公司总股份的99.27%，而任正非仅持有不到1%的股份，这在中国乃至全球商界都是绝无仅有的。

近几年来，尽管华为困难重重，收入和利润大幅下降，但华为坚持分红。2022年，华为拿出719.6亿元给员工分红，人均分红50.5万元，这是华为历史上给员工派发的最大"红包"。员工持股制度不仅吸引、团结、留住了优秀人才，企业和员工之间形成了一个利益共同体和事业共同体，把秀才变成战士，给华为注入了强大的生命力。

研究表明，舍得在员工身上花钱的企业，管理成本是最低的。华为把赚到的钱拿出来与员工分享，收获的是人心的归附。

华为之所以能在美国的极限打压下生存下来，其中一个重要的方法就是未雨绸缪。任正非早在2004年就做出过极限生存的假设："10年后，我们要面临与美国企业的激烈冲突，要有思想准备！"于是，华为成立了海思半导体有限公司，数千名海思人从此踏上了科技史上最为悲壮的"长征"，为华为未来的生存打造"备胎"。2016年，华为启动了"铸魂工程"，鸿蒙操作系统正式立项。

2019年5月15日，美国商务部以"国家安全"为由将华为公司及其70家附属公司列入了出口管制"实体清单"，禁止华为从美国企业购买技术和配件。面对美国的围追堵截，华为放弃幻想，以向死而生的勇气，打响绝地反击战。

当天，华为的"备胎"在一夜之间全部"转正"，华为自己研发的麒麟5G芯片替代了进口芯片，鸿蒙和欧拉操作系统相继投入使用，给华为带来喘息的机会和应对挑战的底气。

为了解决"卡脖子"的问题，华为启动了"南泥湾项目"，加快"去美国化"的步伐。经过4年的艰苦努力，华为重新构建了一条半导体全产业链和元器件供应链，在自主芯片设计生产方面已经取得全面突破，华为麒麟5G芯片已经强势回归。同时，华为对旧有ERP系统进行替换，将其自主研发的MetaERP系统投入使用，重新定义企业核心商业系统，彻底摆脱对美国等西方国家的依赖。

艰难困苦，玉汝于成。华为经过几年的艰苦努力，终于突破了美国的技术封锁，经受住了严峻的考验，各项经营业务已经回归正常，2023年的销售收入超过7000亿元人民币，再次把所有竞争者都抛到了身后。

任正非说，"没有退路就是胜利之路"。我认为，胜利有三种：机会主义者只能得到暂时性的胜利，实用主义者会获得阶段性的胜利，长期主义者才能赢得持续性的胜利。华为能够战胜强大的美国，就在于坚持长期主义。

"活下去"不仅是华为的最高纲领，也是企业家的使命以及所有企业追求的终极目标。一个企业活下去并非易事，要长期地活下去则更难。

有数据显示，中国中小企业的平均寿命只有2.5年，能够在激烈的市场竞争中存活下来已实属不易，能够做大做强的更是凤毛麟角。对于企业家来讲，应该长期研究企业如何活下去。

尤其是在这个高度不确定性的当下，我们正在经历百年未有之大变局，企业的信心与韧性面临挑战。对于企业而言，如何构筑长期竞争力，提高生存力，成为一个极其紧迫而有着重大现实意义的课题。华为的逆境生存之道为中国企业提供了从"活下去"到"活得好"的学习范本。方法是至高无上的力量，企业想活下去就有活下去的方法。《活下去才是硬道理：华为的36条生存法则》具有很强的普适性，对中国企业有着积极的启发和借鉴意义。我写这本书的目的，就是想助力中国企业经营管理者在不确定性的环境中，破解企业生存和发展的难题，摆脱各领风骚三五年的宿命，走上可持续发展之路！

目录
contents

生存法则1：

坚守常识

——流管理只讲常识，敬畏常识。30多年来，华为始终把"以客户为中心"作为极致追求，从未动摇，并把"以客户为中心"的价值观融入公司的制度与流程体系中，融进华为人的血液之中。华为之所以能在美国的极限打压下生存下来，就是因为华为坚守住了"以客户为中心"这一基本常识。

‖ 为客户而存在

"现代营销学之父"菲利普·科特勒指出："在一个产品泛滥而客户短缺的世界里，'以客户为中心'是成功的关键。"

"以客户为中心"是华为的生存法则。华为为什么要把客户放在第一位？

2001年7月，华为内刊《华为人》准备刊发一篇文章，题目是《为客户服务是华为存在的理由》，任正非审稿时在题目上加了两个字，变成《为客户服务是华为存在的唯一理由》。

任正非认为："华为命中注定是为客户而存在的，除了客户，华为就没有任何存在的理由，所以是唯一理由。"也就是说，在华为公司，除了客户以外，没有任何人、任何体系可以给公司持续创造利润。华为是生存在客户价值链上的，华为的价值只是客户价值链上的一环。任正非曾说："谁来养活我们？只有客户。不为客户服务，我们就会饿死。不为客户服务，我们拿什么给员工发工资？"因此，只有以客户的价值需求为准则，华为才可以持续存活。

为客户服务是华为的生存之本，一切都要以客户为中心。严冬时节，雪封大地，华为员工前去解决客户问题，被困在零下二十多度的车上；夏天烈日炎炎，外出的华为员工挤在闷热的长途车上。大年三十，爬上高高的铁塔维修也是家常便饭。他们不分昼夜，坚守在岗位上，维护着华为的声誉。这样的例子在华为的成长过程中举不胜举。

1997年冬季的一天，陈雪志刚到华为西安办事处工作，就碰上了一件棘手的事情。延安电信局订购的设备迟迟不到，客户打电话催了多次，电信设备终于送到了，但是设备频频出现问题，延安电信局的领导火冒三丈，直接把投诉信传真到华为总部。华为收到客户投诉后，立即指派陈雪志处理这件事。当天下午，陈雪志和一名工程师从西安乘火车，赶到延安时已经是深夜，他们两人冻得瑟瑟发抖，找到一家小旅店歇脚。第二天一大早，两人赶到延安电信局，听着客户的抱怨、怒骂，还要赔着笑脸。两人将客户的意见逐条记下来，打算回办事处汇总后处理。当天晚上，他们赶回西安时已经是凌晨2点。他们顾不上休息，连夜组织技术人员对设备故障进行分析，找出了故障原因，天亮后又赶到延安电信局，排除了故障。

2003年，吉林移动通信公司采购的华为智能网设备发生人为故障。长春办事处工程师魏云峰和维护人员，从除夕夜工作到大年初二凌晨，将问题圆满解决后，他们才回去与家人团聚。

2008年5月12日，四川省汶川县发生里氏8.0级地震。华为公司随后紧急行动了起来，董事长孙亚芳、全球销售与服务总裁胡厚崑带领150名华为技术支持人员，从深圳坐飞机经重庆连夜奔赴成都。

临行前，任正非强调："不许任何人接受媒体采访，救灾捐款不是作秀，要多做实事，让灾区早日恢复通信。"

随后，4000部华为"待机王"手机空投至汶川灾民手中。此手机是华为专为应对恶劣环境开发的机型，日常正常通话待机时间可长达七八天，耐压、耐摔和耐撞击，非常适合在震区救灾时使用。

世界连锁巨头沃尔玛的店规只有两条：第一条，客户永远是正确的；第二条，如果客户错了，请参考第一条。任正非将沃尔玛的店规移植到华为，要求员工牢记：客户没有错，错的只是华为人。

正如营销大师菲利普·科特勒所说："在一个产品泛滥而客户短缺的世界

里，'以客户为中心'是成功的关键。"

‖ 以宗教般的虔诚感动客户

以宗教般的虔诚感动客户是华为战胜竞争对手的利器。尤其在华为发展初期，"感动客户"也使得在实力和技术上并不具备优势的华为拥有了属于自己的销售服务特色。

2011年3月11日，日本东北部海域发生里氏9.0级地震并引发海啸，日本福岛第一核电站1号、2号机组发生核燃料泄漏事故。3月13日，共有21万人被紧急疏散到安全地带。

友商第一时间撤离了，华为员工却主动留了下来，为灾区提供通信保障。在天灾面前，他们坚守岗位，此举让软银的总裁非常惊讶："其他公司的人都跑掉了，你们华为为什么还在这里？"

"只要客户还在，我们就一定在。"当时负责协助软银架设LTE基站的华为专案组组长李兴回答得理所当然，"反正我们都亲身经历过汶川大地震。"

阿根廷9级大地震时，当地一位著名作家在报纸上撰文："地震发生的时候，老百姓最希望通信畅通，能够给家里人报平安。"而华为员工正是那个报平安的"使者"。

也正是凭借宗教般的虔诚感动了客户，在接下来的两年里，李学谦带领团队和客户一起建成了全球最大的FDD Massive MIMO网络，有效解决了客户网络体验落后的战略痛点，并与产品管理专家一起，结合本地市场特点，向产品线提出多个新的产品需求并被接纳，进一步增强了华为核心产品的竞争力，最后成功拿下巴西"四网合并"到5G"大满贯"全部业务。

像这样的事例还有很多，无论在国内还是在海外，无论将来如何强大，华为永远不忘初心，以宗教般的虔诚对待客户，这正是华为奋斗文化中的重要组成部分。客户对华为的信任，是华为用真诚的服务换来的。

任正非意识到这一点，他说："社会在发展，客户也在不断地进步，来自客户需求的压力越来越大，我们没有理由停滞不前，必须更加努力，来回报客户对华为的信任，持续为客户创造价值。"

对客户需求有宗教般的虔诚，这话说起来挺优雅，而落到实处有时候就是拿生命换诚信！

今天，华为获得了全球170多个国家的用户的认可，这都是华为员工以宗教般的虔诚之心争取过来的。为了维护这来之不易的胜利，任正非时刻不忘告诫员工"以客户需求为导向，以客户满意度为评价标准"，即公司的一切行为都是以客户的满意程度作为评价依据的。

华为对客户有着宗教般的虔诚，在客户心灵深处建立起一种强大的信任：客户什么时候需要你，你都会出现在他身边，这就是华为的制胜法宝。

‖ 以客户需求为导向

"以客户需求为导向"是华为的组织心法，华为的战略规划和创新策略也是以客户需求为出发点。

在任正非看来，企业是一个营利性组织，首先要活下去，而活下去的根本是企业要有利润。企业员工是要付工资的，股东是要给回报的，供应商也是要付款的，天底下唯一给华为钱的，只有客户。华为的生存是靠满足客户需求，提供客户所需的产品和服务，并获得合理的回报来支撑的。为客户服务是华为唯一存在的理由，因此产品路标要市场驱动，以客户需求为导向。只有以客户需求为导向，持续创新，才能获得更好的生存和发展机遇。

为此，华为大力搞创新。在如何对待创新这个问题上，任正非有自己独到的观点："反对盲目的创新，反对为创新而创新，倡导有价值的创新，创新必须以客户需求为导向，快速响应客户需求。"

什么是客户需求？

在华为有一个公式：客户需求=需+求。

需，即客户的痛点；求，即客户期望企业提供给自己的产品、服务或解决方案。

很多企业把"需"和"求"混为一谈，盲目主张"引导客户需求"，华为则不然，华为提倡"挖掘客户所需，引导客户所求"。

客户的痛点是无法引导的，就像销售员一上来就向客户推销产品，只会招致客户的不耐烦，这正是因为没有挖掘到客户的真实所需、真实痛点。

想知道客户的"求"——客户需要什么产品或服务，就要先找到客户的"需"——痛点。

企业在挖掘客户痛点时，常会陷入几种误区：第一，把"我为客户想"当成"客户想"；第二，把"我觉得好"当成"客户一定觉得好"；第三，把"某个客户想"当成"所有客户想"；第四，以为客户永远只要性价比；第五，把概念化的东西当成现实客户需求。

华为挖掘客户痛点有"十六字方针"：去粗取精，去伪存真，由此及彼，由表及里。"十六字方针"就是为了防止上述问题出现，并且强调多调研、重数据和分析。

任正非曾反复强调，华为的最低和最高使命都是活下去！从研发的角度讲，要想在最低层面活下去，就得最大限度地发掘和创造客户的隐性需求，要围绕提升客户价值进行技术、产品、解决方案的持续创新，快速响应客户需求。

在华为创立的早期，在中国偏远的农村地区，老鼠经常咬断电信线路，客户的网络连接因此中断。当时，提供服务的跨国电信公司都认为这不是他们该负责的，而是客户自己要解决的问题。但华为认为这是华为需要想办法解决的问题。这让华为在开发防啃咬线路等坚固、结实的设备和材料方面积累了丰富的经验。

在国际化战略中，华为与大多数科技公司只盯着眼前利益的"技术机会主义"做法不同，华为对产品创新的投资是具有长远战略眼光的。

华为在进军欧洲市场时，面临重重困难，没有绝对的技术领先，难以进入高壁垒的领域。华为战略研究院院长徐文伟回忆说："欧洲有很古老的建筑，找站址非常困难，华为开发出一个创新性的解决方案，把基站做成一个小盒子，加上一根天线，安装到楼顶，这样就帮运营商以较低的成本，解决了信号覆盖问题。"

沃达丰电信公司首席技术官Steve Pusey说："运营商非常依赖网络供应

商的创新，华为一直倾听沃达丰的诉求，快速满足客户的需求，提供全新的产品和服务。"

华为根据客户的需求开发产品，并与客户共同承担风险。笔者在跟华为各产品线打交道时，经常听到他们说到一点，要让客户赚钱，才是可持续发展之路。所以，华为一直在帮助客户解决问题，实现商业成功。

华为在研发上一直不惜成本，相信最优质的产品，一定不缺客户（用户）。现在，华为的想法得到了印证。华为的欧洲客户，对华为给出了极高的评价。无论是运营商业务、企业业务还是消费者业务，华为都通过创新与重构，赢得了客户与消费者的认可。

华为产品与解决方案总裁丁耘生前接受笔者采访时说："在2008年，我决定要投资做一颗芯片。我跟团队讲，可能在我的任期内是见不着这颗芯片上市的，但为了长期竞争力还是要投资。果真，等我从研发去了市场，又从市场回到研发，到2011年底这颗芯片才开发出来。"

华为的"诺亚方舟实验室"就是专门为客户量身打造的创新机构，通过对客户个性化需求的研判，创造性地为客户提供"量体裁衣"式的个性化服务，满足各国客户的不同需求，是华为创新的动力。

在技术创新上，抓客户的"痛点"而不是竞争对手的"痛点"，抓客户价值而不是抓产品成本，这就是华为国际化成功的经验。

华为始终坚持以客户需求为导向，每一个项目都是基于客户业务需求，为客户提供最佳的产品和解决方案。

任正非要求一线员工"天天琢磨的是客户，琢磨怎么给客户赚更多的钱"。华为的一线销售最了解客户需求，所以整个产品的创新、研发，是围绕着销售和客户进行的。

客户需求是多元的，是有层次的，而且是大众化的。为此，华为的所有部门在全流程中都围绕以客户需求为中心去做，满足客户需求。在流程的基础之上，就是组织和资源，组织和资源必须满足以客户为中心，建设以客户为中心的组织，资源配置向客户创造价值的地方倾斜。

在客户需求的作用里面，华为有一个很重要的理念：从端到端去了解客户需求，以客户需求为导向，去构建客户的能力和自身的能力。

任何一个公司的经营过程都是从销售到服务、产品、研发和财务。客户在中间，以客户为中心，销售要不断地满足客户对产品的需求；服务要满足客户的交付和服务的需求；产品要满足客户对细分的解决方案、细分的产品功能的需求；研发要研究客户现有的需求、未来的需求、明确的需求、潜在的需求；财务要研究优化客户成本的需求和现金流的需求。

质量是华为的生命，是客户选择华为的理由。如果没有质量，华为就没有了生命，所以质量永远都是第一位的。华为长远的战略方针，是通过不断提高产品和服务质量，提高交付能力，提高华为的市场竞争力，并解决华为和西方竞争对手的平衡问题。

在华为看来，客户需求的本质是价值、易用、方便和可靠，最终通过渠道和业务达成产品、方案、质量、服务和成本的诉求。所以，客户需求的本质就是产品好、质量好、服务好、价格公道，给客户提供安全可靠、技术领先的产品和解决方案。

华为在市场竞争中不靠低价取胜，而是靠优质的服务取胜，这就需要专业化服务来保证。30多年来，华为能够在激烈的竞争中生存下来，也正是因为有"质量优，服务好"这一条。

华为在研发上一直不惜成本，相信最优质的产品一定不缺客户（用户）。现在，华为的想法得到了印证。华为的欧洲客户，对华为给出了极高的评价。无论是运营商业务、企业业务还是消费者业务，华为都通过创新与重构，赢得了客户与消费者的认可。

‖ 客户需要什么，华为就做什么

任正非有一个独特的观点："要深刻理解客户需求，客户需要什么我们就做什么。卖得出去的东西，或领先市场一点的产品，才是客户真正的技术需求。超前太多的技术，当然也是人类的瑰宝，但必须以牺牲自己来完成。"

IT泡沫破灭的浪潮使世界损失了数十万亿美元的财富。从统计数据可以得出，那些破产的企业，不是因为技术不先进，而是技术先进到别人还没有完全认识与认可，以致没有人来买它的产品。所以华为员工都达成一个共识：技术只是一个工具，新技术一定要满足质量好、服务好、成本低的要求，不然就没有商业意义。

首先，技术人员要有强烈的市场意识。

技术研发和客户需求之间的矛盾，几乎是所有行业、所有企业不可避免的一对矛盾。这个矛盾的实质，是科学的探索精神和大众的现实需求存在天然的鸿沟。当企业充当了科学成果和大众商品之间的桥梁，就不得不对这对矛盾进行协调。

任正非深知，如果技术人员没有强烈的市场意识，就算配备再好的试验设备，照样无法研制出让企业获利、令消费者满意的产品。华为也有过因为过于追求技术完美而失去商机的经历。痛定思痛，华为实现了转变：从技术驱动转变为市场驱动，强调以新的技术手段满足客户的需求；华为要瞄准世界顶尖技术，建立一流的研发团队，但从不研发"卖不掉的世界顶尖水平"的产品，而且最好是比别人领先半步研制成功。因此，任正非提出了一个非常精辟的观点："领先半步是先进，领先三步成先烈。"

2002年6月和7月，任正非在华为公司研发和市场例会上指出："如果死抱着一定要做世界上最先进的产品的理想，我们就饿死了。我们的结构调整要完全以商业为导向，而不能以技术为导向，在评价体系中同样一定要以商业为导向。"这里的"商业导向"是指客户需求。

在任正非看来，技术开发和客户需求的关系是辩证的，华为"往核心收得太厉害了，这样技术进步是快了，但市场就弱了"，容易忽略客户的需求。所以，企业应该能够随着市场的变化，觉察到客户需求的变化，做出相应的改变。在攻克新技术时，使队形变得尖一些，增大压强，以期通过新技术获得大一点的市场。当新技术的引导作用减弱时，我们要使队形扁平化一些，多做一些符合客户现实需求但技术不一定很难的产品。

其次，不做技术崇拜者，要做工程商人。

曾有一个时期，华为研发人员一味地追求超前技术和技术进步，变技术开发为玩技术，导致技术研发严重脱离市场。任正非发现这一倾向后予以纠正。他指出："技术人员不要对技术宗教般崇拜，要做工程商人。你的技术是用来卖钱的，卖出去的技术才有价值。"在任正非的带领下，公司开展了一场声势浩大的"反幼稚运动"。

在"反幼稚运动"大会上，任正非将所有坏的板材都堆放在主席台上，在讲了很多关于设计人员的幼稚病导致的危险后，将这些板材作为"奖金"全部发放给那些失误的设计人员，要求他们摆在家里的客厅，不时看看，提醒自己：因为研发、设计的幼稚，导致公司遭受了大笔损失。

1996年底，任正非在听取生产和销售计划工作汇报后，认为华为的员工有闭门造车之嫌，于是他鼓励员工们继续走与工农兵相结合的道路，走与生产实践相结合的路线。任正非还当即表示，要送给主管生产计划的葛才丰和主管销售计划的王智滨每人一双新皮鞋，希望他们以及公司所有的干部职工继续深入实际，到生产第一线调查研究，认真摸清基层实际，研制出真正符合消费者需求的产品。

一些主管生产计划的老员工收到总裁办公室送来的一双皮鞋，感觉面子上挂不住。但是当他们经过深入反思，发现自己对市场的了解确实太少了，尤其是市场的多变和敏感性。经过反省，生产计划部门感到他们和销售计划工作有些脱节，对采购部门的运作和流程也了解不够。于是华为就建立了和商务部、销售计划部定期碰头的例会制度，及时、定期研究ATM月报和库存分析报告，踏踏实实地改进部门工作。

对于研发人员，华为硬性规定，每年必须有5％的研发人员转做市场，同时有一定比例的市场人员转做研发，目的是避免研发人员只追求技术先进而缺乏对市场的敏感度。后来，在华为内部自发形成了一条法则：一切以市场需求为导向，包括技术开发。这使华为的业绩蒸蒸日上并受益至今。事实上，华为大多数获得市场成功的产品，都不是凭借什么技术上的先进性。

比如1997年，天津电信局提出"学生在校园里打电话很困难"，任正非当时紧急指示："这是个金点子，立刻响应。"华为用了两个月就做出了201校园卡，推出后市场反应很热烈，很快便推向全国。实际上这项新业务只需要在交换机原本就有的200卡号功能上进行"一点点"技术创新就可以了，但就是这个小小的创新，使得华为在交换机市场中变劣势为优势，最终占据了40％的市场份额。

再次，要积极听取客户、同事的意见，深刻理解客户需求。

华为一直要求研发部门在平时的工作中，努力把自己的研发方向和客户的实际需求结合起来。

以华为为某银行实现电子化系统而进行的研发为例。为了更好地为客户提供所需要的产品，华为专门成立了一个解决方案部，其组成人员除了研发部门的资深员工外，还包括各业务部门有经验的员工。华为解决方案的工作重点就是在研究金融信息化趋势和顾客需求的基础上，为客户提供从端到端的解决方案，并加强与各大银行的交流和探讨，以求最终提供令客户满意的产品。

为了深刻理解客户需求并把握客户需求，华为坚持"从客户中来，到客户中去"，为客户提供从端到端的解决方案。这个端到端，就是从客户的需求端来，到准确、及时地满足客户需求端去。这是华为的生命线，只有华为员工都能认识到这个真理，华为才可以长久生存下去。

华为的"端到端解决方案"快捷而高效，流程非常顺畅。这么快速的服务，降低了人工成本，降低了财务成本，降低了管理成本，为客户创造了价值。

在任正非看来，客户需求是指对产品和解决方案在功能、性能、成本、定价、可服务、可维护、可制造等方面的客户要求。客户需求决定了产品的各种要素，是产品和解决方案规划的源泉，也是客户与公司沟通的重要载体，是市场信息的重要体现。对于华为来说，客户需求决定了产品和解决方案的竞争力。

深刻理解客户需求，首先要搞清楚客户是谁。任正非在2014年专家座谈会上指出："我们的客户应该是最终客户，而不仅仅是运营商。运营商的需求只是一个中间环节。我们真正要把握的是最终客户的需求。"

2018年，华为公司确立了新的愿景和使命："把数字世界带给每个人、每个家庭、每个组织，构建万物互联的智能世界。"这说明只要是购买和使用了华为产品的，都是华为的客户，也都是华为不断创新和优化产品和解决方案的需求来源。

华为5G解决方案就是从端到端的解决方案，实现了从终端到网络、再到云数据中心的全覆盖。在网络层面，华为秉持"把复杂留给自己，把简单留给客户"的理念，不仅在业界率先支持全制式、全频段，还将最好的5G技术与最先进的微波技术结合起来提供给客户，引入模块化概念，让基站安装如"搭积木"一样简单。此外，华为还运用AI技术打造自动驾驶网络，帮助运营商在能源效率、网络性能、运营运维效率和用户体验等方面实现价值的全面倍增。

深刻理解客户需求，就要理解客户需求背后的"痛点"和问题。只有真正抓住客户的"痛点"，帮助客户解决问题，才能真正建立起伙伴关系。客户的需求纷繁复杂，有显性的、明确的需求，也有不确定的、潜在的需求。客户真实的需求就像浮在海面的冰山一样，除了露出水面的10%的显性需求，还有隐藏在水面以下的90%的"痛点"和问题。这些隐藏的"痛点"和问题，客户一般不会明说，需要专门的组织去收集和挖掘。

客户需求应是包含不同层次的，对客户需求的理解不应只是纯技术层面的理解，还要理解运营商的运营目标、网络现状、投资预算、市场竞争环境、困难、压力和挑战等因素。这些因素往往就是网络建设的原动力，基于对这些原动力的理解，才能做出客户化的方案，才能使华为的方案更有竞争力。客户需求的最高层次是满足客户商业成功，最低层次是满足产品必需的功能。只有把握住了客户需求的不同层次，才能做到从产品创新到商业模式创新的转变。

深刻理解客户需求，就需要关注客户的现实需求和长远需求，还要用发展的观点看需求。需求是变化的，要有对市场的灵敏嗅觉和洞察能力。

每个公司、每个人对需求的理解和认识都不同，真正理解客户需求是需要进行统计、归纳、分析和综合的。华为采用"去粗取精，去伪存真，由此及彼，由表及里"十六字方针来分析、理解和把握客户需求，客户需要什么，华为就做什么。

在华为，产品研发活动首先表现在对客户需求的快速响应上，包括需求的收集、分析与决策、研发实现等端到端的业务活动。需求管理本质上是一条"从客户中来到客户中去"的业务流。为了高效地协同各个部门，更好地管理客户需求被满足的全过程，华为还建立了需求管理流程。

只有夕阳企业，没有夕阳行业。在企业经营实践中，抓住了客户需求，就等于抓住了商业的成功。

市场不等于机会，任何一个行业都有需求，有些行业市场很大，但是有些企业却不能挖掘其中的需求，不能把市场变成机会。只有在构筑能力和条件的基础上，创造机会，才能和客户之间建立连接。机会是创造出来的，客户需要什么，企业就做什么，这也给企业创造了生存条件。

‖ 客户关系是第一生产力

华为一直把客户关系作为第一生产力，作为所有营销活动的基础。任正非曾将营销的四大要素总结为：客户关系、解决方案、交付、商务融资。其中，客户关系是第一要素，因为缺乏客户关系的基础支撑，其他一切要素都无法发挥作用，它是一切的根。

华为为什么把客户关系看得那么重？其中一个很重要的原因，是华为的起点特别低，它是一个真正的草根逆袭的企业，从一个贸易公司起家，一无技术，二无人才，三无资金，初期的看家法宝就是他们的客户关系能力。

任正非对于华为早期的成功有一段比较经典的话："华为的产品也许不是最好的，但这又怎么样。什么是核心竞争力？选择我而没有选择你就是核心竞争力。"这一句话看上去简单，做起来很难。客户为什么选择华为？因为华为的服务做得好，当西方公司一个地市只有一名售后服务人员时，华为在一个县就配备三名售后服务人员。

华为配备这么多服务人员，是为了能够做到随叫随到，当然也因为当时的产品质量问题多。但这种主动服务、主动为客户解决问题的意识，是西方公司所不具备的。西方公司的傲慢和对产品的自信，固然基于其产品质量比较高，客户遇到的问题基本上是操作问题，而产品质量问题较少。但这样持续下去，华为和西方公司给客户留下的印象就截然相反，使客户逐渐对华为产生好感和信任，慢慢疏远了西方公司。

华为客户关系能力的构建，并非一开始就有一个完整的体系，也是先从工具、方法层面构建点的能力，来支撑公司个体的"单兵作战"以及小团队的作战。在这期间，华为找到了三个好师傅：

第一个是跟标杆学习，主要对标的是IBM。华为跟IBM学习了14年，很多模型、工具与方法，都是跟IBM学的。华为还向美国军队学习用人的理念；向衡水中学学习团队的士气；向OPPO和VIVO公司学习他们的销售和售后服务；向海底捞学习服务意识。

第二个是跟对手学，华为主要是跟爱立信学习。比如，当客户抱怨说别的公司什么好、怎么做时，华为员工是怎么做的呢？就是赔上笑脸，虚心接受，并向客户问清楚别的公司到底是怎么做的，从而向他们学习。华为不断从优秀的对手那里学习先进的经验，来弥补自己的短板。

第三个是跟自己学，也就是说要善于总结。任正非经常拿"蜘蛛结网"来强调总结的重要性。华为的客户关系管理当中凝聚了华为大量的自身实践。

一个企业最大的浪费是经验的浪费，其实每个企业都有很多优秀的人才、优秀的做法，但这些人的经验都存在自己的脑子里面，没有留下来，这是很可惜的。他们的经验如果不能传承下来，当这些人离开华为以后，华为的未来应该怎么走？所以华为就把这些人的经验通过案例，通过一些项目运作手段、方法，不断地总结萃取，把它固化到公司的流程中，这样华为的能力就逐渐强化起来了。

到了2008年，华为启动CRM（客户关系管理）变革项目群，强化客户关系管理，形成一套完整的管理体系。

华为内部有个说法：客户是土壤，项目和机会是土壤中生长出来的庄稼，只要客户在，就不愁没收成。

客户关系作为业务发展的重要支撑，通过理解客户、创建客户规划、执行客户规划、绩效评估这四个过程不断循环往复，帮助企业持续、深入地理解客户的业务，获得更好的业绩。

随着市场规模不断扩大，华为与客户建立起立体式关系体系。华为立体式客户关系体系包含三个层面：关键客户关系、普遍客户关系、组织客户关系。

关键客户关系是"点"：这是华为在客户那边获得初始订单的关键。也是能够活下去、项目取得成功的关键，对战略性、格局性的项目影响巨大。

普遍客户关系是"面"：这是口碑和建立良好市场拓展氛围的基础，它对组织客户关系产生一定的影响，普遍客户关系是企业活得好不好的关键。

组织客户关系是"势"：它决定了企业能否在客户界面长期存活，能否与最关键、最有价值的客户建立组织客户关系，是一个企业生存发展的基础，是牵引公司在市场上长远发展的发动机。

立体式客户关系是华为"赢"的控制点。在构建立体式客户关系上，华为首先基于不同的客户关系采取差异化的方式，其次充分贯彻以客户为中心的理念，从客户需求出发。

华为客户关系管理三原则：

第一，客户关系的管理要兼顾过程与结果。

客户关系的特点是差异化、多样性，因而客户关系的管理要与时俱进、随机应变，华为对客户关系的管理不仅是为了管控，还是为了更好地完成组织目标。

第二，过程可统计，结果可衡量，价值可评估。

过程可统计，结果可衡量，价值可评估，也就是客户关系管理必须以数字形式量化，否则没办法进行考核。这个过程最大的挑战在于：因为客户关系中很多事难以量化，会受到主观因素的影响，只能做到相对客观，无法做到绝对精确。

第三，与过去比改进，与竞争对手比结果。

客户关系管理没有绝对的好，它是希望在有限的预算投入下，帮助企业构建具有差异化的竞争优势。因此，对于客户关系的改进，一方面是与前期比较的结果，不断建立能力基线——与去年相比，今年是不是有进步？日积月累、持续改进。另一方面是与竞争对手比较的结果，是不是持续优于竞争对手？如果这两个方面都有进步，那就说明客户关系管理是卓有成效的。

华为客户关系管理的核心是"面向普遍客户"。顾名思义，"普遍客户"是相对于关键客户而言的。华为提出的"普遍客户"的概念，旨在告诉员工：客户不分大小，职务不分高低，只要是和产品销售有关的人员，必须全面攻克。

在任正非看来，任何一个不起眼的细节和一个不起眼的角色都有可能决定华为在某一个项目中的去留。所以华为规定：在处理客户关系的时候，必须一视同仁，不能轻视订单量小的普遍客户，不能只重复地接触个别高层领导，而要将其他一些中层领导甚至是普通员工都"奉为上宾"。

为什么要这样要求呢？2000年，任正非在《华为的冬天》一文中给出了解释："创造一种合同来源的思维方式是多方面的，就像下围棋一样，不能单纯地只盯住那一个棋眼。所以，那时我就提出要搞好普遍客户关系。"因此，华为确立了每一个客户经理、产品经理每周要与客户保持不少于5次沟通的制度，并注意有效提高沟通的质量。

任正非一再告诫大家，要重视普遍客户关系，这也是华为的一个竞争优势。普遍客户关系这个问题，是对所有部门的要求。沟通不好，就降职、降薪。做不好沟通工作的员工要淘汰掉。有些人是性格问题，不善于沟通，就转到其他工作岗位。

后来，在华为达成了一个共识：华为生存下来的理由是为了客户。全公司从上到下都要围绕客户转，这样就实现了流程化、制度化，公司就实现无为而治了。所以，搞好普遍客户关系在华为得到了有效的推广和应用。

华为创立30多年来，始终坚持"以客户为中心"，"脑袋对着客户，屁股对着领导"，持续为客户创造价值。正因此，华为才能在多次危机中存活下来。

华为把"以客户为中心"这个基本主张通过制度、流程变成每个人自主的行动，并把"以客户为中心"的价值观融进20万华为员工的血液之中，更融入整个组织的制度与流程体系中，成为每一个华为员工的信条。价值观决定了华为的制度走向、制度框架和制度创新，进而成为左右华为的人才战略与干部取向的根本准则。

"以客户为中心"并非华为的独创，而是通行的商业价值观，是商业常识。几乎每个企业都宣称自己"以客户为中心""客户是上帝""客户第一"，但是这些往往只是挂在墙上的口号而已。很多企业实际上都是"以领导为中心""股东第一"。常识在扭曲，在变形。"以客户为中心"曾经是通用的商业常识，如今却成为少数领先企业的孤独的追求。

"以客户为中心"既是常识，又是真理。钱钟书的《围城》中有言："真理是赤裸裸的。"任正非则说："不要把文化复杂化，'以客户为中心'本来就是商业活动的本质，你让客户满意了，公司就能生存下去。谁把这个朴素的常识坚持下来，谁就有可能成功。"

大道至简，悟者天成。

生存法则 2：

打造骁勇善战的"狼性团队"

华为之所以能从当年2万元起家发展成为全球ICT行业的领导者和世界500强企业，关键在于培育了一支骁勇善战的"狼性团队"。

任正非曾说过："做企业就是要发展一批狼。狼有三大特性：一是敏锐的嗅觉；二是不屈不挠、奋不顾身的进攻精神；三是群体奋斗的意识。企业要发展，必须具备这三要素。"

很多企业都在学习华为的"狼性文化"。其实，华为根本没有"狼性文化"一说，如果一定要将华为文化形容为"狼性文化"，那么他所采用的一定是"狼性"中正能量的一面。

任正非之所以经常提到"狼"，就是希望华为人能够传承狼的基因，培育不屈不挠、善于进攻的"狼性团队"。

在草创阶段，华为一直都是在市场夹缝中求生存。在历经残酷的市场竞争后，华为渐渐意识到组织建设的重要性，于是提出了"狼狈组织"计划。

华为的狼性基因包含三种精神和一种机制，即敏感性、不屈不挠的进攻精神，群体奋斗精神，专注于目标、永不放弃的精神以及建立激发狼性的激励机制。

‖ 像狼一样嗅觉敏锐

狼，具有敏锐的嗅觉，能够嗅到猎物在哪里。映射到企业，其实就是商业敏感，能知道客户的需求在哪里，也就是捕捉机会、创造机会，满足客户需求的能力。对企业而言，这一点非常重要。

华为的狼性，就是敏锐的嗅觉，是对客户、市场的关注。许多企业倒下，常常是因为对客户傲慢，但华为一直秉承的基本原则是：永远做乙方，永远以乙方的心态面对大大小小的客户。

华为在规模很小的时候对客户保持敬畏，但当其体量很大时，它依然对自己的客户保持敬畏，这就是嗅觉。

正如任正非所说："狼最大的特点是鼻子很敏感，能知道客户的需求在哪儿，能知道10年、20年后科学技术的方向在哪儿。狼的敏感程度很重要，狼很远能闻到肉，冰天雪地也要找到那块肉。这就是对市场的敏感、对客户需求的敏感、对新技术的敏感，代表一种敏锐的认识。"

狼对未知的判断与警觉，包括前瞻性的设计意识，是人类要学习和借鉴的。华为能够走到今天，重要的一点就在于华为的领导者对5年、10年之后的发展有敏锐的洞察，有一个正确而长远的规划。

‖ 像狼一样持续进攻

任正非对狼的第二个定义，就是不屈不挠的进取精神、奋不顾身的进攻精神。用任正非的话来说，就是"拼死拼活也要做成这件事"。

如果把市场当成"猎物"，你会发现，猎物并非遍地都是。市场机会少之又少，没有灵敏的嗅觉，没有强烈的进攻精神，那么市场必定不会属于你。

所以，华为员工永远追求"屁股对着老板，眼睛盯着客户"，感知客户、市场、精神追求的变化。一旦闻到肉味，看到机会，他们就本能地扑上去，这就是本能的进攻，不开会、不讨论、不纠结，马上行动，绝不拖延！

而且这个本能的进攻，绝不是独狼作战，而是狼群的战术进攻，奋力拼杀。

在华为员工的身上，狼的进攻精神随处可见，但其中有一点最能体现出华为的精神内涵，这就是华为集中优质资源不断主动向比自己实力强大的竞争对手发起挑战的压强原则。

《华为基本法》第二章第23条规定："我们坚持'压强原则'，在成功关键因素和选定的战略生长点上，以超过主要竞争对手的强度配置资源，要么不做，要做，就极大地集中人力、物力和财力，实现重点突破"，"对优秀人才的分配，我们的方针是使最优秀的人拥有充分的职权和必要的资源去实现分派给他们的任务"。

任正非在《迎接挑战，苦练内功，迎接春天的到来》一文中提道："海外市场有很大的前景，到海外去。从非洲抽调一些英勇奋战的有经验的员工补充到欧洲、西欧和东太平洋地区部，再从国内调一些人到非洲。"这就是华为把优势资源集中使用的典型事例。

15年前，华为倡导"薇甘菊精神"。薇甘菊是南美洲"疯狂生长的恐怖植物"，它有三大特点：一是对生存条件要求极低；二是繁殖极快；三是为了生存，绞杀周围的植物。

我们都知道大树底下不长草的道理，而对于薇甘菊来说，因其具有超强的繁殖能力和喜欢攀援的藤本植物特点，它的一个小节每年大约累计生长1000米，每个小节还会生出无数分节，从而形成植物绞杀之势。所以，在薇甘菊面前，大树都要被它绞杀掉。当时，华为倡导的就是这样一种市场战略。

在英国电信的竞标中，华为敢于和世界一流的通信厂商同场竞技，并最终凭借自己的实力脱颖而出。由此可以看出，狼的进攻精神已深入到华为的方方面面。

事实上，也正是在这种持续进攻精神的驱使下，华为才能够紧紧把握住时代发展的脉搏，由一个市场的追随者经过一步一步地提升，终于演变成以"经营客户"为核心理念的全球化企业，这确实是一个了不起的成就。

当初，华为靠代理销售程控交换机积累了第一桶金，任正非就决定把全部资金投入到数字交换机的研究开发上，当研发中出现资金不足时，他竟冒险高息集资，继续跟进。

华为全球化的成功，就是因为狼的进攻精神在华为员工身上得到全面渗透，最终打败了比自己强大的竞争对手。

‖ 像狼一样群体作战

在所有的动物之中，狼是将团队精神发挥得淋漓尽致的动物。狼不是单独出击，而是群体作战，代表了团队精神。做企业也一样，一定要有团队精神。

狼是一种群居动物，它们狩猎的时候是靠集体的力量，既有明确的分工，又有密切的协作，齐心协力战胜比自己强大的猎物。

许多动物不怕落单的狼，落单的狼也往往会成为其他大型动物的盘中餐。但是一群狼，足以让狮子、老虎、豹子等猛兽色变。

任正非倡导的"狼狈组织"的精髓，就是分工协作。企业是个集体组织，它的成功是员工努力的结果，所以唯有全体奋斗，才有企业辉煌。在与狮子、老虎的战斗中，狼群有着可怕的战斗能力，它们团结协作，发动疯狂的攻击，以团队作战的方式把强大凶猛的狮子、老虎弄得筋疲力尽。

1994年，任正非针在华为市场部提出了"狼狈组织"计划，用狼的进攻性和狈的特性，来比喻一线部门的分工合作，即有的部门要负责扩张，有的部门要负责平台支持和管理。"狼狈合作"，才能不断扩大生存版图。

1997年，华为把目标瞄准世界上最强大的竞争对手，不断靠拢并超越他们，为此建立了一个适应"狼群"生存的机制，培育了一批又一批进攻型干部，激励他们像狼一样具有敏锐嗅觉，奋不顾身地捕捉机会，占领更多的市场；同时发展一批善统筹、会管理平台的"狈"一样的干部，以支持狼的进攻，形成"狼狈"之势。

在华为，有很多狼群，主要是抓机会，抓住机会以后就由狼群自动实现综合平衡，这是一种以文化为基础的自觉的综合推进系统。

至此，狼性成了对华为全体员工的行为要求。

任正非解释说："'狼狈组织'计划是针对华为各个办事处提出来的，是从狼与狈的生理行为归纳出来的。狼有敏锐的嗅觉、团队合作的精神以及不屈不挠的意志。而狈非常聪明，因为个子小，前腿短，在进攻时不能独立作战，因而它跳跃时是抱紧狼的后部，一起跳跃，就像舵一样操控狼的进攻方向。狈很聪明，很有策划能力，很细心。它就是市场的后方平台，帮助做标书、网络规范、行政服务。"

华为的"狼狈组织"包含四层意思：一是建立一个适合"狼"生存和发展的组织和机制；二是倡导狼的三大特质，即敏锐的嗅觉、强烈的进攻性、群体合作与牺牲精神；三是在一个快速变化的世界中，小狼超越老狼不但是可能的，而且会成为普遍规律；四是华为还呼唤"动物精神"，尤其要培养、寻找更多的好的小狼。

在任正非看来，狈在进攻时与狼是一体的，只是这时狈用前腿抱住狼的腰，用后腿蹲地，推着狼前进。但这种组织建设模式，暂不适合其他部门。

经过10多年的管理变革，华为已经形成了行之有效的一整套制度与流程，这对提升华为的管理能力、防止组织崩溃、进军全球市场起到了巨大的作用。

"狼狈组织"计划是华为管理智慧的结晶。前线强调进攻性，后方强调管理性，两者要结合起来。组织要取得胜利，既要有"狼"来打江山，又要有"狈"来守江山、支持"狼"的进攻。"狼"与"狈"各司其职，优势互补，共同促进组织的良性发展。

‖ 像狼一样专注目标

狼有一个特点就是专注目标。华为要求员工要有和狼一样的专注精神，紧紧盯着猎物（目标）不放。狼在捕捉猎物的过程中，目光紧盯目标，只要机会一出现，就奋不顾身地扑上去。这种特质，让狼群每一次出手，很少出现扑空的情形。华为把狼的专注精神传承了下来。

一致的目标是一个团队合作的基础，它可以让团队更团结，让成员各司其职，让团队离成功更近。

"以客户为中心，以奋斗者为本，长期艰苦奋斗"这就是狼性在企业管理实践中的具体体现。

任正非曾经说过："所谓狼性，就是要有敏锐的嗅觉，不屈不挠、奋不顾身的进攻精神，群体奋斗的决心，强烈的目标导向，不达目的不罢休的精神。"

华为员工践行了这种精神，对任务不折不扣地执行，为达目标不屈不挠地去努力。

20世纪90年代末，华为决定进军海外市场。而那个时候，华为的实力还很弱，甚至有些捉襟见肘。但带着堂吉诃德式的勇气，一群华为员工纷纷走出国门，到陌生的领地开启了虎口夺食的艰险之旅。

1996年，华为开始开拓俄罗斯市场。华为的员工在俄罗斯苦苦坚守了4年时间，于1999年在俄罗斯收获了第一个订单，金额只有38美元。

这样惨淡的业绩，很多公司肯定放弃了。但是，华为依旧坚定地开拓俄罗斯市场，丝毫没有动摇的念头。坚持最终获得回报，2001年，华为在俄罗斯市场的销售额首次突破1亿美元。

当初华为进军欧洲市场时，公司高层专程赴欧洲拜访著名的通信企业沃达丰集团，并当场表示："华为的无线产品经得起任何考验！"

这种承诺，自然让客户感到有些不信任："一家中国的新公司，有这样的实力吗？"沃达丰集团的CTO当场就说："如果你们这么有自信，那么可以把产品放到德国市场，这里是世界上标准最严格的地区！"

按理说，当时的华为的确不具备这样的能力，但这个时候，华为没有一个人选择放弃，开始针对欧洲市场进行技术攻坚。几个月后，当华为带着全新的产品来到德国时，迎接他们的却是一盆冷水：德国子网因为各种各样的原因坚决抵制华为在德国测试。华为得到的就是三个字：不可能！

德国子网的这种回复，几乎让所有华为员工感到了失落。带着强烈的挫败感，华为却没有选择退却，而是继续在欧洲寻找机会，最终在西班牙得到了测试的机会。尽管这次测试有着让人无法接受的条件——即便通过测试，也不能进入沃达丰的西班牙子网。不过，华为没有因此而放弃，而是像一次专业的商业布局那样，对客户提出的每一个要求都积极响应。当客户希望看到一个西班牙高铁的覆盖解决方案时，仅仅是方案而已，华为3个月内就在上海的磁悬浮沿线搭建覆盖，并邀请客户实地考察。

华为用了近一年的时间，终于把测试全部完成。最终，华为成功地进入沃达丰的西班牙子网！

进入西班牙市场，就意味着进入了欧洲的主流市场，因为沃达丰的西班牙子网，是沃达丰集团的四大子网之一，这里是全球增长速度最快的地区。

正因为这次西班牙的攻坚战，华为走上了世界的舞台，逐步获得了沃达丰客户群的多个项目，并连续获得沃达丰颁发的杰出供应商奖。

从华为进军欧洲市场的历程就可以看出，如果华为员工出现了懈怠，产生放弃的心态，那么也许时至今日，他们依旧无法叩开欧洲市场的大门。这就是狼性文化的所在——不达目标，永不放弃。

‖ 制度配套，激发狼性

狼性不是培训出来的，而是用机制激发出来的。制度是华为激发狼性的根本保障，做到各尽所能、按劳分配、多劳多得。通过"论功行赏"，激发员工的正能量，保持狼性，抑制负能量。在评价制度上，由人评价人转向由制度评价人，由人发工资转到由制度发工资。

华为"狼性团队"的核心在于全面的激励机制，点燃所有员工的内在驱动力，从而促使团队创造最大价值。而华为狼性的核心，则是建立在以客户为中心、以奋斗者为本以及科学的分配机制之上。

不谈钱，不配谈狼性！

其实，任正非也不止一次地公开说道："钱分好了，管理的一大半问题就解决了。"

狼行千里要吃肉。当然，培育狼性团队，就要给狼吃肉。如果给狼吃草，狼就会死亡。同样，如果让雷锋吃亏，以后就不会有雷锋了，这是负向循环。

在华为，出现了雷锋，就奖励，树立标杆，让雷锋能得应有的回报，这样大家都愿意当雷锋，就会有更多的雷锋涌现出来，这是正向循环。

这些浅显的道理，很多老板不是不懂，而是舍不得分钱或者不会分钱。

差异化薪酬制度是维持团队战斗力的重要牵引和保证。干得出色，升职加薪，配股纷至沓来，干得不好，一毛都没有，甚至会被淘汰出局。

我在研究中国民营企业失败案例的时候，发现绝大多数公司对销售人员的激励政策都不到位，只是单方面希望员工有狼性、无私奉献，却没有想过"狼"有没有肉吃，然后疑惑于"为什么我们的团队没有狼性"，问题就出在没有配套的激励机制上。

华为的狼性和高回报激励是分不开的。华为对员工奖励的丰厚是广为人知的，华为员工有工资收入、年终奖以及股票分红。

华为用制度把20万员工团结在一起，从而激发他们的血性和潜力，实现他们的人生价值，让平凡的人也能得到机会，同时让企业和员工获得更好的发展。

有很多老板认为，狼性团队是高压力逼出来的。但是，高压力只是"术"，高待遇才是"道"。

华为的狼性精神，首先是建立在高待遇的基础之上的，然后才有了高压力和高效率。

给员工一个合理的待遇，比如高出同行的薪酬，员工就会珍惜工作机会，你即便轰他走，他也舍不得离开。正如任正非所言："只要钱给到位，不是人才的也会变成人才。"

著名管理学家、华为管理顾问吴春波先生这样描述华为的狼性："城墙是否被攻破，不取决于城墙的厚度，而是取决于守城将士的信心；城墙是否被攻破，不是取决于攻城的武器，而取决于攻城将士的血性。"我们企业所需要的，正是具有血性的员工队伍。在高度不确定的当下，企业要活下去，员工的血性和狼性团队颇为宝贵，值得发扬光大。

生存法则 3:

重视基础科研

华为在通信行业能够取得世界领先地位，而且在极端的环境下能够活下来，关键在于长期重视基础科学研究，持续加大基础科学研究投入，攻克了系统核心技术。

正如任正非所说："十几年来，华为如果没有对基础科学研究的重视，没有与世界前沿科学家的深入合作，没有对基础科学研究人员的重视，就不可能有今天这么雄厚的理论技术与工程积淀，那么面对美国的打压和封锁，存在的难题可能就无法化解。"

‖ 科学是发现，技术是发明

在中国，科学与技术通常统称为"科技"，但其实科学与技术是两码事：科学想要的是了解世界的内在规律，是求知；技术是做出一个具体的东西来，是有用。

用任正非的话说，科学是发现，技术是发明。原始人懂得拿棍子撬石头，这是技术，不必等到阿基米德提出杠杆原理，那叫科学；瓦特改良蒸汽机，好用就行，这是技术，不必一定要先搞清楚水蒸气做功的原理，那叫科学。

纵观整个科学史，绝大多数改变整个人类文明面貌的伟大发现，都是源于这样一类科学家：他们不被追求商业实用性的欲望所驱动，满足自己的好奇心是他们唯一的渴望。这也正是任正非如此重视基础科学研究的原因。

在电视剧《三体》里，三体人用两颗"智子"，锁死了地球上的基础科学，导致人类文明在几个世纪里停滞不前。三体人深知，无论人类的应用技术再怎么发展，只要基础科学没有突破，一切就如空中楼阁，因为在很大程度上，基础科学就像树根，应用科学就像树干，树根扎得越深，树干才能长得越高。

任正非也深谙此道。不然，华为也不会扎根基础科学研究。

什么是基础科学研究？

简单地说，基础科学研究是指以认识现象发现和开拓新的知识领域为目的的实验性的或理论性的工作。学术界的很多理论研究就属于基础科学研究，比如数学、天文学、哲学等。20世纪初，爱因斯坦发现相对论等一系列理论就是基础科学研究。基础科学研究很多时候看似无用，但其实对社会的贡献非常大。

比如说陈景润研究的哥德巴赫猜想，认为任何一个大于2的偶数都是两个素数之和，这个就是著名的1加1问题。而研究这个数学问题，对穿衣吃饭、日常生活有什么用呢？但是对于数学界来说，那用处可大了，数学是很多科学的基础，比如信息技术就是根据数学原理发明的。

也许有人会问，这跟华为有什么关系呢？

华为在信息与通信技术领域成为全球ICT行业的领军企业之后，要想在尖端技术上取得突破，就必须重视基础科学研究，因为只有基础科学研究有了实质性的突破，应用技术才可能有大的进展，尽管华为已经开启了5G时代，但是通信技术的原理还没有被突破。作为行业的领导者，华为必须考虑电信设备、智能终端等产品有一天也可能被颠覆，所以华为必须持续投入对基础科学的研究，不断逼近香农极限。

克劳德·艾尔伍德·香农是美国著名的数学家、信息论的创始人。他在1948年发表了一篇论文《通信的数学原理》，这篇论文提出了著名的香农定理，为今天通信的发展奠定了坚实的理论基础。我们现在广泛应用的航天通信和无线通信技术就是以香农定理为基础的。

再比如移动通信中的TDMA（时分多址）、CDMA（码分多址）等3G、4G、5G技术，还有各种信源编码、信道传输编码、纠错编码技术等，它们都得益于香农定理。简单来说，我们现在的信息技术，包括手机信号原理，都来自香农定理。

但是，香农定理有一定的适用范围，当我们要求传输速度无限快、传输信息量无限大的时候，香农定理就会失效。目前还没有相关的理论可以突破它。

我们都知道华为的5G通信技术已经领先全球。在任正非看来，"华为的5G技术，至少领先美国2～3年。但是，华为想要在未来继续保持领先的地位，那么基础科学研究层面的突破就非常关键"。

华为并不满足于5G领先，在无线领域，华为与全球产业界共同探索和定义5.5G，倡议全面迈向5.5G时代，推动ICT基础设施持续演进；在AI领域，发布"天筹"AI求解器，满足多场景的优化需求；在软件生态方面，持续开源开放，与合作伙伴一起共同促进欧拉和鸿蒙开源生态的繁荣，共同打造覆盖未来计算场景的开源操作系统，为世界提供第二种选择。

‖ 基础科研，板凳甘坐十年冷

基础科学研究是一条极长、极慢、极难的路。比如，从1856年到1864年，孟德尔的豌豆杂交实验，一共做了8年时间，他把研究结果写在《植物杂交试验》这篇论文里，寄给了业界很多著名科学家，但都无人问津，直到100多年后，人类才真正意识到，孟德尔的理论有多重要。

再比如，今天的5G技术起源于土耳其的科学家埃达尔·阿勒坎在2008年写的一篇学术论文。然而，阿勒坎研究的重要性，当时大多数人也没有意识到。任正非看到论文后意识到这篇论文至关重要，因为其中的技术可以用于5G编码。

于是，重视知识产权的华为与阿勒坎取得了联系，在这项技术的基础上申请了一批专利，并在阿勒坎的极化码的基础上投入进一步研究。经过10多年的努力，华为在极化码的核心原创技术上取得了多项突破，并促成了其从学术研究到产业应用的蜕变，让华为掌握了先发优势，并迅速实现赶超，成为5G技术的领头羊。

2018年7月26日，华为在深圳总部举办隆重的颁奖仪式，为5G极化码（Polar码）的发现者阿勒坎教授颁发特别奖项，致敬其为人类通信事业发展所作出的突出贡献。同时，100多名标准与基础科学研究领域的华为科学家和工程师也获得了表彰。

任正非在表彰会上充分肯定了华为科学家和工程师在基础科学研究方面

所取得的成绩。任正非说："他们成功地进行了5G-NR的基础研究，突破新波形、新编码等八大创新技术，与产业伙伴共同开展关键技术联合验证，推动标准的制定，顺利完成3GPP R15标准，并率先完成IMT 2020 5G各阶段测试，各性能指标超越ITU（国际电信联盟）三大场景所有关键指标。作为5G标准的主要贡献者和专利权人，华为将一如既往遵守公平、合理、无歧视（FRAND）原则，共同构筑5G生态。"

从追赶到引领5G，任正非将之归功于"数学的力量"。任正非表示，"10年时间，我们就把土耳其教授的数学论文变成技术和标准。在过去的20多年，凡是我们在数学和算法上投资比较大的，有专门的团队在做工作的，我们在这个领域的产品在全球都逐渐走向了领先；凡是不重视在数学和算法上投资的，这些产品目前来看都是落后的"。而事实上，华为的崛起，也和数学有关。

从科学发现到技术应用，这个周期非常长。而华为走的这条路，类似于寻找第二个孟德尔、阿勒坎。

2019年11月，任正非与国内部分高校校长对话时说："没有基础研究，对未来就没有感知，华为在基础科学研究上不要求都成功，也不要求马上成功、太快成功。"

在任正非看来，基础科学研究的突破不是一天两天的事，而是数十年默默无闻的辛苦耕耘，不能急功近利，板凳甘坐十年冷。只有长期重视基础科学研究，才有国家和工业的强大；没有基础科学研究，产业就会被架空，技术就会受制于人。

华为从2009年开始研究5G，把极化码信道编码技术作为主攻方向。2016年，华为的极化码方案成为全球5G控制信道eMBB场景编码方案。这也是中国公司第一次从概念研发介入到标准、产品全链条参与的通信标准。

当时华为决定从风险比较高、难度比较大的技术入手，能做出这样的决策并不是一件容易的事情。一旦做出决策，就不打算在几年内获得收益。

理论研究的产品化，是在把过去积累的所有成果，在这一刻提取、落地。而投入基础科学研究，正好相反，它试图把未来的力量调动到现在，提前把未来支取出来。

从基础理论到应用的转化过程中需要克服很多工程化难关，三代信道编码技术从学术发现到成为产业标准都经历了一二十年的产业转化过程。华为从Polar码的论文到成为产业标准经历了10年，搞基础科学研究真是要耐得住寂寞。

目前，华为已经杀入世界通信技术上的"无人区"。在"无人区"，最重要的是依靠基础理论的重大创新。此时，在很多技术上没有了可以追随的对象，只能自己去探索未知的前沿技术，为此华为投入巨额资金，从全世界网罗最优秀的科学家进行前沿技术的探索。

在任正非看来，产品研发基本属于确定性工作，现在科技进步太快，不确定性越来越多，华为要不断加大对不确定性科学研究的投入，追赶时代的脚步。

相比从1到99的研究，我们更需要从0到1的前瞻性研究，希望有更多力量加入到对基础科学研究的工作中来，并长期支持，让科学家和技术人员心无旁骛地坐在基础科学研究的"冷板凳"上。

讲到这里，你可能会想，既然如此，我们是不是只要关注自己这个领域内的基础科学研究就可以了呢？回答是否定的。

其实，人类社会的发展都是走在基础科学进步的大道上的。这也是任正非为什么要呼唤思想家、战略家，呼吁加强基础教育的原因。

但是基础科学研究的突破是非常困难的，要耐得住寂寞，板凳要坐十年冷，有些人还因此奉献一生。所以任正非要求华为的科学家和工程师们要耐得住寂寞，要有理想主义精神，不要追求眼前利益，因为重大创新不是规划出来的，而是探索出来的。

任何事物的发展都要遵循其自身发展规律，经过量变积累才能实现质的飞跃。核心技术的突破更是如此，必须要有十年磨一剑的坚守，长年累月的耕耘，才能取得扎扎实实的成果。

‖ "无用"知识的有用性

任正非深知基础科学是技术进步最重要的底层动力之一。很多科学家，他们常常做着一些看似"无用"的事情。如果从实用性的角度去判断，对多数普通人而言，确实似乎"无用"。但正是这些看似"无用"的事情，才最终给人类带来巨大的实用价值，推动着人类进步。

但易被忽视的是，从探索性的"无用"知识到技术应用，这条路并非平坦无阻，而是布满荆棘，常有迂回。基础科学研究前期投入巨大，而且无法确保有成果，即便有成果，也无法确保能马上商用。从基础理论到商业应用是一个漫长且艰辛的过程，中间往往需要数十年甚至上百年的沉淀。

然而历史也一再印证，很多最初看来完全"无用"的知识，最终却会创造出人类做梦也想象不到的"用处"。技术对世界的改变是线性的，恰如一代又一代的Windows改版，能让电脑越来越好用。但基础科学对世界的改变是跃迁式的，大量研究都可能"没用"，但只要一个有用，便会让人类文明直接跃升一个台阶。

非欧几何是18—19世纪最艰涩的数学研究，其发明者高斯虽然被同代人誉为最杰出的数学家，却在长达四分之一个世纪的时间里不敢发表相关的研究成果。但事实上，倘若没有高斯的研究，相对论及其丰富的实用价值恐怕全都如梦幻泡影。

与非欧几何一样，群论也是一种抽象的数学理论。数学家受到单纯的好奇心驱使，像做游戏一样推动该理论走上一条瑰丽的道路。现如今，群论已经成为光谱学量子理论的基础。

同样，概率论微积分是那些有志于将赌博合理化的数学家发明的，虽然概率论微积分未能实现数学家们的初衷，但19世纪物理学的大量研究亦以此为基础。

由起初的"无用"之学，最终演变为巨大的用途，这样的例子举不胜举。

基础科学研究探索属于华为长远战略规划的一部分，华为有许多岗位和人员设置都是基于10~20年的远景目标来布局的。所以在基础科研上，华为舍得投入，愿意承担风险。

例如，华为在十几年前就投入巨资研发芯片，当时有很多人不理解。任正非说："我们可能坚持做几十年都不用，但是还得做芯片，一旦公司出现战略性的漏洞，我们不是几百亿美金的损失，而是数千亿美金的损失。"

华为专门为基础科学研究设立了一个"火花奖"。"火花奖"是任正非亲自命名的，其意思是：我们追求的不是未来它一定能够在商业上开花，而是它能够碰撞出一丝科学的火花，就已经成功了！

2023年2月24日，任正非在华为公司"火花奖"颁奖典礼上重申了基础科学的重要性。在他看来，许多起初看起来"无用"的知识，经过时间的沉淀，往往能酝酿出很多我们看不到的隐性价值，最终对人类社会产生巨大的影响。

作为一个商业组织，华为在基础科研上的投入是巨大的。2012—2022年的10年里，华为累计投入研发资金超过9773亿元，每年将30%的研发费用于基础科学研究。对于一个企业来说，这是一个很惊人的数字。因为基础科学研究一般都是在高校完成的，它是将金钱变成知识，开发是把知识变成金钱。

华为轮值董事长徐直军在STW 2022开幕式上表示，华为要在极端的环境下活下来，有发展，有未来，就要坚持基础科学研究不动摇，坚持开放创新不动摇。在极为困难的2022年，华为研发投入1615亿元，同比增长13.2%，占全年收入的25.1%。

面对未来的发展与挑战，华为设立了86个基础技术实验室，并团结全球高校成立了172个联合实验室、联合创新实验室，共同在基础技术方面开展研究，完善相关的核心技术体系，解决生存面临的各种问题。

从基础科学研究的方向上看，除了鸿蒙、欧拉、5G以及一系列"补洞"措施外，华为还将一部分经费投向了基础理论赛道，广泛探索通信、计算、人工智能等领域的基础科学研究。

而在这个过程中，很多科学家们注定如"苦行僧"一般孤独前行。

华为在"无用"之学上看似花了冤枉钱，但如果成功，可以给华为带来巨大的成长空间和经济价值。也许华为正在寻找的，正是下一个麦克斯韦、孟德尔和阿勒坎。

‖ 基础科学研究拒绝拿来主义

世间万物都是经过漫长的演化才走到今天，基础科学研究更是这样。所以我们在面对这个世界的时候，不仅仅要看到眼前，还必须去思考一些长期的事情。

正如任正非所说，这个世界是不断演进的，如果我们故步自封，假以时日，必然是会被淘汰的。搞基础科学理论是这样，我们每个人的成长也是这样。尽量多做那些有时间复利效应的事情，可以很慢，但要坚持，相信水滴石穿，水到渠成。

华为在基础科学研究上采取的是多批次战略，比如有A、B、C、D4个梯队：

A梯队只搞科学样机，不管样机赚不赚钱，它论证的是理论的可行与否，不可行也是成功的，不以成败论英雄，要大胆去探索。

B梯队负责在科学样机的基础上发展商业样机，要研究它的实用性，高质量、易生产、易交付、易维护。

C梯队要面向多场景化，按照客户的需求，多场景化的产品是合理、适用、节约的产品，有利于用户建造成本、运维成本的降低。

D梯队研究用容差设计和普通的零部件做出最好的产品来，要达到最优的质量，最易使用、安装、生产和维护，最低的成本架构。

从华为的组织架构来看，从事基础科学研究的主要有三个部门：

一是华为2012实验室。2012实验室是一个庞大的基础理论研究及高新技术研究与开发机构，它旗下有很多以世界知名科学家或数学家命名的神秘实验室，如香农实验室、谢尔德实验室、高斯实验室、欧拉实验室、图灵实验室等。华为2012实验室产生了很多领先全球的黑科技。

二是华为战略研究院。华为战略研究院负责华为5～10年的基础理论、技术研究和产业布局，确保华为保持领先，并且不失方向、不错过机会。

三是华为海外研发机构。目前，华为在世界最发达的国家和地区建立了26个世界级的研发中心，聚集了一大批世界级的优秀科学家，从事通信物理、工程数学、物理算法、无线标准、数据压缩存储、微波等基础理论研究。

在任正非看来，数学是研究数量、结构、变化、空间以及信息等概念的一门学科，也是科学技术发展的基础学科，已成为信息、人工智能、先进制造、国防安全、生物医药、航空航天等领域不可或缺的重要支撑。从技术的角度看，IT技术最终拼的是数学能力。

当前，中国在诸多核心技术领域被卡了脖子。但这只是表象，问题的实质是我们的基础科学大幅落后于西方。因此，"头痛医头，脚痛医脚"的办法解决不了根本问题。

科学是技术的源泉。而在科学中，基础科学又是应用科学的源泉。一般而言，科学发现比技术创新难得多，而技术创新又比开发应用难得多。科学研究的投入强度大、等待时间长。于是，一些脑筋灵活的人又开始贡献"聪明才智"，认为"造不如买"，把科学研究这种"苦活累活"留给美国等西方发达国家，等他们出了成果，我们再做应用发展经济。这样做肯定是不行的，往往受制于人，这种"拿来主义"即使短期内有效，但绝不是长久之计，除非我们想永远跟在别人屁股后面跑。科学是人类文化中一个最重要的组成部分。如果我们以及我们的后代学习科学时，教科书里永远都是外国人的名字，那么中国的文化自信从何而来？

因此，"造不如买"的理念放在现如今已经行不通了，核心技术一定要掌握在自己手里，才能让企业拥有绝对的主导权。华为扎根基础科学研究，在通信领域实现了重大技术突破，逐步摆脱了对外国的技术依赖。

美国为什么害怕华为，倾全国之力打压华为？因为华为在搞基础科学研究，做的是底层架构，而且在一些重大基础科学研究方面取得突破，在5G上领先美国。

经常有人问我：美国为什么不制裁腾讯、阿里、百度、小米？因为，这些公司都是在美国基础架构上做应用，美国掌握着他们的命运，他们不仅不会给美国带来威胁，反而会给美国带来巨大的利益，如果有一天美国不高兴了，只要将其基础一撤，这些企业就会瞬间坍塌。而华为则不一样，它在做底层架构，这是美国最忌惮的事情。

在基础科研上，任正非主张："要向上捅破天，向下扎到根。根不强是不行的，根扎不深，树是不稳的，台风一刮就会倒。"从某种意义上说，人类伟大技术的诞生，也是一场科学家与工程师持续努力的接力赛。华为最厉害的地方就是扎根基础科学研究，敢从"根"上问大道。

生存法则 4：

聚焦主航道

华为用30年时间成为全球ICT行业的领导者，其成功的经验之一就是不搞多元化，聚焦主航道。

在华为内部，把"主航道"称为"管道战略"。华为的战略主张就是聚焦主航道，绝不在非战略机会点上消耗战略竞争力量，抢占战略制高点。

‖ 绝不在非战略机会点上消耗战略竞争力量

华为聚焦主航道，绝不在非战略机会点上消耗战略竞争力量。

什么叫主航道？

2012年，任正非在三亚举行的终端战略务虚会上用"水系"来描述华为的主航道："长江水中间水流速度最快、力量最大的地方叫主航道。运营商和终端是管道，它相当于水龙头，企业业务也是管道。一家公司要像长江水一样聚焦在主航道，才能发出巨大的电来。而对于流到边缘的水、漩涡，要求创造的价值大于成本，不可以占用主航道的资源。"

华为为什么要聚焦主航道？

任正非讲过，聚焦主航道，是华为的一种战略选择。

任正非认为，华为绝不能在非战略机会点上消耗公司的战略竞争力量，非战略路标的业务做不了就做不了，公司做不到什么都能满足客户的需求。但中间界面要逐渐开放，让能做的公司进来做。只有聚焦主航道，才可能成为行业内的领导者。

也就是说，华为要想成为全球ICT行业的领导者，就必须加强战略集中度，一定要在主航道、主战场上集中力量打歼灭战，占领高地。

由此可见，华为的主航道，就是抢占战略制高点，只做不可替代的事情。可以替代的东西都不是华为的战略方向。

对待"主航道"业务，华为追求发展的可持续性和长期回报，给予更多的战略耐性，是华为投资的重点。对待非"主航道"业务，华为坚持以利润为中心，其盈利能力必须超过"主航道"业务的盈利能力，华为才允许其发展，只有这样才能保证华为"主航道"的业务发展得更好。

ICT行业的机会遍地，任正非很担心华为为了追逐非主航道的蝇头小利，占用了主航道的战略竞争资源，错失了时代的大机会。因此，他反复强调向主航道投入，提高主航道的能力，在主航道上拉开与竞争对手的差距。

从经营角度来看，任何公司的资源和力量都是有限的，都不是万能的，如果横向发展，会因为精力分散，战线拉得太长，最终一事无成。

我观察了很多企业，包括华为在内，第一项业务决策往往是"偶然性的机遇+决策者的气质"。任正非有英雄气质，有使命情怀，创业初期他本能地或在直觉驱动下选择主航道。在刚创业的时候，任正非一直在寻找方向。偶然的机会，他认识了一个香港的通信企业，专门生产、销售用户级交换机。当时在电话很不普及的情况下，这种产品很受市场欢迎。于是，任正非拿到内地的代理权，开始积累第一桶金。他后来之所以下决心要做通信设备，与他在火车上偶遇一位邮电局的副处长有关。这位副处长说，中国将来的通信行业一定有巨大的变化，国家会加大投资。任正非觉得这个市场很大，再加上香港的公司给了他一个具体的业务机会，于是从这个地方起步了。可见，人脉资源加上个人气质，往往就是创业契机。

恰好任正非就碰到这个战略机会点。他之后不止一次说："我做了一个很傻的选择，我也不知道纵身一跳，跳到通信设备这片海洋里去了，不知道这里面有多难。"这话道出了任正非的心声。在华为事业较为困难的时候（2000年后），任正非的身体都熬垮了，说明其压力山大。所谓天将降大任于是人也，必先苦其心志，劳其筋骨，饿其体肤。

华为曾设计了一个平面广告，主题叫"厚积薄发"，有一个画面是这样的：瓦格尼亚人编制巨大的捕鱼篮，放在每秒流量2.8万立方米的刚果河中，湍急的河水会把鱼推到篮里。瓦格尼亚人捕鱼时必须非常专注，否则就会被河水卷走。这种古老的捕鱼方式已经持续了数百年。

华为用这张图片形容自己的聚焦战略，即聚焦于大数据洪流中的战略性机会，绝不在非战略机会点上消耗战略竞争力量。

什么是战略？

战略是指企业根据环境变化，依据本身的资源和实力选择适合的经营领域和产品，形成自己的核心竞争力，并通过差异化在竞争中取胜。

企业发展到一定规模之后，战略制定重在"略"。只有敢于放弃，才有明确的战略；战略，只有"略"了，才会有战略集中度，才会聚焦，才会有竞争力。华为可选择的机会确实很多，但只有坚持有所不为。才能有所为，华为有所为的标准只有一条，这就是不断地提升公司的核心竞争力。

任正非强调指出："我们是一个能力有限的公司，不收窄作用面，压强就不会大，就不可以有所突破。"这样我们就不难理解华为为什么始终坚持"力出一孔，利出一孔"了。

华为的聚焦，是建立在独到眼光上的阶段性聚焦，集中精力做正确的事。为了拓展海外市场，华为做了很多放弃，这些放弃在当时不仅仅是阵痛，而且是剧痛。一个企业没有战略定力，是很难获得持续的成功的。

任正非经常在文章里提到"上甘岭""范弗里特弹药量""饱和攻击""不在非战略机会点浪费战略力量"等，说的都是聚焦战略，即把所有的资源、注意力都投到相关战略的突破上。

华为的聚焦战略，就是要提高在某一方面的世界竞争力，从而证明不需要什么背景，华为也可以进入世界强手之列。

‖ 坚持有所为，有所不为，集中精力打歼灭战

华为坚持有所为，有所不为，抓住核心，放开周边，集中公司全部力量于一点，抢占战略制高点，这是华为的生存之道。

1. 抓住核心，放开周边，有所不为，才能有所为

首先，任何企业的投资行为，都要禁得住诱惑。尤其是在与企业核心竞争

力不相关的利益面前，一定要忍住。

华为公司的成功，首先是因为在战略上紧紧围绕电子信息领域来发展，不受其他投资机会的诱惑。

从创建到2010年，华为只做了一件事，把鸡蛋放进一个篮子——研究与开发通信网络技术，再逐渐把业务扩展到与通信相关的信息技术领域。

其次，华为的投资行为，始终秉持抓住核心、放开周边的原则。华为不可能在所有领域都称霸，其开发的很多产品和技术都是围绕自身的核心技术和核心能力的。

同时，华为的产品战略也很清晰：市场需求大、成长性好、技术成熟的可以重点研发；市场需求小、成长性差、技术准备不成熟的可以放弃自研，考虑合作。

2. 跟着主潮流走，大平台持久投入

未来的竞争是平台的竞争。在技术日益趋同、客户需求却日益多样化的今天，只有靠平台的支撑，才能更快速地满足客户需求。长期来看，产品间的竞争归根结底在于平台的竞争。

同时，在平台建设上，华为也要有更多的前瞻性，以构筑长期的胜利。

华为采取的策略是"搭大船，过大海，跟着主潮流走"。企业要避免大风险，就需要顺应技术发展、市场变化、社会发展的大趋势。

但在未来，华为要在领先的领域"造大船，成大业"，构建起行业领导力，要参与面向未来的大船建设，自己成为大款，或与业界大佬一起成就大业。

通信行业体量非常大，技术变化非常快，在结构上是寡头垄断。华为整个战略的展开，都与大、快、寡头这三大特征有关。大市场给了华为成为世界级企业的机会，技术变化快促使华为走上技术创新之路，寡头垄断逼着华为成为极致服务的乙方。换个角度看，大营收、大的利润空间为华为能力提升创造了条件，也使华为有了较大的战略回旋余地。

华为的聚焦，是建立在独到眼光上的阶段性聚焦，在正确的时间集中精力做正确的事。华为在实施全球化战略时，放弃了很多，放弃在当时是阵痛。一

个企业没有战略定力，是很难获得持续的成功的。

2020年12月30日，任正非在华为企业业务及云业务汇报会上指出："我们把控战略上的大方向，聚焦战略重点，做减法，收缩战线，不搞面面俱到，不扩大作战面，把战略打散就没有战斗力了。"集中精力打歼灭战，是华为管理成熟的开始。

资源是有限的，做企业一定要聚焦战略，资源锤一定要去砸钉子，如果太分散就等于锤打锤，是没有什么威力的。太阳光可以照亮地球，但穿不透一张纸；一束激光力量比太阳小，但可以击穿钢板。一句话道破玄机。华为战略的指导思想是：聚焦主航道，有所为，有所不为，只做自己最擅长的事，只进入最高附加值的领域。

笔者观察发现，很多人、很多企业最常犯的错误之一，就是没有把自己的精力和资源集中在一个点上。市场竞争中最强有力的武器就是聚焦，只坚持一个理念，最大的聚焦往往就是最大的成功。

‖ 坚持压强原则，构筑面向未来的核心能力

华为坚持压强原则，即集中公司全部力量于一点上，就能提高在某一方面的世界竞争力。

一个公司，在一个领域通常只有一个或少数几个强项，不可能在每个方面都力量均衡。扬长避短，集中精力于自己的强项上，就会产生成倍增长的规模效应。

1995年，华为的销售额只有25亿元，按照当时的汇率，不到3亿美元的规模。当时的中国通信设备市场几乎被跨国通信设备公司瓜分，面临这样的竞争局面，华为当时的处境可想而知。当时，从收入的角度看，华为和爱立信的实力差距是100倍，即不到3亿美元和不到300亿美元之间的差距。

面临这样严峻的形势，企业怎么去竞争？华为靠的正是压强原则，就是把有限的资源集中到更少的选择上，把整体的规模劣势、资源劣势转化为局部的、点上的投入强度的优势。先在点上突破，然后再去深入和拓展。直到今

天，这仍然是华为的战略。

任正非曾用坦克和钉子的比喻说明"压强原则"。坦克重达几十吨，却可以在沙漠中行驶，原因是宽阔的履带分散了加在单位面积上的重量；钉子质量虽小，却可以穿透硬物，是因为它将冲击力集中在小小的尖上，二者的差别就在于后者的压强更大。

压强原则在华为公司的进一步延伸，就是在人力资源规模与产品研发上不断加大投入。

华为自1995年取得了万门数字程控交换机的入网许可证后，便开始了大规模的、超前的引进人才行动。公司人数从1995年末的1200人，一直增长到2007年的75000人，而且增长势头依然不减，其中48%是研发人员。而在此期间，经历了2001年的IT泡沫破灭的打击，世界跨国通信网络设备巨头纷纷大幅裁员，再加上2006年的几次大规模重组后的进一步裁员，目前仅存的几家跨国通信网络设备供应商，如爱立信、阿尔卡特、朗讯、诺基亚、西门子，员工规模都在7万人左右。也就是说，华为至少在高素质人力资源规模上已经与这几家跨国通信网络设备供应商并驾齐驱。

华为从代理香港交换机到自主生产，慢慢过渡到投入重金研发C&C08数字程控交换机，任正非的决策是投入全部利润和可用资金，不成功便成仁。C&C08最后取得成功的一个重要因素，就是发现、信任和扶持了李一男。李一男领导研发部发展壮大，技术上实现了超前研发，可以看作这个压强原则在研发方向上形成的局部优势。

同时整个公司专注销售C&C08系列产品，凭借巨大的性价比竞争优势，在市场上形成业务冲击波，建立了庞大的客户基础，为平台化发展打下根基。结果是华为在2000年的销售收入达到了220亿元。

2011年华为才开始智能手机品牌运作，而2018年已经实现了2.06亿台的销量，排名世界第二。这些都是华为应用压强原则的完美呈现。

"压强原则"在华为公司的另一个战略方向上的延伸，就是收缩战线，剥离那些与通信核心网络设备不相关的业务。

对此，任正非在2001年全国经济工作会议上说道："华为从创建到现在，实际上只做了一件事，即义无反顾、持之以恒地专注于通信核心网络技术的研究，始终不为其他机会所诱惑。而且即使在核心网络技术中，也在通过开放合作不断剥离不太核心的部分。"

战略之下，华为持续构筑面向未来、可持续发展的核心能力，追求卓越，做一名敢于挑战极限的长跑者，将产品质量、服务、体验等各方面做到极致，不断成长。

任正非说："水和空气是世界上最'温柔'的东西，因此人们常常对之加以赞美。但大家都知道，火箭是由空气推动的，火箭燃烧后的高速气体通过一个叫拉法尔喷管的小孔扩散出来的气流，能产生巨大的推力。像美人一样的水，一旦在高压下从一个小孔中喷出来，可以用于切割钢板，可见'力出一孔'的巨大威力。"

"力出一孔"就是把所有的资源集中起来做好某一件事情，即聚焦战略，华为坚持聚焦管道战略，无论是"云—管—端"的战略还是进军消费者业务和云业务市场，都是沿着信息管道进行整合和发展，并千方百计满足客户的需求。

任正非指出："只要我们坚持'力出一孔，利出一孔'，下一个倒下的就不会是华为。"

30多年来，华为聚焦一个目标，持续奋斗，取得了今天的成就，这就是"力出一孔"的威力。

对于企业来说，主航道就是大数据流量的管道战略。任何一个企业的资源都是有限的，只有确定了最核心、最主要的战略方向，再将所有的资源、人才都调上去，聚焦在一点上全力攻击，就一定能有所突破，让企业在这一点上抢占战略制高点。在世界各大成功企业当中，大部分企业都是集中优势打造主航道的"专款"，如比尔·盖茨的微软公司聚焦软件行业，可口可乐公司将碳酸饮料做到极致等，它们都是在自己的主航道上成为全球企业的领导者。

正如任正非所说，通信市场是很大的，若在各方面都投入，会消耗公司的战略竞争力量。华为能取得今天的成绩，就是因为30年来持续聚焦主航道，用充足的弹药对准同一个城墙口冲锋，密集炮火，饱和攻击，最终在大数据传送上领先了世界。

生存法则 5：

鼓励探索，宽容失败

华为能走到今天，靠的是技术创新。在技术创新上，华为鼓励大胆探索创新，宽容失败。华为一些领先的技术和产品都是在不断的试错过程中，才得以发展和完善起来的。

‖ 只有宽容失败，才会有创新

任正非指出："未来二三十年，人类社会会演变为智能社会，其广度、深度我们现在还难以想象。如何让人才在良性约束下自由发挥，创造出最大价值？如何用人才的确定性去应对未来的不确定性？新格局重塑之际，华为既在反思过去，又在探索未来。我们要形成一种风气，关心优秀人才的成长，坚定不移地支持科学家和技术人员进行探索，大胆创新，只有宽容失败，才会有真正的创新，才能继续领导世界。"

因此，华为在前沿技术研究过程中允许失败，允许适度的浪费，即在资源许可的情况下，允许多个团队同时研发一款产品。这种竞争机制有效地激发了企业的活力，提高了可选择性，保证了充足的安全冗余，从而帮助企业免受极端伤害，实现反脆弱。

任正非有个生动的比喻，"先开一枪，再打一炮，然后范弗里特弹药量"。所谓"先开一枪"，就是在不同的前沿技术方向做研究。

华为非常鼓励对未来不确定性技术进行大胆探索，探索中没有失败这个词。当感觉到有可能会出现技术突破，那就"再打一炮"。当你觉得有点把握的时候，再进行密集投入，就是"范弗里特弹药量"。

任正非说："创新是有代价的，必须把自己置于风险中。"华为自1987年成立以来，一直在不停地试错和犯错中前进。

任正非在接受媒体采访时坦言："华为的产品研究成功率不超过50%，每年有几十亿美元被浪费了。但是，华为宽容失败的机制，培养起一大批高级将领，他们在各个领域能独当一面，替华为打下了更多粮食。"

当年华为走上自主研发之路后，用于程控交换机的第一颗集成芯片要投片，徐文伟提醒：一旦失败就会浪费几万美元，大家要小心谨慎！任正非对徐文伟说："你们放手去做，公司砸锅卖铁也要投！"

因为在创业之初，做代理销售别人的程控交换机就遭受过断供之苦的任正非，深知有自主技术产品的重要性，如果没有自己的产品，没有自己的技术，华为就没有未来。

华为当年做无线时踩错点，错过了窄带CDMA网络，错过了小灵通。但是，华为有失有得——错过小趋势，大方向却始终没错。

对待科学家，任正非认为需要包容，允许他们犯错，这样才能让华为的"黑土地"更肥沃。

我们现在所熟知的华为手机，几年前还默默无闻。2013年前后，华为推出几款中高端手机，从P1、P2到D1、D2，基本上都失败了，只卖了几十万部。华为在朝"精品战略"迈进的道路上，摔了几次跟头，也被看衰过、被讥讽过。但通过几年大胆探索，积累了一些经验。从华为Mate7手机开始，华为在高端手机市场逐渐站稳了脚跟。今天，华为P系列和Mate系列，成为华为的双旗舰，赢得了消费者的认可。

没有前面几次试错，就没有华为手机的今天。华为宽容失败，允许试错，这是很多中国企业做不到的。通常，一些企业不给技术人才犯错的机会，一年没有干出成绩，管理层就会被大换血，不利于人才沉淀。

‖ 搞研发要舍得"浪费"

2001年，任正非到日本"取经"，拜访日本四大"经营之圣"之一的稻盛和夫，请教当年稻盛和夫创办京瓷公司时如何在欧美技术封锁的背景下，实现半导体技术的突围。稻盛和夫告诉任正非："在技术上要有自己的'护城河'。"

"护城河"是指一家企业必须拥有自己的核心技术，核心技术才是企业的核心竞争力。20世纪80年代，日本也与美国打过"内存之战"，但凭借京瓷公司自主研发的芯片技术，日本打赢了这场半导体争夺战。到1988年，全球半导体市场中，日本公司占据了总产值的67%。

任正非从日本回国后就意识到华为的手机业务将会被外国公司"卡脖子"，便萌生了自主研发芯片和操作系统的想法。2004年，在与思科的专利诉讼达成和解后，华为成立了海思半导体公司，并任命华为女将何庭波为海思总裁，负责芯片研发。

任正非对何庭波说："如果美国的芯片和操作系统都不给我们用了，我们就会死掉！我每年给你4亿美元研发费用，在关键技术上一定要站起来。"

当海思芯片研发取得了成果，要投片试产的时候，何庭波向任正非汇报："一定给公司节约成本，我们保证流片一次成功。"

何庭波话没说完，被任正非打断了。任正非对她说："一次投片成功的观点我是反对的，技术创新没有失败怎么会有成功？创新就是要舍得浪费，敢于浪费……"这是多么大的气魄啊！

芯片在设计完成后，还要流片。芯片设计是半导体行业的核心技术，为了检验芯片设计是否成功，必须进行流片，而流片的成本非常高，并且失败的几率也很高，如果失败了，几十万美元就打了水漂。

任正非知道，有创新就会有失败，搞研发要舍得"浪费"，没有"浪费"就不可能取得成功！

任正非曾在董事会上开玩笑说："徐直军就是公司浪费了2000亿元培养起来的。"

早在2001年，联想总裁杨元庆曾到访华为，向华为请教如何提升研发水平，任正非意味深长地对杨元庆说："那你要准备好每年投几十亿，几年都不冒泡的准备。"

研发投入太大了，杨元庆回去后仍然坚持技术引进策略，不搞自主研发。

所以，联想在技术创新上投入很少，至今没有自己的核心技术，只是一家电脑组装公司。

‖ 技术创新不能急功近利

任正非始终认为，技术创新不能急功近利，应放眼长远，敢于投资未来。

为了应对未来的不确定性，华为极其重视在创新研发上的投入，每年把营收的10%以上投入研发。开发是一个确定性工作，强调保证质量、效率提升。研究是不确定性的工作，需要鼓励探索。对于不确定性工作，华为设定的收敛值为0.5，也就是说，允许有50%的失败。但在任正非看来，这50%的失败率不叫失败，而叫探索！

数据显示，华为2018年的研发费用首次突破千亿大关，达到1015亿元，研发投入增速超过了苹果、微软和三星，位居全球第四、行业第一。在全球研发投入排名前50强企业中，只有一家中国企业上榜，那就是华为。

我们在看一家公司是否强大的时候，常常喜欢比较市值，比如谁会成为第一家市值超过千亿、万亿美元的公司。然而，技术创新投入占比，才是判断这家公司能否继续发展的重要依据。可以说，华为在研发投入方面是国内很多大企业难以望其项背的。

通信行业，知识产权都是真金白银"砸"出来的，20世纪的IBM和贝尔实验室每年的研发经费超过10亿美元。在这条用金钱铺路的赛道上，华为必须咬紧牙关，舍得投入，才能保持领先地位。

持续在创新和自主研发上高投入，即使只有一半的研发产出，这种对创新"浪费"的宽容，让华为成了全球通信行业的领导者。

‖ 营造创新的环境，尊重有个性的科学家

任正非在华为多次强调："我们要对科学家和研发人员多一些包容，允许他们犯错、试错，并尊重有个性的科学家，营造有利于科学家创新的环境。"

营造有利于科学家创新的环境，不是用钱就能堆出来的，而要靠一个以尊重科学家为核心的管理理念。

华为俄罗斯研究所有一位小伙子在数学领域才华突出，但在性格上特立独行，如果按华为公司的管理制度，可能容不下他。事实上，很长一段时间里，华为都不知道他在捣鼓什么。不过，任正非认为，天才通常有自己的独特个性。因此，华为在对其管理上给予包容，允许他按照自己的生活习惯行事。

这种宽容，让华为收获了惊喜——突然有一天，这个小伙子宣布把算法打通了，这可是颠覆式的技术创新，确立了华为在算法方面的全球领先优势。

在过去，不同的网络制式有不同的算法，这个瓶颈一直困扰着所有电信设备商。移动网络算法打通后，华为的3G、4G、5G产品可以在同一平台上运行，不再需要一个波段一根天线。这一革命性技术的突破，可为运营商节省30%以上的成本，而且更环保。此外，电信运营商还能节省基站空间，使基站布局更灵活。

前30年跟着机会跑，让华为得以生存下来。2019年，华为的销售收入突破8500亿元，在一些领域已攻入"无人区"。但在大机会面前，华为要拒绝机会主义，理论创新的时机已经到来，这就需要科学家去把握。因为所有成功的产品，一开始都不是完美无缺的，都是先满足一个或少数几个最为关键的需求，然后通过不断测试和创新去优化迭代。

如果乔布斯最初因为屏幕易碎而不敢推出苹果手机，他就不会开启智能手机时代。所以，在创新上，华为允许技术人员犯错，宽容失败，允许适度的浪费，才会有真正的创新，才会取得科技成果，才能让企业的技术处于领先地位。无数案例证明，那些急功近利、不敢大胆探索、不宽容失败、不允许浪费、不允许冒险的企业，不是倒闭了，就是正走在倒闭的路上。

生存法则 6：

坚持自我批判

自我批判是华为的价值观之一，也是华为的生存之道。正是因为华为始终坚持自我批判，自我反省，让这个拥有20万名员工的组织始终保持着旺盛的战斗力。

华为30多年的奋斗实践让任正非领悟了自我批判的重要性。他说："自我批判对于一个公司的发展是多么重要，如果没有坚持这个原则，华为绝对不会有今天。世界上只有那些善于自我批判的公司才能存活下来，我们要坚持自我批判，不断地进步，世界是在永恒的否定之否定中发展的。"

为什么要开展自我批判呢？

2000年，任正非在一篇名为《为什么要自我批判》的文章中详细解答了这一问题。

没有自我批判，就不会认真听清客户的需求，就不会密切关注并学习同行的优点，就会以自我为中心，必将被快速变化、竞争激烈的市场环境淘汰；没有自我批判，面对一次次的生存危机，就不能深刻自我反省、自我激励，用生命的微光点燃团队的士气，照亮前进的方向；没有自我批判，就会故步自封，不能虚心吸收外来的先进东西，就不能打破"游击队"的局限和习性，把自己提升到全球化大公司的管理境界；没有自我批判，就不能保持内敛务实的文化作风，就会因为取得的一些成绩而少年得志、忘乎所以，掉入前进道路上遍布的泥坑、陷阱中；没有自我批判，就不能剔除组织、流程中的无效成分，建立起一个优质的管理体系，降低运作成本；没有自我批判，各级干部不讲真话，听不进批评意见，不学习不进步，就无法保证做出正确决策并切实执行。只有长期坚持自我批判的人，才有广阔的胸怀；只有长期坚持自我批判的公司，才有光明的未来。

……

任正非清楚，每个管理者都会遭遇个人责任能力的临界点，这是一个不争的事实。客观地讲，管理者的成长与企业组织的成长，是一场马拉松式的速度赛跑——管理者个人素质与能力的成长速度，必须快于或至少等于企业组织的发展与成长速度。如果管理者个人素质与能力的成长，滞后于企业的发展，就会到达痛苦的"个人能力临界点"。

管理者遭遇的每个临界点都是管理者能力素质的瓶颈，都需要他们实现自我超越。管理者只有通过不断的学习和自我否定，像蛇蜕皮一样，每蜕一次皮，就获得一次成长。尽管这个蜕皮的过程很痛苦，甚至很危险。

1998年，《华为基本法》定稿之时，任正非就提出在华为总部门口立一块石碑，上面写着："一个企业长治久安的基础是接班人承认公司的核心价值观，并具有自我批判的能力。"可见，华为之所以能够成功，没有倒下，靠的就是长期坚持自我批判。

任正非认为，在这个大变革时代，自我批判是拯救公司最重要的武器。当互联网思维甚嚣尘上的时候，当"猪都能飞起来"的时候，任正非又在内部开展自我批判的行动。

任正非说："极端困难情况下，会把我们逼得更团结，更先进，更受用户喜欢，逼得我们真正从上到下能接受自我批判、自我优化。外界的困难可以让内部更团结进步，而能接受自我批判本就是自我优化之路。"

华为的自我批判就是围绕着"哑铃"的两端进行的，即销售和研发。

1996年春节前夕，华为市场部集体辞职，从公关型市场销售向管理型市场营销转型，从"土八路"向"正规军"转变。

自我批判是一种武器，也是一种精神。只有强者才能自我批判，也只有自我批判才能成为一个强者。

华为的自我批判不是为批判而批判，不是为全面否定而批判，而是为优化进步和建设发展而批判，总的目标是提升公司的核心竞争力。

华为提倡自我批判，不提倡批判，因为批判是批别人的，多数人掌握不了轻重，容易伤人。自我批判是自己批自己，尽管多数人会手下留情，但即使是鸡毛掸子，多打几次也会起到同样的效果。

怎样才能把自我批判落到实处呢？华为主要通过两个组织来保证。

一个是2006年成立的员工自我批判委员会，任正非和董事长都是这个委员会的顾问，员工自我批判委员会下面还设置了各级分委员会；另一个是道德遵从委员会，通过这两个组织来推进华为的自我批判。

华为的自我批判根据应用场景分为以下三种：

第一种是基于制度的自我批判。职位体系、任职资格体系、绩效体系、劳动态度考核等都有自评环节，自评环节是让员工先进行自我反省，然后上司再进行复议。这是基于制度的自我批判。

第二种是基于实践的自我批判。例如受到外部客户的投诉的自我批判。

第三种是员工对公司的自我批判。有员工在心声社区上发表文章，问"如果任总退休了，华为的好日子还能继续吗？"这是员工对公司的自我批判，同时还有基于标杆学习的自我批判，通过对标，找到差距。

在华为新员工培训教材中，关于自我批判的内容占很大的篇幅，分为四个章节：在自我批判中如何进步；如何处理工作挫折；如何勇于自我批判；自我批判就是自我超越。

在这本教材中，已经贯彻了自我批判的思想，从领导干部开始执行。任正非在华为大学的后备干部毕业证上写了这样一段话："在华为只有具备牺牲精神的人才能成为将军，只有自我批判的人才有广阔的胸怀！"这充分体现了任正非对自我批判的重视。

同时，华为还建立了自我纠偏机制，通过三大平台来支持自我批判。

第一个支撑平台是《管理优化报》。《管理优化报》主要是反映华为管理中存在的问题。

第二个支撑平台是《华为人》报。《华为人》报最主要的工作是发表员工的奋斗故事，现在也有英文版的《华为人》报。

第三个支撑平台就是华为内部的"心声社区"论坛。任正非认为，"心声社区"就是罗马广场，让大家提意见，宁愿大家胡说八道、评头论足，也比说假话好。

任正非经常看"心声社区"上的文章，主要看员工留言和评论，从中发现公司问题的同时，还发现了很多人才。

2016年8月，华为一位署名"泥瓦客"的海归程序员从组织、流程、环境、工具四个方面痛诉在华为做研发的不易，并写了一篇题为《华为到该炸掉研发金字塔的时候了》的文章，发表在一本内部刊物上，他在文章中直言不讳地指出华为在研发方面存在的四大弊端。

这篇文章被华为"心声社区"网站转发，一石激起千层浪，在华为引发了一场轰轰烈烈的内部讨论。

一位员工在留言中写道："很多研发的同学都抱怨过，聪明的人都去做管理了。根源还是研发团队的作战方式。一个项目需要那么多人，必然需要有管理，就有所谓的管理者，管的人越多，管理者做技术的时间越少。要转变开发的模式，打班长的战争。如果都是一个个小团队，就不需要那么多的所谓的技术管理者了。"

内部激烈的讨论惊动了任正非。他在看完这篇文章和所有人的讨论后，签发了一封总裁办邮件。他在邮件中写道："自我批判不是为了批判而批判，不是为了全面否定而批判，而是为了优化和建设而批判，总的目标是导向公司整体核心竞争力的提升。只有具备牺牲精神的人，才有可能成为将军；只有长期坚持自我批判的人，才会有广阔的胸怀。"

自我批判就是一个优化组织的工具和方法，遗憾的是，很多企业都无法做到。华为的快速成长，其实就是华为坚持自我批判，不断否定过去、超越自我的结果。

自我批判，成为华为防止自满而垮掉的一种武器。世界上唯一不变的就是变化，面对当前的百年未有之大变局，华为公司是否会垮掉，完全取决于自己。华为的成功告诉我们，只有善于自我批判的企业，才能生存！

生存法则 7：

方向大致正确，组织充满活力

华为公司能够活下来，取决于两个关键因素：方向要大致正确，组织要充满活力。

那么，华为是如何做到方向要大致正确，组织要充满活力的呢？

‖ 没有绝对正确的方向，只有大致正确的方向

一个公司如果没有发展方向或方向与行动南辕北辙，那肯定是不行的。但是要求公司的发展方向绝对正确也是不切实际的。因此，任正非提出"方向可以大致正确，组织必须充满活力"的观点。

"方向要大致正确"的观点是任正非在2017年华为战略务虚会上提出来的。当时，华为内部有很多人不理解，难道华为公司的方向不完全正确？

对此，任正非解释道："首先，这里的方向是指产业方向和技术方向，我们不可能完全看得准，做到大致准确就很了不起了。其次，在方向大致准确的前提下，组织充满活力非常重要，是确保战略执行、走向成功的关键。

"华为的方向是产业方向和技术方向，技术发展快速迭代，产业替代层出不穷。

"即使是行业龙头，也是暂时的，无法完全准确预测未来的方向，所以方向只能是大致正确。正是没有办法在方向上完全正确，组织必须要充满活力，确保战略的执行以及纠偏，才能走向成功。"

其实，任正非所说的"方向"所包含的内容非常广泛，以客户为中心、以奋斗者为本、艰苦奋斗、利益分享制……都是华为前进的方向。华为作为一个商业组织，如果不能聚焦客户需求，把握商业趋势，方向就不可能做到大致正确。

　　为了确保方向大致正确，华为在经营管理团队中专门设有战略与客户常务委员会，该委员会主要承担务虚工作，通过务虚拨正公司的工作方向，再由行政部门去决策。该委员会为EMT（执行管理团队）履行其在战略与客户方面的职责提供决策支撑，并帮助EMT确保客户需求驱动公司的整体战略及其实施。在公司的组织结构中，建立了战略与Marketing体系，专注于客户需求的理解、分析，并基于客户需求确定产品投资计划和开发计划，以确保客户需求来驱动华为公司战略的实施。

　　一个公司做到方向大致正确，其实是件非常不容易的事情。王安电脑公司不能看到PC机替代小型机的大致方向而倒闭，柯达不能看到数字技术对胶卷全面替代的大致方向而衰落，Nokia手机王国不能看到iPhone代表的智能手机大致方向而轰然倒地，微软不能看清楚互联网和移动互联网的大致方向而苦苦挣扎，后来看到并抓住了"云计算"的大致方向而重获新生。

　　华为"蓝军司令"潘少钦介绍说，华为在2001年从固网向无线转型，就是一种大致正确的方向。当时转型过程中面临巨大的技术难题，华为一度十分煎熬，但最终能够转型成功靠的就是组织强大的执行力和战斗力。

　　华为手机业务的发展更是如此，当时华为内部主张把手机业务卖掉，但是任正非没有同意，而是让余承东大胆地试一试。后来，余承东只用了7年时间就把华为手机做到了国内市场占有率第一、全球第二。如果不是美国制裁，华为手机在2020年就能做到世界第一。

　　为什么华为手机成功了呢？首先还是方向大致正确，终端智能化、关注体验、技术引领是未来的方向，这个就像舞龙的龙头；其次就是整个组织保持活力和激情，不断前进。

　　没有绝对正确的方向，只有大致正确的方向。在这个大致方向的指引下，在执行中及时纠偏，不断地向完美靠拢，这是"方向可以大致正确"的真谛之一。

‖ 清晰的方向是在混沌中产生的

　　"清晰的方向是在混沌中产生的。"这是任正非提出的，也是华为的管理哲学和确保"方向要大致正确"的方法。我们观察华为的发展史不难发现，这个观点无疑是正确的。

任正非就是一个有"灰度"的人，他在《清晰的方向是在混沌中产生的》一文中写道："一个领导人重要的素质是方向、节奏。他的水平就是合适的灰度。坚定不移的正确方向来自灰度、妥协与宽容。清晰的方向是在混沌中产生的，是从灰色中脱颖而出的，方向是随时间与空间而变的，它常常又会变得不清晰。并不是非白即黑、非此即彼。"

任正非曾经提出了一个著名的灰度理论：合理地掌握合适的灰度，是使各种影响发展的要素在一段时间内达到和谐，这种和谐的过程叫妥协，这种和谐的结果叫灰度。在他看来，在改进和追求目标的时候，应该把握好灰度，要提升目标的灰度，也就是说个人在追求目标的时候，不要太激进、太僵化，不要急于达到目的，而应该选择以退为进的方法，适当做出妥协。

任正非认为中国古代的改革者有很多非常出色的办法，可是在实施的过程中往往没有达到目的和理想，主要原因就在于改革太过直接、太过激进，没有很好地平衡改革者与当权者之间的关系，因此最终承受了巨大的阻力而导致夭折。

如果改革者能够用较长时间来实践，而不是太急迫、太全面，那么收效也许会好一些。或者说如果他们在坚持自己的方向和目标时能够采用曲线奋斗的方式，也许别人更容易接受。运用相对保守的曲线奋斗的方式去实现目标，虽然在方法上有了一些妥协和改变，但其实目标没有变，方向也没有变，而且最终的效果往往会更好一些。

任正非通过变法的例子来提醒员工在改革的过程中要注意循序渐进，凡事不能急于求成，不能总是想看如何快速实现自己的目标，该妥协的时候就要妥协，该迂回的时候就要迂回。同时也不能固执地认为别人一定是错的，而自己一定是对的，在双方出现争议的时候，最好找一个模糊地带，让所有人都能够接受，不会产生太大的意见。

华为公司曾经进行了多次改革，尤其是在管理上进行改革，但是这些改革往往会触及某些人或某些部门的权益，会损害他们的既得利益，因此在管理改革的过程中公司往往承受了巨大的阻力和压力，导致目标出现混乱。在这样的情况下，任正非没有继续大刀阔斧地实施改革，而是尽量采取小修小补的方式，尽量照顾到其他反对者的利益，尽量做出妥协。按照他的话说："我们从来就不主张较大幅度地变革，而主张不断改良，我们现在仍然要耐得住性子，谋定而后动。"

在改革之前，任正非及其他坚持改革的人，都有一个明确的发展方向和目标，但在实现这个目标时，他们更善于寻找和创造一种灰度。这个灰度就是对各方意见、态度、行为方式的综合，是在坚持大方向、大目标的前提下对各方意见的妥协，是对不同意见、不同利益团体、不同工作风格和个人习惯的宽容。

灰度是华为企业文化的重要特征。任正非曾经解释说："华为文化不是具体的东西，不是数学公式，也不是方程式，它没有边界。也不能说华为文化的定义是什么，它是模糊的。正因为模糊，才不会受到太多的约束和反对，才能够给奋斗者带来更多施展的空间。"

多数企业在制定目标并开始实施的时候，常常会有明确的方向和目标，会坚持目标与方向的正确性与原则性，但它们关注的焦点往往也仅仅停留在这上面。但实际上阶段内的目标虽然是唯一的，方向也是唯一的，但方法却是多样化的，使用什么样的方法才能更高效地实现目标，如何才能更为顺利地实现目标，这才是管理者真正要思考的问题。

为了减少阻力和压力，实现目标有时候需要创造一种共存的环境，创造一种能够被多数人认同或至少不反对的理念或方法，奋斗者需要模糊自己的立场、原则以及方法，将更多人团结起来，共同为实现目标而服务。比如在工作中，常常会遇到意见不合的情形，总是有人会站出来反对他人的主张、做法，而对于那些有所追求且拥有自己特定方向和目标的人来说，想要顺利实施自己的计划，想要实现自己的目标，就不能激进地认为自己就是对的，不能草率地否定他人的意见，而应该综合别人的意见和建议，尽量为其他人多做考虑，从而为自己减少阻力。

华为公司当初引入国外的管理体系时，也有很多老员工提出了反对意见，认为外国的体系不一定适合自己。任正非虽然有心引入这套体制，但还是采纳了老员工的部分建议，没有直接而彻底地进行制度更换，而是在引入制度之后进行了优化改革，将国外制度中的精华和公司原有制度的一些精华结合起来。这种"中西合璧"的做法让主张革新与不主张革新的两派人有了共同的话题，也创造了共同的目标，因此改革慢慢走上了正轨，得以在整个公司推展开来。

华为的成功改革给所有人提供了一种思路：做人做事都需要掌握灰度哲学，不能采取"非此即彼"的原则，不能激进地以"是非黑白"的原则来对待任何一份工作，保持模糊很重要。而且任何人、任何事都有对立的一面，都有各自的优势和缺点，也都有各自的特点，依靠那些模糊的原则和界限，将这些不同点和对立面统一起来，才是解决问题的最佳方法。

任正非说管理应该去除边界，其实工作中同样需要模糊边界，追求一种既不黑也不白、既不对也不错、既不好也不坏的状态，并坚持妥协与宽容，因为妥协是为了减少阻力，而宽容是为了团结更多人。

清晰的方向是在混沌中产生的，是从灰色中脱颖而出的。方向是随时间与空间而变的，它常常又会变得不清晰，并不是非白即黑、非此即彼。掌握合适的灰度，能使各种影响发展的要素在一段时间变得和谐，这种和谐的过程叫妥协，这种和谐的结果叫灰度。

‖ 没有洞察就没有方向

在制定战略的时候，怎样突破业务瓶颈，怎样突破惯性思维和老生常谈？深刻的洞察是战略规划的重要基础，没有洞察就没有思想，没有思想就谈不上战略。因此，要突破业务瓶颈，首先要以深刻的洞察为基础，去粗取精，去伪存真，由此及彼，由表及里。

华为大致正确的"方向"主要基于以下四个方面的洞察：

一、洞察市场

没有洞察就没有方向，就谈不上战略。因此，在整个战略规划里，对市场的洞察是基础。洞察主要看什么？最重要的是发现行业的价值转移趋势，即我们现在所处的行业、所处的商业环境，在发生哪些价值转移？我们能不能站在后天看明天，提前布局，通过产品抓住这个价值转移的趋势，获得我们想要的价值？这就是市场洞察最为核心的内容。

华为内部的常用工具叫"五看三定"。"五看"就是看环境、看行业、看客户、看竞争、看自己，然后输出战略机会点；"三定"即定战略控制点、定目标和定策略。

先有"五看"，后有"三定"。华为的战略机会点是经过筛选机会点后，从市场角度把成功概率较大的作为决策最佳选项。

华为的"五看三定"模型是一套非常系统的战略洞察的方法，它基于价值转移与赢得利润的思路，对业务进行设计，对企业战略的制定具有重大的价值。相对于其他战略方法论，它的效率比较高，能够帮助企业去发现未来的机会。

先来看"五看"：看环境就是PEST（宏观环境）分析，对政治、经济、社会、技术进行分析；看行业就是看所处的这个行业有什么样的发展和变化；看客户就是看客户有什么需求；看竞争，范围更广一点，不仅是看竞争对手，还要看行业内的标杆企业、合作伙伴等，决定公司与谁合作，与谁竞争，要从他们身上学到哪些东西等。这四个视角都是外部的，最后还要有内部视角，归因于自身，也就是看自己。结合外部视角，审视自身，针对客户需求，相较于竞争对手，我们有哪些优势、劣势？最终形成的"五看"，就是华为洞察报告的基本内容。

华为以前作为追随者，每个部门都要输出领先对手的竞争分析报告。但是当华为超越了竞争对手，成为行业的领先者，进入"无人区"的时候，可能看行业，注意行业的发展动向，就变得更重要了。因此，在"五看"当中，着重于哪个方面，也需要有动态的调整。

"五看"看完之后，针对市场环节，结合自身能力，对业务进行示范的识别，定目标和策略：

1. 定目标

定目标有两个关键点。第一目标要设置两个：一是达标目标，是公司自上而下决定的，达标目标完成，就可以拿到奖金；二是挑战目标，是自下而上的，鼓励大家往高报，求其上得其中，牵引着员工多劳多得。

定战略目标，不等于业绩指标实现，战略目标不仅仅包含业绩指标，还要能全面支撑战略定位。

2. 定策略

把营销、产品、竞争和能力等策略形成规划节奏。如果是面向全国销售，每个省份的节奏是不一样的，所以政策不能一刀切。如果一刀切，会导致公司一下子很多资源升不上来。要把你的策略进行相应的定义。不需要每个维度都设计，只须有策略地纳入规划节奏即可。

3. 定战略控制点

战略控制点是指公司保护业务设计的利润来源的特别控制点，是公司核心竞争力所在。战略控制点可以让业务设计的盈利具有可持续性；保护你的利润来源，避免受强大的客户影响力波动；保护你的利润来源，避免受竞争者模仿的影响。获取战略控制点的途径有很多，比如品牌、专利、渠道等。一个组织在这其中需要对自身的战略性控制点有一个清晰、共同的认识。

二、洞察客户需求

华为洞察客户需求主要强调：看客户最为核心的本质需求。在这方面，华为认为客户调研了解不了客户本质的、核心的需求，因为有些事情，客户自己也讲不清楚，关键是华为要有自己的分析和洞悉。只有洞悉客户需求的变化，然后通过不断的迭代来满足客户需求，才能在市场上占领先机。

三、洞察创新的焦点

洞察创新的焦点要回答三个方面的问题：第一是创新模式，即如何创新，是要做颠覆式创新，还是做一些持续迭代的创新？在产品和解决方案方面怎样创新？内部怎样创新？等等。创新的目的是形成差异化的竞争优势。第二是资源的有效利用。第三是面向未来的业务组合，这也是创新焦点里非常重要的一点，即审视和设计面向未来的业务组合。所有的产品都有生命周期，有其起始阶段，有生命周期的顶端和末端。如果只有一个产品、一个业务，组织就会随着这个产品生命周期的终结而终结。因此，华为把不同的产品和业务组合起来，当有的产品处于衰落期的时候，其他产品正处于上升期，这样整个企业才能持续发展。

四、洞察机会点，进行业务设计

业务设计是华为整个战略规划的核心内容。因为战略不仅仅是描述方向，最终还要知道今天做什么才会有未来。而具体做什么，要通过业务设计进行描述。业务设计，主要指客户选择、价值定位、盈利模式、业务范围、战略控制与风险管理六个方面。

1. **客户选择**。在有限的资源下，选择聚焦于哪些细分市场和细分客户。

2. **价值定位**。客户为什么会选择我，而不选择我的竞争对手？我们有哪些差异化的竞争优势？这是一个非常重要的问题。在华为内部，如果这个问题回答不清楚，是不允许开发上市的。

3. **盈利模式**。华为是商业机构，不是慈善机构，最终是要赚钱。你选择了客户，客户也选择了你，但是到底能不能赚到钱、你的盈利模式是什么，也必须要讲清楚。

4. **业务范围**。现在是分工合作的社会，哪些由你来做，哪些由合作伙伴来做，合作的界线在哪里，怎样让大家都能够获利？

5. **战略控制**。这一条也非常重要。价值定位是保证这次能赢，但是战略控制是保证将来也能赢。那么，要构建哪些方面的核心竞争力，让竞争对手难以超越？

6. **风险管理**。对于风险管理大家很容易理解，因战略面向未来，有很多的不确定性，需要通过风险管理进行识别和规避。

以上就是华为业务设计最为核心的内容。这六个方面的问题回答清楚以后，具体的业务策略就清楚了，就知道今天该干什么、怎么干。从这个角度看，在华为整个BLM模型（业务领导力模型）里，业务设计起到了非常重要的承上启下的作用。

在战略控制当中，第一个就是战略意图。战略意图是指方向的大致正确，是高层面和框架性的，主要包括三个层面：

1. **愿景和使命**：企业有了愿景和使命，员工愿意为之奋斗，它相对来说是务虚的。

2. **战略目标**：即未来三到五年的具体收入、市场份额和利润，以及如何衡量企业的竞争力等。这一条是务实的。

3. **路径和节奏**：仅有愿景、使命和战略目标是不够的，还要有相应的路径和节奏，要规划出关键的路径和里程碑。

战略决定组织，组织决定成败。组织活力不仅体现在员工层面，更体现在管理层面，决策的制定、落实、调整都要保持开放，保持活力，并且坚持自我批判。一个公司随着规模的扩大，"大公司病"就会出现，如机构冗余、决策缓慢、响应不及时、部门墙等。这种情况下的组织活力在不断丧失，而华为近几年一直推动的"熵减"就是去大公司化、增加组织活力方面的探索。从世界范围来看，华为的组织管理已经进入了"无人区"，在美国的多轮制裁下，华为依然屹立不倒，可见其组织充满活力。

‖ 实行"四化"管理

为了让组织充满活力，华为不断进行管理变革，实行"四化"管理模式，这"四化"分别是职业化、规范化、表格化、模板化。

1. **职业化**：指同一时间、同样的条件下，确保做同样的事的成本更低，因此职业化应该是提高效率的手段，当然也是企业发展总的概念和最基本的要求。

2. **规范化**：指严格按照规章制度和流程办事，从而构建一个相对稳定的、规范的管理体系，主要目的是让企业的运作更加协调高效。

3. **表格化**：指运用表格和图表来统计信息，即数据化，可以为企业提供最直观的参考信息。

4. **模板化**：指为那些经常要展开的工作制定模板，比如项目策划书模板、项目总结会议模板、进度计划表模板等。模板的存在实际上也是一种规范化和标准化的形式，可以有效提升工作效率。

华为倡导每个人既是工作者，也是管理者。

提到管理，多数人想到的是领导者、上司或老板，想到的是地位与层级的区分，想到的是上级对下级的控制和指导。而"管理学之父"彼得·德鲁克认为："一位知识工作者如果能够凭借其职位和知识，承担起对组织作出贡献的责任，并且做到实质性地提升了该组织的经营能力以及创造出了成果，那么他就是一位管理者。"就像华为所做的那样，每个人都在想办法发挥自己的主观能动性，都在努力做好自身所从事的工作，这样就能确保华为成为一个富有纪律性、责任感和活力的组织。

‖ 用"三感"激活组织

通俗地说，从竞争对手角度看，组织活力强的组织能做到竞争对手做不到的事情；从客户角度看，组织活力强的组织，客户感受和体验都很好；从员工角度看，组织活力强的组织，员工积极、成长进步快、工作有热情、不计较眼前得失。

"方向大致正确，组织必须充满活力"。那么，如何让组织充满活力？

激发组织活力是个系统性工程，单靠一招一式起不到实际作用。因此，华为让组织充满活力的"三大法宝"是：让基层有饥饿感，使中层保持危机感，激发高层的使命感。

1. 让基层有饥饿感

基层要有饥饿感，指的是物质的饥饿感。

任正非说："基层要有饥饿感，就是让员工有企图心，有挣大钱的愿望。对于一线的营销人员更是如此，培养他们对奖金的渴望、晋级的渴望、成功的渴望，在这一点上企业要从舆论上、政策上给予充分的引导及支持。"

任正非毫不讳言饥饿感的氛围导向。他认为："对于金字塔底部的大量基层员工，'按劳取酬，多劳多得'是最现实的工作动机。"

华为公司相信绝大多数员工都有最基本的物质需求，而员工加入到一个企业中，最直接、最朴素的诉求就是实现财务自由，企业能不能给员工提供相对的物质满足，实际上是企业人力资源管理中最基本的部分。华为是从人才的选择和人才的激励两个方面来让基层保有饥饿感。

（1）华为的人才选择标准

华为的人才选择标准是一贫如洗、胸怀大志。一贫如洗说的是现状，因为一贫如洗的人有着脱贫致富的强烈愿望，容易被激励，进而激活公司的沉淀层、激发组织的活力。

胸怀大志说的是未来的成长空间，只有胸怀大志的人，才不会小富即安，才不会在成功后懈怠，才能够长期坚持艰苦奋斗。

华为之所以选择一贫如洗、胸怀大志的人才，是因为创业之初的任正非就是一贫如洗、胸怀大志的典型。

1987年，43岁的任正非被深圳南油集团除名，处于山穷水尽、无路可走的人生低谷。他被逼无奈，集资2万元注册成立华为公司，出资之后的任正非一分钱都没有了，真的是一贫如洗。

到1994年，华为的销售收入仅8亿元，任正非就大胆地提出："十年之后，通信行业三分天下，华为必有其一。"可见其胸怀大志。

（2）华为的人才激励原则

一方面，鼓励员工做雷锋。企业的成功离不开团队合作，而雷锋精神最大的特点就是奉献，如果人人都把自己奉献出来，员工之间的关系不就和谐了吗？员工之间的合作不就更好了吗？团结合作的问题不就解决了吗？

华为有个很著名的口号：胜则举杯相庆，败则拼死相救，不管谁胜了，都是华为的胜利，大家举杯相庆；不管谁败了，都是华为的失败，大家拼死相救，华为团队合作的文化就是这样逐渐形成的。

另一方面，华为绝不让雷锋吃亏，坚持奉献者定当得到合理的回报。只有让雷锋先富起来，才能营造出人人争做雷锋、积极向上的氛围。任正非说过一句话，前半句是"不让雷锋吃亏"，其实后半句更关键，"只有当雷锋发现自己不会吃亏的时候，他才会去当雷锋"，因为世界上没有"活雷锋"。

（3）华为的人才激励机制

华为的人才激励机制，是全力创造价值、正确评价价值、合理分配价值，形成良性循环的利益驱动机制。

全力创造价值：华为认为员工的奖金不是公司分配给他的，而是他自己努力奋斗挣来的，因此员工奖金不是采用逐级分配制，而是实行获取分享制：逐级分配制是让员工好好地干，年底公司将发放奖金；获取分享制则是要求员工首先为公司创造价值，再从创造的价值中获取合理的回报。员工为公司创造的价值越多，获取的回报自然就越多，这样员工有动力，公司也没有压力。

简单地说，逐级分配制是公司稀里糊涂地分奖金，而获取分享制则是让员工明明白白地挣奖金。

正确评价价值：华为坚持以客户为中心，强调结果导向，将能否为客户创造价值作为进行价值评价的唯一标准——

不能为客户创造价值的流程是多余的流程；

不能为客户创造价值的组织是多余的组织；

不能为客户创造价值的员工是多余的员工；

不能为客户创造价值的行为是多余的行为。

合理分配价值：挣钱难，还是分钱难？其实挣钱并不难，只要努力奋斗，迟早都能够挣到钱，难的是能够持续地挣到钱。分钱比挣钱难，因为分钱考验的是人性，而只有分好钱，才能够激励员工持续奋斗，去创造更多的价值，形成良性循环。分钱就是为了更好地挣钱。

任正非就曾经说过：为什么华为的员工战斗力比别人强？就是因为分钱分得比别人好。

全力创造价值、正确评价价值、合理分配价值，形成了闭环的利益驱动机制。

为什么华为员工总能表现出超出常人的活力和能量？原因就在于他们始终有一种饥饿感。

任正非说："企业的活力除了来自目标的牵引、机会的牵引，很大程度上是受利益驱动的。"企业的经营机制，说到底就是一种利益驱动机制。价值分配系统必须合理，使那些真正为企业作出贡献的人才得到合理的回报，企业才能具有持续的活力。

"存天理，顺人欲"，华为的价值设计充分遵循了这一规律。饥饿感构成了基层员工的狼性精神，舍此，任何高调的宣传都是虚妄的。

2. 使中层保持危机感

这是华为让组织充满活力的第二大法宝。

任正非说："让中层管理者有危机感，就是让中层管理者有强烈的责任心。什么是责任心？就是以实现企业目标为中心，对工作高度投入，追求不懈改进，向周边提供更多更好的服务。"

在华为，作为中层管理者，如果凝聚不了队伍、完不成任务、斗志衰退、自私自利，那就对不起，你将很快被调离、被降职。但经过一段时间，你的工作激情提升了，各方面的考察都合格了，你就可能重新得到提拔。华为干部能上能下、优胜劣汰的机制让一大批优秀的年轻人得到提拔重用，中层管理者丝毫不敢懈怠，否则就会被淘汰出局。

任正非从历史发展规律中深刻认识到，一个组织的太平时间越长，危机意识越弱，生存能力就越差，最后一定走向寂灭。因此，任正非向中层管理者的太平意识宣战，营造危机感的决心从没有改变过。

华为拥有始终能够保持危机意识的优秀管理人员，共同去面对充满风险、未知和恐惧的世界，形成了长期艰苦奋斗的价值观，驱动华为的商业成功与可持续发展。

（1）中层危机感的来源

危机感的存在，可以让企业预防失败，保持持久而旺盛的战斗力。中层的危机感来源于对利益和权力的患得患失，相对来说中层比上不足、比下有余：一方面希望更上一层楼，想得到更多的利益、更多的权力；另一方面又怕失去已有的利益、已有的权力，重新回到一无所有的状态，正所谓逆水行舟、不进则退。

华为通过机制驱动，将危机感传递到每一位中层管理人员身上，从而充分激发其活力，全力以赴去力争上游。

2019年，美国将华为列入"实体清单"，对华为进行市场、技术、供应链全方位的打击。这反而增强了华为的危机感，使华为焕发出更大的活力，而华为也借此机会调整了部分落后管理人员的岗位，将一些优秀的年轻人置换上来，进一步增强了华为的组织活力，华为硬是把美国制裁的不利因素转换成了激发组织活力的有利因素。

（2）末位淘汰制

华为保持中层的危机感主要有两项机制，首先是末位淘汰制。

华为在末位淘汰制度上坚定不移，裁掉那些不努力工作的员工或不胜任工作的干部员工。华为的员工末位淘汰比例占5%，干部淘汰比例占10%，目的就是为了激活整个组织，消除"沉淀层"，让一个大公司始终保持着小公司的活力。

1996年，华为分管市场的副总裁孙亚芳带领市场体系27名管理人员集体辞职，重新接受公司的专业测评。通过竞聘考核，有6名区域办事处主任被置换下来。从此，在华为逐步形成了干部能上能下、工作能左能右、人员能进能出、待遇能升能降的"四能"文化。

2004年，华为明确规定：绩效目标完成率低于80%的中高层管理人员以及绩效目标完成率排名后10%的管理人员或降职或调整，以保持中层的危机感、激发组织的活力。

曾经有公司高管向华为取经，如果某位经理没有完成绩效目标怎么办？华为的回答简单而霸气：拿下！而许多公司面临的问题是：一旦拿下没有完成绩效目标的经理，将面临无人可用的困境。

华为之所以敢于拿下不合格的干部，就在于华为有着完善的后备干部选拔与培养机制，人才能够成倍地涌现出来，而不需要等很长时间。

（3）干部循环流动机制

除了末位淘汰制之外，干部循环流动机制是华为保持中层危机感的另一项机制。其具体办法如下：

一是横向岗位流动，是针对经营、研发和职能等管理岗位，有序地促进优秀干部横向跨体系流动，以拓宽业务视野，增强业务洞察力，实现干部跨体系的"之"字形成长，而不是在同一领域一直向上的烟囱式成长。

二是纵向岗位流动，是促进机关与一线干部间的纵向循环流动，以提升机关干部的业务管理技能，增强一线干部的作战管理能力。这不仅有利于传播管理技能、实现均衡发展，而且有利于干部的快速成长。正所谓"宰相必起于州部，猛将必发于率伍"。

三是奔赴新业务岗位，有序地引导有某些业务经验的干部投身到发展初期的新业务中，接受新挑战，在为公司建新功的同时，拓展个人成长空间，实现公司发展与员工成长的双赢。

华为是通过战略预备队来实现干部循环流动的，流动的干部先到战略预备队训练赋能，然后再上战场建功立业。华为的战略预备队每年达到2万人的规模，覆盖市场、研发、供应、财经、流程等所有体系，在提升干部能力的同时，激发了整个组织的活力。

华为通过末位淘汰制和干部循环流动机制，让中层始终保持危机感，从而激发组织活力。正所谓"流水不腐，户枢不蠹"。

3. 激发高层的使命感

华为让组织充满活力的第三大法宝，就是激发高层的使命感。

什么是使命感？

使命感就是要让高层干部有事业心。任正非用非常朴素的语言描述为："有钱也干，没钱也干，我就是爱干这活。"

使命感是团队领导者最重要的驱动因素。处于高层管理岗位的干部应该是一群对事业充满使命感的人，这种使命感会使其具有持久的工作热情和高度负责任的工作态度，具有使命感的人才能够自我激励和激励他人。

任正非认为，在逆境中，使命感可以支撑领导者永不放弃地带领他的团队前行；在顺境中，使命感可以支撑领导者带领他的团队不断地挑战自我，追求卓越，而不会因"小富即安"的意识放弃更大的成功机会。

在任正非看来，只看物质激励的是雇佣军，雇佣军作战有时候比正规军厉害得多，但是由于没有使命感的驱使，其作战能力是短暂的、不可持续的；只有拥有使命感的正规军，才能够长期艰苦奋斗。

在华为公司，高层干部的薪水相对要高，每年分红也要多一些，财富对他们来说只是一个符号而已。这批人是少数，他们不能以物质利益为驱动力，而必须有强烈的事业心、使命感，他们是一群已经实现了财富自由的精英团队，推动他们每日奋斗的是一种精神，是一种源自本能的对事业的热爱和激情，非此别无其他。

2013年9月11日，任正非在华为常务董事会成员民主生活会上指出："金钱固然重要，但也要相信人内心深处有比金钱更高的目标与追求；尤其是当人们不再一贫如洗的时候，愿景、使命感、成就感才能更好地激发人。"

任正非在华为最为重要的作用就是激发其追随者的使命感，和他一道长期艰苦奋斗。

华为创业之初，中国通信市场的格局是"七国八制"，即来自7个国家、8种制式的机型，唯独没有中国制造的通信设备。任正非用"三分天下"的梦想，吸引其追随者与他一起去承担改变电信市场格局的使命。

2011年，华为实现了"三分天下"的梦想之后，任正非又提出了华为员工的新梦想：在信息领域全面超越美国，以激发其追随者的使命感，促使他们继续艰苦奋斗！

每个民族都有自己的堂吉诃德，每个时代也都有自己的堂吉诃德，任正非和华为就是我们这个商业时代的堂吉诃德，他将旗帜扯得大大的，去挑战不可能！

"方向要大致正确，组织必须充满活力"这句话很好地阐释了华为对战略和执行的理解。战略是为了保证方向的大致正确，方向对了，一步一个台阶，方向不对头，一步一个跟头。但战略是对未来的判断，很难完全看清楚，所以叫"大致正确"，不能做到完全正确。在方向大致正确的情况下，通过高效的执行，通过有活力的组织的高效执行，并且通过不断地纠偏和迭代，逐渐趋近于我们想要的最终结果——这是对战略和执行之间关系的理解和描述。

华为正是在"方向大致正确"的基础上，基于对人性欲望的深刻理解，全力去让基层有饥饿感、保持中层的危机感、激发高层的使命感，才能够持续激发组织的活力，激励员工长期艰苦奋斗，驱动实现了华为的商业成功和持续发展。

生存法则 8：

保持战略定力，从容应对危机

华为创立于1987年，经过30多年的发展，从一个小作坊，发展成为全球通信设备行业的领导者和世界500强企业。回顾华为成长历程，共经历了八次危机考验，从早期的资本危机、人才危机、管理危机，再到竞争对手们无所不在的围追堵截，可谓是九死一生。尤其是自2019年以来，美国对其实施了多轮制裁，华为始终保持战略定力，理性应对外部的不可抗力，不仅没有倒下，反而迸发出更强大的生命力，呈现出教科书式的危机管理案例。

那么，华为是如何应对和化解这八次危机的呢?

‖ 第一次危机：1992年产品研发失败

在20世纪90年代初，通信行业是个暴利行业。当时由于中国通信工业落后，西方公司的通信设备进入中国后，价格贵得离谱，家庭初装一部电话，初装费动辄几千元，甚至上万元，而且还要排队。也就是说，由于通信设备太贵，运营商不得不转嫁一部分成本给终端消费者。华为当时通过代理香港一家公司的程控交换机，淘到了第一桶金。

有了原始积累，华为于1991年到1992年，开始自主研发HJD48用户交换机和JK1000交换机。由于研发人员缺乏经验，对技术路线判断失误，被寄予厚望的JK1000刚推出，就面临被淘汰的命运。到了1993年，JK1000全面退网，HJD48也日渐难以为继。JK1000交换机的失败，让华为损失巨大，耗干了辛苦攒下的家底，公司发不出工资，6个月打白条，很多员工都垂头丧气，绝望至极。

为了活下去，重压之下，任正非孤注一掷，四处借钱，将宝押在了容量更大、技术更先进的C&C08程控交换机上。

C&C08的两个"C"分别代表计算机和通信，符号"&"代表融合，意思是20世纪90年代出现的先进计算机技术，带动传统的通信技术形成质的飞跃。

任正非专门召开了C&C08数字交换机研发动员大会，当时他站在5楼会议室的窗边对研发人员说："这次研发如果失败了，我只有从楼上跳下去，你们还可以另谋出路。"

任正非每天晚上熬一大锅猪尾巴汤来给大家当夜宵，激励大家继续进行研发工作。

任正非的"跳楼"决心，极大地激发了华为员工拼搏的激情。如今回忆起这件悲壮往事，任正非感慨万千："经过研发人员近两年的艰苦努力，C&C08交换机于1993年12月研发成功，其价格比国外同类产品低三分之二，而且性能稳定。1994年8月，万门程控数字交换机C&C08在江苏邳州电信局投入试用，经过两个月的上线调试，最终大获成功，横扫中国电信市场，让华为起死回生。"

1994年销售收入达到8亿，1995年达到15亿，此后每年成倍增长。从此，华为成为一家以技术为核心竞争力的通信科技企业。为了纪念C&C08交换机，任正非将全国各地的总机号码尾号统一定为0808。

1995年是华为走向规模化的元年，尝到了甜头的华为开始大规模地从高校招收应届毕业生，为今后发展奠定了坚实的基础。

‖ 第二次危机：2001—2002年"华为的冬天"

进入21世纪之后，全球经济发生了剧烈的动荡。全球IT泡沫的破灭，给包括通信设备市场在内的全球科技产业，带来了巨大的冲击。2001年到2002年间，全球电信基础设施的投资下降了50%，大量的科技企业倒闭，整个行业哀鸿遍野，进入寒冬。

IT行业泡沫的破灭引发的危机，是华为遭遇的第二次重大危机，让华为走到了生死存亡的关头。

一方面，华为在CDMA和小灵通上做出错误判断，而竞争对手弯道超车，从中获取了大量的利润，缩小了与华为之间的差距。

随着时间的推移，华为面临的困局越来越严峻，营收和利润双双下滑。任正非还写下著名的文章《华为的冬天》。

从1987年以来，华为的业绩一直处于上升趋势，只有2002年的时候，出现史无前例的负增长。

俗话说"祸不单行"。突如其来的负增长，对全员持股的华为来说简直是一场灾难。在此之前，华为的员工从来没有意识到，投进公司的钱可能会血本无归。业绩负增长导致员工人心惶惶。有的员工要求退股，有的要求离职并且要求公司兑现股权，甚至还有人要求股权重组。在此期间，华为还面临很多官司。真是屋漏偏逢连夜雨，一时间，华为公司上下议论纷纷，人心思动。

而在此前的2001年，华为还举办了历史上著名的"万人大招聘"，在逆势扩张。当年的经营目标是330亿，实际完成了220亿，还有三分之一没完成。业绩没完成，但预算是上涨的。这就暴露出华为早期野蛮扩张的弊端，可谓内外交困。内忧外患导致任正非患上了严重的抑郁症，几次想自杀。

那么，华为是怎么应对这场危机的呢？

1. 备好过冬的"棉袄"

为了确保现金流，华为提出"减员、增效、涨工资"的理念。华为不做集体降薪，因为集体降薪会导致另一种大锅饭，伤害优秀员工的心。华为的做法是把表现较差的员工的工资降下来，给优秀员工涨工资。

另外，为了要现金流，华为进行"瘦身"。2002年将莫贝克卖掉，拿到了60亿现金，又把与3Com合资公司的股份由51%减持49%，总共拿到了60多亿现金，有了过冬的棉袄。

2. 领导下沉一线干活

华为要求领导身先士卒、下沉一线。比如当时的副总裁徐直军就去了上海代表处，不只是在代表处挂职，而是实实在在地去干活。

任正非在干部大会上讲战争论，讲干部要用自己的内心之火，把自己的心掏出来，照亮兄弟们前进的道路。干部大会的信心传递，对每个干部的责任感、使命感都有很大的激发。

小建议、大奖励，大建议、只鼓励。华为要求职员做好本职工作，公司的战略，有不同的人在思考，员工只要把自己的本职工作做好、做到极致就行。

3. 把强项发挥到极致才叫反向扩张

聚焦就是要决策哪些该投入、哪些该砍掉。华为的光网络产品就是2002年做起来的。当时华为反向扩张，在那种情形下还花200万美金收购北美一家小公司。这次反向扩张奠定了华为公司光网络产品的竞争力。

华为在聚焦主航道的前提下反向扩张，为公司全球化打下很好的基础，把主航道的产品做到不可替代，把强项发挥到极致，这才叫反向扩张。

▌ 第三次危机：2000—2006年"港湾事件"

"港湾事件"，给华为带来了生死存亡的威胁。

2000年4月，华为为了给老员工创造更多的发展机会，鼓励一批对公司贡献较大、深受信任的老员工，出去做华为的数据产品代理商，任正非称之为"内部创业"，其中就有任正非的爱将、华为常务副总裁李一男。

李一男是个天才，15岁从初中直接考入华中科技大学，23岁获得硕士学位后进入了华为。

当时的华为，正处在从交换机代理商转型成为自主研发企业的关键时刻，而想要转型，就必须拥有自己研发的交换机，由于资源和技术力量的限制，公司在研发交换机的这两年中陷入了瓶颈。

李一男加入研发部后，对整个技术研发起到了至关重要的作用，不到几个月的时间，华为的科研团队就研发出了2000门网用大型交换机设备C&C08机。凭借这个项目，华为收到了公司成立以来最大的订单。

任正非对人才的赏识，从来都是毫不吝啬的，李一男在入职半年后就被任命为中央研发部副总经理，两年后又被提拔为华为公司总工程师、中央研发部总裁。

仅用了4年时间，27岁的李一男就成为华为负责技术的副总裁，被视为任正非的"接班人"。

李一男离职创业前，任正非亲率华为高层，在深圳五洲宾馆为李一男开欢送会。

欢送会后，李一男带着价值1000多万元的华为设备（用华为内部股份兑换）北上创立了港湾网络科技公司（简称"港湾网络"）。但大家万万没想到的是，李一男竟然成为华为的"死对头"。

李一男对华为产品的优势和劣势了如指掌，港湾网络不管是技术上，还是管理架构上，几乎和华为公司一模一样。港湾网络在市场上攻城略地，屡屡夺标，销售额很快过亿元。

有了资金之后，李一男的目标不再是做一个华为的产品代理商，他与美国资本合作，同时采取各种手段挖走华为的核心人才，还计划去纳斯达克上市，准备借助资本的力量来打垮华为。

任正非迅速采取行动，将港湾网络公司告上法庭。

2006年，华为收购了港湾网络。

尽管华为取得了最终胜利，但也付出了很大代价，消耗了大量的资金和精力。

‖ 第四次危机：2003年思科的"世纪之讼"

2003年1月22日，中国的春节前夕，美国思科公司在美国得克萨斯州东区联邦法庭提起诉讼，指控华为公司有侵犯知识产权等21项侵权行为，要求华为承认侵权，给予赔偿，并停止销售产品。

思科提交的起诉书长达77页，内容包括专利、版权、不正当竞争、商业秘密等21项指控。如果完全按照思科提出的赔偿方案，华为预计需要赔偿上百亿美元，直接破产倒闭。

此时的华为刚进入国际市场3年，承认侵权必定给华为的品牌形象带来巨大损害，无异于自毁长城。

不善公关，又奉行远离政治原则的华为很清楚：一旦思科诉讼胜利，华为将在未来很长时间无法进入美国，在国际市场上也将陷入思科的步步阻击之中，华为的国际化之路将可能因此而断送。

其实，思科与华为的竞争领域也并非很大。华为的主业是运营商业务，而思科公司的主营是在信息数据的IP领域，但思科却将华为视作潜在劲敌，认为华为最终会挤占市场。因此，思科公司对华为发起诉讼，并通过思科全球近百位新闻发言人，将不利于华为的信息发布给世界各类媒体，诋毁华为。

有分析人士认为，思科诉讼的目标是将华为的产品赶出美国市场，并阻止华为与3Com正在进行的合资谈判，同时把华为拖入诉讼泥潭，获得侵权赔偿，最终让这家中国高科技公司破产。

不在沉默中爆发，就在沉默中灭亡。面对咄咄逼人的思科，华为思考再三后决定：可以停止销售有争议的产品，但绝不接受侵权的指责。但华为的提议远远满足不了思科的胃口，双方不欢而散。

在美国媒体看来，"侵权几乎是中国企业的标配"。美国舆论更是认为：落后的中国不可能制造出高科技产品，即便有，一定是靠模仿、抄袭、侵权制造的。这种长期形成的狭隘观念，使得美国业内一致认为华为偷了思科的技术。

在中国，不少媒体初期也都相信了思科的一面之词，认为华为侵犯了思科的知识产权。

诉讼事件发生后，华为受到了巨大的冲击。2003年，在欧美市场，很多客户都暂停了与华为的合作。而此时，港湾网络也不遗余力地"抢夺"华为的市场，华为面临内外交困。

这段时间，由于压力过大，任正非的抑郁症复发了，他每晚失眠、大哭，情绪低落。这一年，任正非还差点以100亿美元将华为卖给摩托罗拉。幸运的是，新任的摩托罗拉CEO（首席执行官）认为华为报价太高，放弃了该笔交易。

面对不依不饶的思科，华为也明白，一旦思科诉讼胜利，华为的国际化之路可能彻底断送。因此，任正非委派郭平、徐文伟全权负责诉讼事宜，率领多名法律专家组成的"应诉团队"，赶赴美国，坚决以法律手段进行反击。

华为在公关公司的帮助下，与美国的主流媒体进行交流，让美国媒体认识真正的华为。

2003年，华为与思科的竞争对手3Com公司合作，成立了一家合资公司华为3Com，专注于企业数据网络解决方案的研究。3Com公司的CEO专门到法庭作证，称华为没有侵犯思科的知识产权。

由于华为迅速和3Com结盟，打击了思科的嚣张气焰，让华为一夜之间在全球声名大噪。

长达半年的庭审期间，华为与思科激烈交锋，斗智斗法，双方多次反复举证，庭审陷入胶着。但双方都明白，胜负的关键在于：彼此产品的源代码是否雷同。

郭平代表华为邀请斯坦福大学资深教授、数据通信与互联网专家埃迪圣，向法庭出示了关于华为的技术报告。该报告指出，华为的VRP平台总共有200万行源代码，而思科的IOS则用了2000万行源代码，要去抄袭一个比自己数量大10倍的软件本身是不可想象的。另外，华为的VRP平台只有1.7%与思科的EIGRP（即增强网关路由线路协议）私有协议有关，但私有协议本身在知识产权上属于某些大公司为了垄断市场而不愿公开的部分。

由于法庭在两次听证会后分别支持和驳回了思科的一些诉讼请求，2003年10月2日，思科与华为达成初步协议，庭审暂停6个月。

不久，华为把涉及争议的VRP技术平台的全部源代码带到美国去接受检验。经第三方审核认证后，得出的结论是：在思科指出的"8大类21项指控"相关的2000多条源代码中，未发现华为对思科的侵权。

2004年7月28日，思科与华为达成和解。就这样，思科与华为的这场长达18个月的官司以和解的方式结束。

‖ 第五次危机：2007年华为集体大辞职事件

2007年，中国最受人瞩目的企业非华为莫属，华为发起了7000员工集体大辞职运动，这一爆炸性的新闻被媒体报道后，在社会上掀起了轩然大波。当时，一些名校的大学生甚至不愿意去华为工作。

华为集体大辞职事件还入选"2007年中国企业十大新闻"，由此可见，该事件影响之大。尽管华为声明是为了改革工号文化而进行的正常的人力资源调整，但媒体还是议论纷纷，很多人指责华为此举存在"逃避社会责任"之嫌。

华为集体大辞职起因于2007年6月29日颁布的《中华人民共和国劳动合同法》（以下简称《劳动法》），该法定于2008年1月1日起正式实施。

这是一部引起广泛争论的法律。据媒体报道，自2007年3月起，在短短一个月时间里，全国人大常委会有关方面共收到各地群众对《劳动合同法草案》的意见达191849条。这一数字创下了全国人大立法史上的新纪录。

为了应对新《劳动法》，华为发起7000老员工大辞职。华为公司董事会先后分批次与老员工进行了沟通，于2007年9月28日发出《关于解除或终止劳动关系的补偿规定》的通知。通知要求，2007年10月起到2008年元旦前，华为内部包括任正非在内的所有工作年满8年的老员工，都要办理"主动辞职"手续后重新竞争上岗，与公司签订1~3年的劳动合同。

当时符合条件的老员工有6687名，因为接近7000人，所以华为内部也称此次运动为7000人大辞职运动。媒体将华为的辞职再竞岗称为华为集体大辞职事件。

新《劳动法》中争议最大的就是第十四条规定：在公司工作满10年的员工，可以与公司签订无固定期限劳动合同，成为永久员工，还规定了企业违反《劳动法》的惩罚条款。就是说，符合条件的员工可以自主选择是否签订永久合同，而公司则没有这项权利。这对华为的挑战很大。

《华为基本法》开篇就提出，要把市场压力传递给每一位员工，使组织永远处于激活状态。这是华为人力资源最基本、最核心的指导思想。华为人力资源管理的三项基本原则是：干部能上能下、员工能进能出、工资能高能低。做到这三点，就把市场的选择直接指向了员工，市场压力就能直接传递到员工层。这是华为人力资源机制的核心，是永远坚持的三条底线。然而，新《劳动法》的出台对华为的冲击很大。

任正非意识到华为所面临的巨大挑战，他指示公司人力资源部门研究《劳动法》与华为现行人力资源政策的冲突及应对举措。于是，华为公司抢在新《劳动法》实施之前，出台了《关于解除或终止劳动关系的补偿规定》。这就是华为的集体大辞职的背景。

这一轰动事件让外界有过多种解读，一种以为华为这是为了规避即将实行的《劳动法》，将员工的工作年限抹平；还有一种认为这就是任正非导演的一场"杯酒释兵权"，难听点就是现在有些企业常干的"卸磨杀驴"，要优化掉没有"性价比"的老员工。

有很多网友认为，华为应对新《劳动法》，开了一个恶劣的先例，此举为一些企业名正言顺地清理老员工指明了方向，炒掉员工可以美其名曰为"自动辞职"。但对处于弱势地位的员工来说，"主动辞职"实为无奈之举。

有些人力资源专家认为，华为这样的做法是不妥当的，从道义和企业的社会责任来讲，这是一种不负责的行为，不但有损企业的形象，更会伤了员工的心，从而降低企业的凝聚力和竞争力。而从法律的角度来看，这是一种规避法律责任，带有一定的"故意"成分的行为。

也有分析人士认为，华为此举明显是对2008年1月施行的新《劳动法》的变通应对。新《劳动法》第十四条"可订立无固定期限劳动合同"的规定，显然与华为强调的"保持激情""危机意识""来去自由"的企业文化相左。

但必须指出的是，华为现有的人力资源管理制度，与《劳动法》的某些条款的冲突是显而易见的，如《华为基本法》第六十条规定："我们不搞终身雇用制，但这不等于不能终身在华为工作。我们主张自由雇用制，但不脱离中国的实际。"这与《劳动法》中关于无固定期限劳动合同的规定岂止是冲突，可以说是针锋相对。

外界把华为的集体大辞职归结为对劳动合同法的规避，并以此对华为进行道德绑架。其实，任何法规从公布到正式实施之间，就是法规制定者为实施对象留下的规避时间，企业在此期间采取趋利避害的对应措施，是无可指责的。何况《劳动法》并没有规定在法律实施前不允许企业采取任何规避措施。

但华为官方对此不愿过多回应，公司希望通过这次人力资源变革，打破工号制度，遏制论资排辈之风，员工们都非常满意。

2007年12月24日，深圳市总工会就华为集体大辞职事件做出回应，认为华为的辞工行为并非针对即将实施的《劳动法》，调查并未发现其存在违法行为，但其辞工行为存在瑕疵。

华为集体大辞职涉及的对象是在公司工作超过8年的老员工，即1999年底前入职的员工，以各级管理者居多。所有自愿离职的员工将获得华为公司相应的补偿，补偿方案为"N+1"（工作年限+1）模式，再乘以自愿离职员工当年的平均收入，注意是年平均收入，而不是年平均工资。

如果某个华为员工的月工资是5000元，一年的奖金是60000元，平摊到每个月就是5000元的奖金，假如他在华为工作了8年，那么他得到的最终赔偿数额就是10000元（工资+年奖金平摊）乘以"8+1"，共计90000元。本质上，华为公司出资购买的是他们在公司的工作年限。一般员工拿到的补偿都在数万元之上，华为为此支出的补偿金额达10亿元。

辞职员工随后即可竞聘上岗，职位和待遇基本不变，但他们以往的华为工龄被清零了，唯一的变化就是再次签订新的劳动合同，合同期限在1~3年之间，这次劳动合同是严格按照《劳动法》签订的。

华为的资料显示，最终申请辞职的6687人中，有6581名员工完成重新签约上岗，也就是将近99%的老员工都留下来了，继续与华为一起奋斗；38名员工自愿选择了退休或病休；52名员工因个人原因自愿离开公司，寻求其他发展空间；而真正因为绩效或岗位能力胜任等原因离开华为的只有16名员工。

华为自实施工号制以来，一直是根据员工入职的时间和职务，为每位员工编排工号。总裁任正非的工号是001号，而2001年之后入职的员工，工号已经排到了20000号之后。

这种工号制度在华为内部逐渐形成了一种论资排辈的风气，已经严重影响到华为长期倡导的"奋斗者文化"。

所以，这一次集体大辞职的另一个重要目的便是，废除现行的工号制度，将所有工号重新排序，任正非的工号也变成6位数。

华为的集体大辞职过程，被外界炒得沸沸扬扬，而在华为内部却是波澜不惊，没有员工投诉，没有激起任何内部矛盾，一切都是有序进行，一切均在掌握之中，这归功于任正非强大的领导力，归功于华为强大的企业文化和执行力，归功于员工对公司的认同，这恐怕是任正非及华为高层未想到的。

为什么要发起7000老员工大辞职运动？任正非到底是如何想的呢？

任正非的观点是："华为不能成为养老院，没有终身成就的老员工。"

我们先来看看华为当时的状况。

在持续发展20年后，华为已经从最初的6个人发展成拥有7万人的科技公司。2005年后入职的员工占50％以上，有的业务板块甚至高于70％。但是，人员增加了，效益反而降低了。而问题的根源就是"员工持股""股份分红"制度，这让很多老员工获得了丰厚的股份，用股份分红养老，进取精神大为衰退，危机意识也淡化了。

这对于以科技创新、技术领先为主要竞争优势的华为来说，无疑是极其危险的。任正非认为，华为需要一种对过去资历不断清零的机制，重新激发组织的战斗力。

所以，任正非利用这一场大辞职运动，提高员工的工资收入和奖金收入，降低了股票分红，让"拉车"的人比"坐车"的人受益更多，从而使分配机制的激励作用回归正常。

华为2007年集体大辞职事件和1996年市场部集体大辞职、2003年IT冬天时部分干部自愿降薪一样，永载华为发展史册。

‖ 第六次危机：2013年互联网冲击下的行业危机

华为的第六次危机发生在2013—2014年，起因于互联网的冲击。互联网在那个时候似乎疯狂到可以颠覆一切。在互联网的冲击下，其他各行各业都觉得过两天自己就要被淘汰，传统企业仿佛摇摇欲坠，危机四伏。

任正非当时针对这些现象写了几篇文章，现在我们回头看，篇篇都切中要害、直指人心。但当时任正非却几乎处于被自媒体"围攻"的状态：任老板是不是老了？他还能不能适应互联网的要求？甚至很多华为内部员工都认为华为的商业模式过时了，华为再次出现人心浮动的局面。

任正非告诉员工，要冷静应对互联网。他打了个比方：我们是修铁皮管道的，而互联网的很多内容就像是水，水要依托管道才能输送。互联网是一项技术，本身并不制造新的东西，只是在改变制造的效率。有了互联网，房子依然是房子；车依然是车，也飞不起来；豆腐还是用来吃的，也变不成互联网豆腐。互联网本身的价值，是应用好这项技术带来的效应。它越发达，越需要铁皮，越需要管道，而华为恰好就是做这个的。这种定力，正是任正非的厉害之处。所以，华为在互联网的冲击下没有晕头转向，再次安然度过危机。

‖ 第七次危机：2018年的孟晚舟事件

前六次危机都比不上孟晚舟事件所带来的影响之大。因为华为此次面临的是超级大国的"围剿"，而一个企业是很难对抗国家的力量的。华为作为中国科技企业的标杆，应对此次危机的机制是大气的、成功的，给中国企业处理突发危机事件树立了一个典范。

2018年12月1日，任正非的大女儿、华为副董事长兼CFO孟晚舟从香港飞往布宜诺斯艾利斯，中途停留温哥华机场。应美国的要求，加拿大司法机关趁机将其非法逮捕。

孟晚舟事件发生5天后才见诸媒体。在这5天里，华为做了足够的准备。

第一，财务出身的梁华代替孟晚舟行使CFO职责，保证公司有序运行。第二，12月6日，华为发表《致全球供应商伙伴的一封信》，以稳定供应商。在华为全球150多家核心供应商里，有90家来自美国。当时，华为供应商的股票全方位下跌，这封公开信就是为了稳定华为的供应商，特别是美国的供应商。第三，华为表示，不知道孟晚舟有何不当行为，并相信法律的公正，决不挑战法律。第四，华为一向遵守所在国的各项法律法规。

华为写给供应商的公开信传递出了很多的信息量：首先，坚持华为没有违法；其次，站在客观角度指出了这件事情的核心——美国政府干涉了公平竞争。相比于前段时间中兴事件的极度情绪化的回应，华为保持了足够的克制、自信和风度。

2019年12月2日，任正非发表谈孟晚舟事件的文章《为女儿骄傲，苦难使人更强大》，他在文中提到前一天孟晚舟在温哥华发表的公开信《你们的温暖照亮我前行的灯塔——写在一年之际》中感谢大家在过去的一年中给予她的关心和支持。

同日，美国有线电视新闻网（CNN）发表任正非专访，他在回应对孟晚舟事件的看法时表示"她是在替我受苦，但她也会因此变得更强大"，并谈及与女儿的关系会变得更加亲密。

这样通过亲情故事的讲述，规避了回应危机的负面效果，正确看待孟晚舟遭遇的磨难，感受父女之间情感的变化，引发社会公众和员工的情感共鸣，达到与组织内部互动，抵御危机的目的。

任正非在专访中的回应具有双重作用：在内部，通过网络和日常运营接收管理层提供的信息，可以增强团队的凝聚力；在外部，华为的公关回应通过媒体广泛传播，鼓励员工积极互动，呼应企业的价值观，引导舆论，形成传播效应，使社会公众知道事态的发展，并通过叙事手法中修辞的良好运用，获得外部的支持，从而在危机中塑造良好的企业形象。

后来，通过多方不懈努力，被加拿大拘押长达1028天的孟晚舟于2021年9月24日获释，从加拿大乘坐中国政府的包机返回祖国。

从孟晚舟被抓直到被释放，华为一直保持理性客观的态度，没有说一句废话，也没有义愤填膺，而是动之以情，晓之以理。

孟晚舟经历了3年的磨砺，回到祖国，对华为有着重要的意义。

2022年3月28日，华为公司董事会换届选举，产生了新一届董事会成员，孟晚舟当选华为副董事长、轮值董事长，成为华为最高行政长官，自4月1日起正式轮值。

在处理孟晚舟事件上，华为尊重西方规则，运用中国智慧。加拿大法官让孟晚舟交纳1000万加元的保释金。一般人也许是赶快交完就算了，可是孟晚舟这1000万的来源结构却大有深意。其中，700万是她老公拿的，200万是她的邻居拿的，100万是华为加拿大籍的前员工拿的，还有一个合作伙伴拿了1000加元。这笔钱的构成非常符合西方人的习惯，有力地证明了孟晚舟是一个优秀公民。她的员工愿意拿钱担保她，邻居愿意拿钱担保她，合作伙伴愿意拿钱担保她，家人愿意拿钱担保她，足以证明她是一个值得信赖的优秀公民，这恰恰是西方人最看重的。

所以，华为处理国际化问题的方式，远远领先于其他很多中国企业。表面上完全尊重西方的规则，更深层次地则体现出了中国人的智慧。从这个意义上说，我认为华为无忧。当然这并不意味着接下来的路，华为都会一帆风顺。所以，尽管对华为来说，这是一次危机，但同时也体现了华为强大的风险管控能力。

孟晚舟的一系列表现也是非常专业的。任正非在孟晚舟被释放之时再次表达了他之前的观点，丝毫没有抱怨西方国家的意思，反而主张一定要融入西方。越是融入，对解决问题就越有利。这足以让美国民众看到华为对美国法律的尊重。从这种意义上说，华为这场仗打得很漂亮。

‖ 第八次危机：2019年至今，遭受美国无理制裁

2019年5月15日，美国商务部把华为列入"实体清单"，禁止美国企业与华为进行贸易。这意味着，美国将从基础元器件、芯片、操作系统、应用软件等各个环节对华为实施全面断供。这是华为自创立以来遭遇的最为严重的一场危机。这一事件，将华为推向了风口浪尖，引发国内外前所未有的关注。

从2019年至今，美国对华为先后实施了四轮制裁。

第一轮制裁：2019年5月15日，华为被美国列入贸易管制黑名单，禁止华为公司及其70家子公司与美国企业进行业务往来。随后，谷歌宣布不再为华为提供GMS框架服务，导致华为手机无法在海外正常使用，同时多家美国芯片突然断供。

第二轮制裁：2020年5月15日，美国修改了对华为的制裁内容，对制裁的内容全面升级，所有使用美国技术的厂商，要向华为提供芯片设计和生产，都必须获得美国政府的许可，这直接导致台积电、三星都无法给华为制造先进芯片，麒麟芯片无法生产。

第三轮制裁：2020年8月17日，美国再次公布了新一轮针对华为的制裁措施，进一步限制华为使用美国技术的权限，同时将38家华为子公司列入"实体清单"。

第四轮制裁：2021年3月，美国规定只要涉及美国技术的产品和零部件，都不允许供应给华为。这一项禁令公布之后，彻底切断了华为5G芯片的来源，导致华为手机只能使用美国高通4G芯片，而这也是为什么华为Mate50、P50、P60系列手机不支持5G的原因。

美国的四轮制裁，导致华为的营收和利润大幅下降，尤其是终端业务，市场份额锐减，华为手机销售量从2018年的全球第二降到倒数第二。

2021年，华为手机出货量下滑67%，出货量从全球第一跌至第六，市场份额从13%降至6%（而苹果则从45%的市场份额提升到60%），终端业务收入被腰斩，营收从上一年度的4830亿下滑到2434亿元，缩水2300多亿元，直接跌回五年前的水平。

华为5G芯片断供后，库存的麒麟芯片消耗殆尽，2022年华为手机出货量为2800万台，5G手机份额已下降为零，只能使用高通4G芯片续命，海外市场销售量归零，国内手机销量排名第五。

2023年3月发布的华为P60系列手机，仍然没有5G芯片。而且，华为5G通信设备销售量也受到较大的影响，一些国家将华为通信设备排除在供应商之外，华为运营商业务收入也首次出现下滑。

为了及时化解危机，谋生存、求发展，华为采取了七条应对之策：

一、启用"备胎"

"备胎计划"在华为内部叫B计划，这个计划早在2012年就开始在做了。

2019年5月15日，美国将华为列入贸易管制黑名单的当天，华为立即将"备胎"转正，"备胎计划"才正式浮出水面。

"备胎计划"包括华为自己研发的芯片和操作系统等，几乎所有问题早已有了替代方案。"备胎计划"曝光以后，任正非接受媒体采访时说："我10年前就按照极端情况进行备战，建立备胎，当时绝大部分人是不相信的。"

二、回应外界的关切

华为以前是比较低调的，任正非很少接受采访。但是华为受到美国制裁后，一向低调的任正非罕见地频繁接受中外媒体的采访，坦诚回应外界的关切。

任正非向全世界再次强调，华为设备100%没有后门，我们愿意跟全世界的国家签订"华为网络无后门、无间谍行为"协议。

任正非还表示，华为虽然受美国强力制裁，但华为不恨美国，美国很多东西值得华为学习，华为仍然坚持自主研发和全球化战略。

任正非在采访中所传递出来的丰富信息，成为舆论关注的热门话题，赢得一片赞扬之声。任正非的访谈，充分展示了一个优秀企业家的大胸怀和大格局。

三、聚焦产品战略

继续加大研发投入，集中力量提升主航道产品的研发能力，适时调整产品战略，保证业务连续性的同时，持续增强产品竞争力，这是华为能够度过危机的根本保证。

华为将美国制裁作为契机，进一步将战略力量聚焦到主航道，在战略关键机会点上，不惜代价地投入，减少机构，关闭不必要的产品开发，规避含有美国技术的产品，通过自力更生实现自给自足，逐步摆脱对美国技术的依赖。

四、激活员工斗志

在被美国列入"实体清单"之前，华为经历了30多年快速发展，任正非最为担心的是：一些华为员工有了钱之后，在工作中出现了惰怠，不愿意到艰苦地区、艰苦岗位去工作。被美国列入"实体清单"后，华为随即进入战时状态，加强队伍建设，激活员工斗志。高层管理人员以身作则，带领全体员工齐心协力、奋力争先，应对危机。

五、做好产品

华为要求，越是困难时期越要做好产品，保证产品要绝对领先、不可替代。同时要确保产品和服务质量，给用户带来更好的体验。

六、要有质量地活下来

任正非指出，我们要看到公司目前面临的困难以及未来可能面临的困难，未来10年应该是一个非常痛苦的时期，全球经济会持续衰退。现在由于战争的影响以及美国继续封锁打压的原因，全世界的经济在未来3到5年内都不可能转好。在这样的情况下，华为未来3年（2023—2025年）一定要把活下来作为最主要的纲领，不仅要活下来，而且要有质量地活下来。只有活下来，才有未来。

七、缩小战线，提升盈利

任正非强调，在困难时期要从追求规模转向追求利润和现金流为中心，未来几年内把不能产生价值和利润的业务缩减和关闭，缩小战线，集中兵力打歼灭战，提升盈利能力。

随着美国的步步紧逼，华为已经放弃幻想，主动寻找自救出路。从华为历史上经历过的八次危机及其应对措施来看，其危机管理和风险防控机制已经相当成熟，并领先于中国大部分企业。

其实，华为的发展史，就是一部危机管理史。华为从一家小企业发展为全球知名的大公司，其成功不是一蹴而就的，一家企业只有经历了九死一生，才真正变得伟大。

生存法则 9:

持续压强式研发投入

华为的强大就是三十年如一日，不惜血本搞研发，使其从一个弱小的"三无"民营企业，快速发展成为全球通信行业的领导者。

早在创业初期，任正非就决定将华为每年销售收入的10%以上用于研发，并将这一规定写入《华为基本法》，使其在公司的战略发展规划和规章制度上得到体现。

华为虽然和许多民营企业一样从做"贸易"起步，但是华为没有像其他企业那样，继续沿着"贸易"的路线发展，而是踏踏实实地搞起了自主研发。因为任正非深刻体会到，自主研发对于打造核心竞争力、保证企业可持续发展的重要性。

"创新会消灭自己，而不创新就会被别人消灭。如果没有创新，不敢冒险，跟在别人后面，只能长期处于二三流，我们将无法与跨国公司竞争，也无法获得活下去的权利。"任正非的这句话浓缩了他骨子里的创新精神。"回顾华为30多年的发展历程，我们体会到，没有创新，要在高科技行业中生存下去几乎是不可能的。在这个领域，没有喘息的机会，哪怕只落后一点点，就意味着逐渐死亡。"正是这种强烈的紧迫感驱使着任正非持续自主研发。

任正非的前瞻性创新认识，从一开始就为华为种下了创新的基因。华为的创新始于1991年。

从这一年开始，华为每年的研发投入一直保持在销售收入的10%以上，投入比例之高，当属中国公司之最。也正因如此，华为才能走到全球ICT行业的最前沿。

1991年12月，华为研发的BH-03机终于通过了测试，首批交换机出厂发货。

紧接着，华为又将研发目标瞄准万门级设备，当时只有华为将研发目标瞄准万门级设备，一起步便确立了其在国内的领先地位。

在20世纪90年代，中国交换机市场清一色都是外国的产品。巴黎统筹委员会对七号信令等技术进行出口限制，华为无法获取，就从原理开始研发，最后做出了数字交换机。

众所周知，通信设备行业是一个资金、技术密集的行业，除了来自国内友商的竞争，跨国公司更是虎视眈眈，这意味着华为只有开发出更加优秀的产品才能生存下来。

在这种情况下，华为不进则退，只能凭借自己的微薄之力，迅速开发出性能更好的机型来扩大市场份额，否则前期的巨大投入将难以收回。

1990年，任正非带领华为研发团队没日没夜搞研发，凭借HJD48交换机，华为的产值首次突破1亿元，利润超过2000万元。

华为有钱之后，便于1991年到1992年开始自主研发HJD48用户交换机和JK1000交换机。可到了1993年，JK1000全面退网，HJD48也日渐难以为继。为了活下去，华为不得不投入大量的资金研发C&C08程控交换机。

1994年8月，万门程控数字交换机C&C08在江苏邳州电信局投入试用，经过两个月的上线调试，最终大获成功，横扫中国电信市场。

C&C08程控交换机获得巨大的市场成功以后，华为又在此基础上导入先进的光通信技术，形成功能更加强大的C&C08B型交换机，可容纳数十万人同时打电话。C&C08B型交换机很快成为华为的拳头产品，帮助华为迅速占领了国内通信市场。

华为交换机产品部副总工程师、运营商解决方案部负责人张利华在《华为研发》一书中写道："在做研发的深度上，以及对产品价值链的控制方面，华为从很早就已经不满足于拿别人的芯片来用，而开始设计并采用自己的芯片，这对华为的产品整体降成本，以及开发富有自己特色的产品，形成差异化至关重要。"

华为芯片开发始于1991年，当时华为成立了集成电路设计中心，全公司只有几十名员工，研发人员就有21名。1993年在攻克程控交换机技术的同时，总工程师郑宝用就组建了集成电路芯片研发队伍，那时叫华为"器件室"，后来升级为华为基础研究部，负责华为的芯片设计。

1993年，华为成功地做出了自己的第一款芯片——用于C&C08交换机上的ASIC芯片。1994年，华为已成功设计30多个芯片，其中最复杂的芯片设计中容下了1000多万只晶体管，每片可完成32000个电话用户无阻塞的通话。1994年，这些芯片正式在华为各种交换机上使用，实践证明这些芯片不仅稳定可靠，还大大降低了产品成本，让华为的交换机有了较高的性价比。

1994年，华为的销售收入就达到8亿元，此后每年成倍增长，C&C08交换机成为同行业历史上销量最大的交换机。C&C08和C&C08B程控交换机研发成功，打破了西方技术垄断，给华为插上了腾飞的翅膀。

华为为什么要投入巨额资金自主研发芯片？因为，那时华为公司的程控交换机采用的是国外的集成电路芯片，不仅价格高，而且质量不稳定，运行故障率极高，电路板经常烧坏。华为的总工程师、副总裁郑宝用回忆说："只要是打雷下雨，电路板不是失效就是被烧坏。那时，大家最怕听到雷声，雷声一响，就会吓倒一片市场，客户报修电话响个不停，大家忙得团团转。为此，公司自己组织力量，开发出自己的芯片，彻底突破了由于芯片缺陷带来的技术瓶颈。可以说自研芯片给华为的产品带来了明显的竞争力优势，从而在市场上获得成功。"

华为自己设计芯片也是被逼出来的。华为把设计好的芯片，外包给美国、中国香港、中国台湾的芯片制造企业进行加工，用来替代进口的芯片。华为自己研发的芯片还降低了产品成本，其自研芯片每片成本不到15美元，而直接采购国外芯片每片的成本超过100美元甚至200美元。当年，华为C&C08交换机火爆，得益于自研芯片的加持。

2004年，华为撤销基础研究部，组建成立了海思半导体公司，并开始正式对外销售芯片，并取得丰硕成果。2004年，华为高端核心路由器芯片320G交换网套片和10G协议处理芯片投入使用；2006年，视频监控设备芯片H264视频编解码芯片研发成功；2008年，推出了全球首款内置QAM的超低功耗数字有线电视（DVB-C）机顶盒单芯片；2009年，3GWCDMA数据卡芯片投入使用；2010年，3G手机核心芯片发布；2019年9月，华为麒麟990和麒麟990 5G两款旗舰芯片同时发布，并在Mate30系列手机中使用；2020年9月，华为推出全球首款5nm麒麟9000 5G芯片。有了这颗芯片的加持，华为Mate40系列手机的表现更为出色。

全球手机芯片行业，尤其是高性能芯片领域，依旧处于高通、联发科、海思、三星以及苹果五家争霸的局面；而同时具有手机终端制造能力和芯片研发能力的只有华为、海思和三星，而高通和联发科则只提供解决方案，没有终端产品。比较特殊的是苹果，其芯片自主设计但委托生产，同时完全自用。华为的麒麟芯片则不对外销售。芯片是手机和芯片行业参与市场竞争、获得市场成功的重要"武器"。

如果没有芯片技术，华为一次次通过大幅降价得以实现新产品迅速在全球普及并占领较大市场份额的"反击战"就无从谈起。华为自研芯片的使用降低了华为的整机成本，提高了产品竞争力。更为重要的是，华为掌握了产品价值链中关键芯片的核心技术，大大降低了华为在公司成长过程中的风险，为华为公司的可持续发展提供了保障。华为自行设计的芯片随着华为公司产品、设备的扩展而不断扩大设计品种，华为逐渐形成了"当某个领域产品一开始研发，就同步启动该领域自主芯片产品的研发设计工作"的局面。华为的数据通信产品如ATM机、路由器等，无线产品线GSM、3G等，华为Mate30系列、Mate40系列、P40系列手机因为用上了华为自己的芯片，使华为的新产品从一开始就具有较高的核心竞争力。

华为公司在只有几十人的队伍时就勇于去啃芯片技术，并在设计上取得突破，其自主研发成功的经验表明，中国的企业也可以在芯片设计等领域掌握关键的核心技术，并在国外技术垄断的产业上取得优势。

高投入才有高回报。2012年，由于国际经济形势低迷，运营商投资减少，再加上电信设备商之间同质竞争加剧，电信设备市场的销售利润十分微薄，曾经的"蓝海"开始变为"红海"。

就在全球电信设备业遭受寒冬之际的2012年，华为销售收入达到2202亿元，仅次于爱立信，逼近全球第一大电信设备商的"宝座"；净利润153.8亿元，比上年增长24.5%，位居全球五大电信设备商之首。这样的业绩，在当时全球经济前景尚不明朗的情势下，让大多数企业羡慕不已。

经历了被美国列入"实体清单"，华为2019年依然交出了一份稳健发展的答卷：2019年，华为实现营业收入8588亿元，同比增长19.1%，净利润627亿元，同比增长5.6%。当年，华为研发费用达1317亿元，占全年销售收入的15.3%。

值得一提的是，2019年华为智能手机发货量超过2.4亿台，终端业务营收4637亿元，同比增长34%，在总营收中占比54%，终端业务占年度总营收的半壁江山。

2019年，对华为而言是极不平凡的一年，但华为扛住了生存的压力，顽强地生存了下来。华为在2020年世界500强榜单中排在第49位。在中国科技企业发展史上，华为是第一家进入世界500强前50名的民营企业。

在研发上持续的高投入，巩固了华为在通信技术专利上的优势地位。截至2022年底，华为在全球共持有有效授权专利超过12万件，其中90%以上的专利为发明专利。这充分说明华为在移动通信、短距通信、编解码等多个主流标准专利领域居于领先地位，目前已经有数百家企业通过双边协议或专利池付费获得了华为的专利许可。

任正非用形象的话比喻芯片对华为的重要意义："一定要站立起来，减少对美国的依赖！芯片就是华为的命根子，这条命根子必须掌握在自己手里，否则永远也挺不直腰杆！"只有核心技术掌握在自己手里，华为才能真正摆脱对美国的技术依赖，才能有质量地活下来，成就华为的王者地位。

任总在接受笔者的采访时表示，"未来，华为将持续加大战略投入，构建未来能力。技术创新要耐得住寂寞，不能急功近利，往往需要长达二三十年的积累，才能厚积而薄发"。正是华为在研发上舍得投入，三十年如一日，坚持不惜血本搞研发，敢于投资未来，才实现了从技术追赶者到技术引领者的跨越，成为让强大的美国感到害怕的科技巨头。

生存法则10：

强化使命感，提高执行力

  提起华为，大家都说它执行力强，能打硬仗胜仗。华为的强大在于执行力，华为之所以能有强大的执行力，是由华为的机制和组织管理模式决定的。

  研究表明，一个企业的成功，20%在战略，80%在执行。任何企业的成功，都离不开两个要素——战略和执行力。当目标确定，执行力就变得尤为关键。很多企业的失败不是战略的问题，而是战略执行的问题。再好的战略，如果不执行，只是空谈。那么，华为强大的执行力从何而来？

‖ 企业文化引领

  执行力不仅仅是一种力量，也是企业文化的一部分，它是企业这台大机器正常运转的基础。经过30多年的积淀，华为形成一种内生动力——推动企业持续发展、高效执行的文化。

  企业文化是一个企业的灵魂，也是一个企业的价值体现。"以客户为中心，以奋斗者为本，长期艰苦奋斗，坚持自我批判"是华为的价值观，也是华为企业文化中最为核心的内容。华为将文化传承作为员工的第一个使命，华为文化承载了华为的价值观，使得华为的客户需求导向战略能够层层分解并融入到所有员工的每项工作之中。

  任正非说："资源是会枯竭的，唯有文化才会生生不息。"公司文化价值观传承的过程，就是让每个员工的思想和公司的要求对齐的过程。

  组织是每个人能力的放大器，我们要通过组织杠杆放大每个人的能力，而如果没有统一的文化价值观，组织就无法形成合力。组织目标单靠某一人无法实现，这是统一思想的重要性。

文化的作用就是在物质文明和物质利益的基础上，使员工超越经济利益诉求，追求自我实现的需求，这些需求构成了整个团队运作的基础。企业文化不仅可以让企业成为利益共同体，还能成为命运共同体和使命共同体。

企业文化脉络的形成，不是一朝一夕的事情，华为企业文化的形成经历了漫漫长路。

华为现在的业务遍布全球170多个国家和地区，华为员工都是带着文化远行，始终如一地坚守公司的企业文化。

2015年，任正非在达沃斯论坛上提到自己作为创始人对华为的贡献，"就是提了一桶糨糊，凝聚了15万知识分子的意志，形成一种强大的创造力，这桶糨糊就叫华为的企业文化"。

华为公司的企业文化是在实践中积淀起来、在发展中丰富起来的，经历了从白手创业、拓展国内市场、拓展全球市场、从CT（通信技术）走向ICT（信息与通信技术）四个时期。每个时期都有很多与文化有关的故事。

1995年，华为在推行ISO9001标准体系的时候碰到了很多阻力，经过几轮讨论后依然没有达到理想的结果，任正非感受到靠一个人去影响一个队伍是件很难的事情，于是决定把华为发展中的管理经验梳理成册，通过基本法来指导公司未来的发展。

于是《华为基本法》就诞生了，任正非在发布会上却说："《华为基本法》的诞生之日就是它的作废之时。"这句话让参与的学者大感不解。实际上，这句话的深层含义是，《华为基本法》的最大意义在于通过这一次群众运动，终于让集体有了共识，认同相同的价值理念，这对于一家企业来说比任何事情都重要。

2010年，华为确立了"以客户为中心，以奋斗者为本，长期艰苦奋斗"的价值观。对于华为来说，这句话就像三个紧紧咬合的齿轮一样，是有内在联动的。同时，华为把"以客户为中心"融入业务流程，并作为干部评价和选拔的一项关键要素。

华为企业文化的内核是客户需求导向，而基于此的以奋斗者为本，要靠长期艰苦奋斗才能串联起来，不然就会变成空洞的口号。落实到实践中的价值观，已成为扎根于华为员工内心深处的核心信念，是他们长期坚持、一致认同的文化基因，它是华为走到今天的内在动力，更是华为面向未来的承诺，标志着华为文化及管理思想开始成熟。

任正非曾这样总结企业文化对华为产生的作用，"什么样的驱动力使华为成功，我认为是华为的核心价值观描述的利益驱动力，驱动了全体员工的奋斗，是一场精神到物质的转移，而物质又巩固了精神力量，你身上的小小的原子核，在价值观的驱使下，发出了巨大的原子能"。

‖ 充分放权

执行力是建立在高度分权基础之上的。华为的执行力，来自充分的放权。

华为采用"横向分权，纵向授权"的组织结构，推行在董事会领导下的轮值董事长制度，实行集体决策。

同时简化业务流程，把决策权授予一线团队，让"听得见炮声的人来决策"，形成一个"铁三角"式的组织管理结构。一线员工直接面对市场需求，整个系统则为其提供资源和服务，领导层提供后勤支持保障，形成以项目为中心的团队运作模式，让整个组织形成了强大的战斗力。正是这些朴素的管理理念，将华为的执行力推向了极致。

华为的轮值董事长制度，锻炼了几位核心高层的决策能力和承压能力。同时，轮值董事长制度也是一种权力平衡之术，不仅考验他们的决策力和执行力，更强调他们的责任心。

华为的运营商业务、消费者业务、企业业务以及各个"军团"组织，都有独当一面的"将才"，他们能很好地贯彻公司的战略意图，坚决践行公司的价值主张，促进公司持续健康发展。

高度分权固然为公司带来了许多好处，但分权也需要基础。如果公司不能够上下一心、团结一致，那么分权也可能造成公司一盘散沙的局面。华为员工对公司具有高度的认同感，正是这份认同感，才让分权发挥有益的作用，充分提高了企业的执行力。

华为的分权，并没有造就个人英雄。笔者在跟华为的高管交流时，发现他们更强调团队的作用和力量。

‖ 构建利益和事业共同体

华为强大的执行力，得益于企业和员工是一个利益共同体和事业共同体。

1. 利益共同体

华为在过去30多年里一直在回避资本市场的诱惑，拒绝上市，实行员工持股。员工持股制度，构建事业与利益共同体。

华为的股权文化及员工持股制度形成于华为创建之初，可以说是华为不死的基因之一。而作为公司的创始人、总裁，任正非放弃了企业物质利益分享的优先权，他自己仅持有公司不到1%的股份，而99%的股份由员工拥有。华为利益分享机制的建立，反映了任正非对员工利益的基本态度，体现了他对员工的尊重。任正非的舍得，将华为打造成一个利益共同体，构筑起了员工"胜则举杯相庆，败则拼死相救"的精神基石。

华为舍得把钱拿出来与员工分享，收获的是人心依附，华为的内耗少了，执行力就强了。

没有利益作为基础，不行，但仅仅靠利益还不够，还需要制度来保障，让20万奋斗者获得应有的回报。

因此，华为建立了一个利益分享机制。"效率优先，兼顾公平"是华为薪酬分配的原则。任正非曾以"拉车人"和"坐车人"为例做过形象的比喻。"管理好拉车人和坐车人的分配比例，让拉车人比坐车人拿得多，拉车人在拉车时比不拉车的时候要拿得多。"在华为，员工的贡献越大，职级就越高，获得的收益就越高。

华为的利益分享机制基于一个核心——以客户为中心，为客户创造价值的人，才能获得更多的工资、奖金、股权以及晋升的机会。正是华为懂得与员工共享成果，从而聚集了众多的优秀人才，让他们的聪明才智得到充分发挥。

2. 事业共同体

华为公司一些骨干员工是带着使命感在拼命工作，他们把个人的成长和企业的成长联系在一起。正如任正非所说："对于这些人，企业应该用股权激励把他们团结起来，以激发他们的企业家精神，鼓励他们长期艰苦奋斗。"

华为就是把有使命感的员工全部纳入企业的分配范畴，每年根据业绩贡献和使命感识别这样的员工，赋予他们更多的股权激励，与他们共享公司成长的收益，共担公司经营的风险。员工的责任层次基本上决定了其贡献的层次。其中，高层聚焦的是公司的长期利益、战略性思考及创造股东价值，因此他们的股权激励收益大于工资、奖金的收益；中高层聚焦的是短期绩效和长期目标的平衡，因此他们的工资、奖金、股权激励收益相对比较均衡；中基层聚焦的是年度工作任务和最终实现运营结果，因此他们以工资、奖金收益为主，同时辅以一定的股权激励收益，以保留新生代人才；基层作业人员聚焦的是做好本职工作和持续改进，因此他们理论上只能获得工资和奖金收益。

"我们今天是利益共同体，明天是事业共同体。当我们建成内耗小、活力大的群体时，抗御风雨的能力就增强了，才可以在国际市场的大风暴中去搏击。"任正非独特的管理思想，让华为员工拥有超高的忠诚度和强大的执行力。

其实，华为最厉害的不是技术，而是通过利益分享的方式，将20万名知识型员工的聪明才智黏合起来，形成一个坚不可摧的利益共同体和事业共同体，给华为注入了强大的生命力，也铸就了高效的执行力。

‖ 目标导向冲锋

古人曰："凡事预则立，不预则废。"无论做什么事情，首先要明确目标。目标是引导行动的关键，也是证明行动所具备的价值的前提，所以目标管理成了企业与个人管理的重要组成部分。

华为非常重视目标管理，并且制定了符合SMART标准的目标管理标准。SMART标准是指Specific（要具体）、Measurable（可度量）、Achievable

（可实现）、Realistic（结果导向）、Time-based（时间限定），这个标准强调了进行目标管理的基本态度，也为员工执行工作提供了一些基本思路。

任正非告诉员工："永远不能先干起来再说，要以远大的目标规划产品的战略发展。"

华为通常会制定一个五年计划和一个十年计划。华为员工再据此制定自己的工作目标，就会和企业目标是一致的，员工就明白怎样做才能满足企业的发展需要。

华为在培训员工时，让每一个员工在工作开始前必须弄清楚五个要点：做什么？如何做？做多少？在哪儿做？为什么做？

员工明白这五点，才是做好工作的前提，这样才能引导员工正确地去做工作。

任正非告诉员工："先瞄准目标，再开枪。"只有瞄准了目标，才能不偏不倚，正中靶心。

在如何制定目标上，任正非曾对员工说："在你跳起来可以够到的位置，再在上面加一个拳头的高度，作为你的目标。任何目标都必须是可执行的，任何缺乏执行性或者无法达到的目标，都毫无用处。我们要跳起来摘果子，而不是摘星星。"

华为以目标来牵引员工不断冲锋，努力完成各自的目标。

这种让目标具有挑战性的方式还带来一个好处，那就是团队的氛围更容易管理，团队内部从上到下都把目光聚焦在目标的完成上，团队内的办公室政治自然就没有市场。总体来说，华为团队内的氛围比较简单，高目标可能是形成这种氛围的原因之一。

目标定得具有挑战性仅仅是第一步，更重要的还是如何对目标的完成结果进行管理。高绩效的本质就是，目标完成好的部门和个人才可能得到好的考评结果。用人力资源的术语解释就是，价值评价向目标完成好的部门和个人倾斜，从而形成人人都努力完成和超额完成目标的导向。

换句话说，如果你的目标没有完成，你获得好评的机会是零，而评价又是价值分配的基础。

华为公司管理的逻辑并不复杂，为团队设定具有挑战性的目标，形成高绩效文化的导向，完成和超额完成目标是获得好评的前提，评价直接关系到员工的加薪和升职。

华为采用的是赛马机制，把相同业务或相同工作方式的部门和个人放到一起，把大家的目标完成情况放在一起"晾晒"，让你一眼就清楚你所在的位置。而考评时又把大家一起排名，来确定顺序。这样就形成了"赛马机制"，大家不但要努力完成目标，还要争取比别人完成得更好。

因此高绩效文化直接形成两个导向：一个是团队冲锋，大家你追我赶地向前冲锋；另一个是促进员工不断改进自己，提升自己的竞争力。

对于企业或者管理者来说，重要的是进行目标管理，要让每一个员工都树立目标；而对于员工自己来说，更要懂得树立工作目标，明确自己的工作方向和工作内容，然后按照目标，一步一步去行动。目标的导向性会约束员工的行为，会激发员工的工作动力，从而引导员工自发将工作做好。

华为的员工在制定目标之前，总是会先进行调查，同时做好可行性研究，了解目标工作的难度，了解目标是否能够完成。

任正非说任何目标都必须是可执行的，任何缺乏执行性或者无法达到的目标，都毫无用处。目标并不是越大越好，一旦遥不可及，就可能成为负担。

所以，华为员工制定的工作目标比较切合实际，是能够控制和实现的，大家都明白自己要做什么。在执行目标时，他们通常根据具体的工作过程，按照基本的流程设定相对独立的工作步骤或工作单元，制定三个量化指标：时量、数量、质量。比如生产产品的数量、检查的次数等这些可以直接量化的指标。

"把握每一个可实现的小目标"是华为快速壮大的重要原因，正因为更加专注于每一个小步子、每一个小目标，华为才会走到所有人的前面。

正确的目标战略能够极大地调动员工的积极性，长期的正向循环就能够提高企业的业绩和竞争力。

‖ 信仰驱动

华为的执行力，源自员工内心的信仰。员工有信仰，企业有希望，团队有力量！

对于华为员工来说，信仰就是对公司高度忠诚，爱岗敬业，有责任和担当，坚持不懈地做下去！

那么，信仰从何而来？当员工对公司道德观、价值观以及企业文化高度认同时，便上升为信仰。跟华为员工打交道，发现他们对公司高度忠诚、充满感恩，部门之间没有"高墙"，大家相互帮扶，从不推卸责任，这在国内企业中难得一见。

在企业高管跳槽如家常便饭的今天，华为核心管理层惊人的稳定，各条战线的主管，大都在华为干了十多年，甚至二三十年。他们与公司同呼吸、共命运。

一位华为的干部对笔者说："公司很多干部和员工，并非单单为了待遇而留在华为，而是内心的信仰激荡着他们，去轰轰烈烈干一番事业。"这位华为干部说得不假，如果他们只是奔着金钱而去，在资本被放大的今天，华为的这些干部随便去一家上市公司做高管，就能成为亿万富豪。但相对财富上的富有，他们更倾向于精神和理想的追求。这，便是一种人生信条。

信仰的重要性体现在每一个华为员工的身上。一位长期在海外奔波的华为终端业务的女员工对笔者说："很多朋友问我同一个问题，作为两个孩子的母亲，最需要陪伴时不在他们身边，你不觉得内疚吗？如果我说我不愧疚，那一定是假话。每一次拎着行李出门时，孩子们抱着我的大腿说：妈妈别走！那一刻对我而言绝对是万箭穿心。但我想在他们长大时告诉他们，妈妈年轻时真的为了一个远大梦想全力以赴，忘情地投入过！"

对领导交付的任务，部下一般情况下都会完成。可如果这个任务特别难，完成起来要付出巨大代价，就不好说了。对急难险重任务的态度，才是对执行力的真正检验。执行力强表现为，无论领导交付的任务有多困难，却想办法不折不扣去执行，最终一定会战胜困难，完成任务。

　　1995年8月，华为成功地签订了一个STP（生成树协议）合同，并要求在18天里完成生产任务。如按正常的生产能力，车间要近一个月的时间才能顺利完成4000块STP单板的测试和维修，但为了实现对客户的承诺，华为的相关部门在设备上给予了车间很大的帮助。当时华为员工孔飞燕正在负责该项目单板的调试，五一3天假期，她有2天在加班。当她预估一人同时操作多台设备仍无法按时完成任务时，她主动提出上夜班。从那以后半个多月的时间里，她总是在下午6点半以前就来上班，而第二天上午10点以后仍会在车间看到她忙碌的身影。经过10多天日夜奋斗，生产任务终于提前半天完成了。当市场传来STP顺利安装成功的喜讯时，调测工程师的脸上露出了疲倦的笑容。

　　当一件看似"不可能完成的任务"摆在你面前时，你要克服困难，勇于挑战，这就是高标准执行力的真实体现！那些勇于向"不可能完成"的工作挑战的员工，是最优秀的执行者，并且始终是最受企业欢迎的人。

　　2008年，华为启动ALL IP战略，平台建设是重中之重。当时的目标是"用3～5年时间把VRP V8打造成ALL IP时代运营商网络设备的软件平台"。这一年，吴东君担任VRP V8的总设计师，这是吴东君当时接受的"最具挑战、最艰难的一项工作"。当时，对于如何做出业界有竞争力的IP软件平台，大家都感到迷茫，没有方向。

　　作为VRP V8的总设计师，吴东君带领团队大胆地提出"将V8架构与V5架构剥离，重构V8"的思路。这是一种全新的设计，与以前V5的做法完全不一样，在大家看来这存在着巨大的风险。有人问："V8采用全新的架构是否太冒进了？"又有人说："放弃已有的V5架构是不是太可惜了？"还有人担心地说："我们的队伍经验不足，能否完成这项创新？"面对大家的不解和质疑，吴东君召开了技术PK会议，让所有与会者从不同角度去寻找问题、风险。吴东君一个人站在讲台上，以他特有的慢语速，一遍遍不厌其烦地解答，每一次解答他都能提供清晰的方向和具体的指导。

　　经过多次的PK会议和方案论证及修正，V8最终采用了全新的革命性架构设计方案。架构设计已经确定，然而设计、开发、实现过程更是困难重重，人员新，经验少。当时一位专家说："V8开发，我们好比只有砖头却要盖摩天大厦。"吴东君没有过多的言语，一边自己上战场解决开发中出现的问题，一边培养新人，建立架构维护等系统工程制度，一次次调测，一遍遍对齐。经过两年的不懈努力，"VRP V8R1"产品在阵痛中诞生，其性能全面领先，不负众望。

2009年11月底，华为的瑞士团队接到一个几乎"不可能完成的任务"——瑞士电信定制版本。12月1日启动开发，要求第二年4月交付。他们从春节奋战到4月15日交付，再到5月8日得到瑞士电信的验收肯定，团队成员一直在全力以赴地奋战。

从2018年起，华为公司就开始陷入到国际政治斗争的大旋涡当中。面对海外多国的联合"围剿"，华为仍旧表现出一种"打不死"的顽强斗争精神，迅速启用花费十余年投入研发的备用方案，确保了大部分产品的战略安全与连续供应。这种优秀企业文化的背后，源于华为员工的坚守信仰。

敬业是提升执行力的精髓和灵魂，是一种积极向上的人生态度。敬业的人对自己的工作精益求精，永远对工作现状不满意，永远在改善工作。敬业的人会怀着一种对职业的敬仰，会让人在工作中充分发挥自己的潜力，找到自己的价值。

当企业种下信仰的种子，就种下了组织文化的良"因"，待到秋收之时，企业运营的甜果就会挂满枝头！

‖ 绩效考核

作为企业常用的管理方式，绩效管理也是一个提高企业执行力的有效手段。

惰性和贪性是人类两个很重要的特征，虽然这两个特性常常被当作不好的特点来说，但是在企业管理中利用好这两个特性，就会极大地提升企业的执行力。运用绩效管理的手段克制员工的惰性，利用好员工的贪性，如此就可以提高员工的执行力，提高业务效率。

华为坚持以责任结果为导向的考核制度，对达不到考核目标的员工，往往实行降职、免职处理，严重者甚至会被辞退。

有人可能会说："员工没有功劳也有苦劳啊，怎么能说降就降、说辞就辞呢？"其实很容易理解，现在市场竞争如此激烈，任何一个企业都不会是常胜将军。在这种人人自危的情况下，企业哪里还会去袒护内部某个臃肿的组织或不称职的员工呢？

所以，企业在考核时，评价价值一定要分清结果和过程。有绩效、有结果，才算是为企业创造了价值；否则，即使你在过程中很努力，没有结果产出，仍然不能作为考核的目标。

目标考核，说的是考核的针对性问题。在这个问题上，任正非指出，"考核内容不要太多，也不要太复杂。干什么，学什么，就考核什么。基层员工的考核，劳动成果放在第一位，劳动技能放在第二位。考核内容太多太杂，就分散了员工的精力，加重了员工的负担。跟主营业务无关的内容可以不用考核"。

华为的绩效考核对员工的一系列利益影响很大，包括员工的奖金、薪酬、晋升以及股权分配等。不同的考核结果在员工最终收入上体现得很明显，因此就会达到促使员工重视绩效考核的效果，使其更加积极去完成工作任务，如此一来企业内部的执行力就会得到大大提升。

华为的人力资源管理模型就是华为强大执行力的驱动和支撑。以绩效管理作推力、任职资格作拉力、薪酬体系作吸引力、培训培养作助力，推动员工有效发挥主动性，极大地提高了执行力。

‖ 有清晰的战略

强大的执行力是实现战略的必要条件。当目标确定，执行力就变得最为关键。很多企业的失败不是战略的问题，而是战略执行的问题。再好的战略，如果不执行，只是空谈。

科学合理的战略部署是精准提升执行力的前提，战略提供了方向，指明了道路，执行就是怎么更快更好地往这个方向走。

所谓战略规划，就是在正确的时间、正确的地点，推出正确的、有竞争力的解决方案和产品，满足客户的战略诉求，解决客户在发展过程中面临的痛点。

笔者研究发现，华为自始至终的战略就是：执行力取胜战略，或是核心竞争力战略。而且在华为，执行力的意义远远大于"战略和创新"。

任正非说华为没有战略，如果有的话也就是"活下去"。因为，华为没有可以依赖的自然资源，唯有在人的头脑中挖掘出大油田、大森林、大煤矿……什么是大油田、大森林、大煤矿？如何挖？关键是人才及其执行力，人才的关键就是机制，机制是整个体系顶层设计的原点。

华为从最坚实的原点出发，来打造超强学习力和执行力的组织，即学习型的卓越组织。

华为对战略的理解总结为三句话：看得准，洞察透彻的战略规划能力；理得清，强大的流程组织管理能力；做得到，通人性的文化和价值分配。

华为对战略有着本质的清晰认知，不在非战略机会上浪费资源，而是聚焦主航道，不断地做减法。"聚焦"和"主航道"是华为管理的主题词，公司通过探索、聚焦和舍弃来达成战略。

任正非对这一原则的解读是，"千军万马只对准同一个'城墙口'冲锋，不惜一切代价去打开缺口，一旦打开这个缺口，整个城就是你的了"。

战略承载着公司的愿景与使命，即：为什么而存在？什么是重要的？

任正非说："没有正确的假设，就没有正确的方向；没有正确的方向，就没有正确的思想；没有正确的思想，就没有正确的理论；没有正确的理论，就不会有正确的战略。没有短期的成功，就没有战略的基础。而没有战略的远见，没有清晰的目光，短期努力就会像几千年来的农民种地一样，日复一日。"

企业的战略和创新重在执行力。执行力的问题在团队，团队的问题在员工，员工的问题在机制，机制的问题在客户价值。机制形成的关键是找到价值创造的原点。

华为营销的执行力：找准客户痛点。"151工程""不让雷锋吃亏"，海外市场要进得去、站得住、长得大，也要正确评价市场打开之前攻坚的员工。

华为服务的执行力：日本核事故华为没有撤退，利比亚战乱华为也没有撤退……服务本身就是营销的核心要素，是客户最核心的需求之一，服务做到位就是巨大的营销，同时通过服务闭环抓到客户需求的关键细节。

华为研发的执行力：研发中构筑产品的竞争力，包括成本、质量、可服务性、可实施性等，用研发的眼光看营销，用营销的眼光看研发。

"前置前移，循环打通"：华为的研发是一线，直接面对客户，贯穿营销，贯穿服务，贯穿制造，是产品线的概念。

华为营销是强大的，但真正形成口碑必须靠产品本身。研发要树立这样的信念：在马拉松的竞争长跑中，决定市场的战略力量是产品线，是产品本身。要用这个要求来要求研发，拒绝同质化竞争。

华为有句口号为"方向大致正确，组织要充满活力"。一家企业不能因为对战略的精致要求而束缚了手脚，在前进过程中不断地调整，使组织充满活力地前行才是明智的选择。

一旦出现重大的战略机会，华为就不惜代价地投入，在关键领域建立自己的优势。

华为战略执行的能力如此之强，笔者认为流程起了非常重要的作用，但不管哪一方面，华为在贯彻执行力的时候只有一个原则：万众一心，其利断金。方法、手段只是一种形式，重要的是统一员工的思想，使上下级之间高度认同，从而走出企业执行力实现的瓶颈，达到共赢的目的。

执行力是决定企业成败的关键性因素。华为的成功与其强大的执行力息息相关，更加印证了一个企业要想提高自己的市场竞争力，就必须重视企业的执行力。一个企业只有具备了强大的执行力，才能长久地存续下去。

生存法则11：

持续管理变革

管理变革是华为的生存之道。华为30余年的跨越式发展过程，实质上也是华为持续自我变革、自我进化的过程。

在华为，变是常态，不变才是不正常的。组织在变革中前进，每一位员工也在变革中成长，这是华为独特的现象。

在华为历次的战略制定与调整当中，"活下去"是华为始终坚持的最高目标，也是华为战略目标的最低标准。只有活下去，企业才有机会寻求更好的发展，否则一切都是空谈。

但是活下去的前提是"以客户为中心，为客户创造价值"。因此，华为在30余年的变革中，始终围绕"以客户为中心，为客户创造价值"这个中心展开，不断突破组织管理桎梏，用制度化的方式主动将变革融入组织。

华为变革的历史很复杂，变革的领域非常多，时间也很长。在这里我把华为的管理变革历程概括为三个阶段。

‖ 第一阶段（1988—1995）：草创阶段

在革创阶段，任正非带领华为以弱胜强，打败了跨国巨头，占领了中国市场，华为逐渐发展为一个中型企业。这一阶段充分体现了任正非对中国国情的熟悉，对中国传统文化的悟性。

任正非之所以对中国国情如此熟悉，对中国文化领悟如此之深，完全是源于他在青少年时代经历的苦难。任正非读高中时，赶上了三年困难时期，是一家人（特别是父母亲）的互相关心、相依为命，使这个家庭渡过了难关。由此，他体会到了中国文化中最独特的亲情文化，中国文化的基因就这样在他身上发芽、生长。

在草创阶段，华为的模式可以概括为"三高"，即高效率、高压力、高工资。其中，高工资是推动高效率、高压力的核心动力。很多人不理解为什么很多老板对员工很小气，而任正非却如此大方。其实，这是任正非对人性深刻理解的结果，当时中国的通信市场有着巨大的空间，任正非需要员工去奋斗，去拓展企业的生存空间。

凭什么让员工去奋斗？多给钱。对那个年代的中国人来说，高工资确实有着巨大的吸引力，很好地帮助华为完成了高速扩张的任务。

天下没有免费的午餐。与高工资伴随而来的当然就是高效率、高压力。任正非为了贯彻高效率、高压力而提出了"狼性文化"："企业就是要发展一批狼。狼有三大特性：一是敏锐的嗅觉；二是不屈不挠、奋不顾身的进攻精神；三是群体奋斗的意识。"

这种管理模式也有弊端，那就是华为的管理成本一直居高不下，更危险的是如果一旦市场环境恶化，例如通信产业发展减速，或者华为的扩张速度减缓或停滞，华为将无法支撑依靠高工资来凝聚员工的模式，从而导致效率低下，管理问题丛生。

‖ 第二阶段（1995—1998）：基本法阶段

随着华为的扩张，人员规模的扩大，华为面临的组织管理问题越来越多，也越来越复杂，光靠"狼性文化"已经无法解决华为面临的问题，更加不能带领华为继续发展壮大。华为扩张后，上下级之间的冲突、部门之间的冲突、员工之间的冲突越来越多，如何来协调他们的矛盾，如何来统一他们的认识？拿现在的流行术语来说，就是如何在华为建立起自己的企业文化，包括愿景、使命、价值观等，这显然是"狼性文化"回答不了的。

以代理程控交换机起家的华为成立于1987年，到1996年员工已经超过2000人，但公司内部并没有统一的管理规则，就像是很多地方游击队组合在了一起，每个游击队一个山头，大家对公司如何发展有各自的想法，整个公司管理混乱，主义林立。

任正非意识到了问题的严重性，当时正好有几位中国人民大学的教授在华为讲课，于是任正非邀请他们帮华为起草统一的管理规范，也就是后来的《华为基本法》。

《华为基本法》从1996开始起草，到1998年出台，经历了3年时间，在这3年里，华为组织公司上上下下对华为到底是一个什么样的公司、要走向何方等问题进行了大讨论。通过这样的讨论和思考，公司上下统一了思想，建立起了华为管理和文化的基础。《华为基本法》不仅仅只是创始人意志的体现，也代表了集体的共识。

‖ 第三阶段（1988—现在）：管理全面西化

一方面，随着华为人员规模和销售额的增长，任正非敏锐地意识到，短暂的成功使待遇比较高的员工滋生了明哲保身的想法，他们事事请示，僵化教条地执行领导的讲话，生怕丢了自己的"乌纱帽"；另一方面，华为开始大规模地进军海外市场，试图成为一家国际化公司，所以任正非急于找到能够帮助华为提升管理能力、培养管理人才的办法。

在寻求中国的管理咨询顾问帮助失效后，任正非把目光投向了海外，耗费40亿巨资，先后通过与包括IBM在内的世界知名企业，如HAY（在人力资源管理方面）、PWC（在财务管理方面）、德国FHG（在生产管理及品质管理方面）等合作，学习和引进西方的企业管理模式。

在变革的过程中，华为提出了著名的"三化"理论——先僵化、后优化、再固化。

"僵化"似乎并不是一个有正面意义的词，但华为认为的"僵化"是首先要全面吸收外部先进经验，另外一层含义是要接受改变，克服抗拒心理。

在"僵化"之后，再根据实际情况进行"优化"，不"僵化"吸收的"优化"往往是小聪明。

"固化"是通过标准化的模板、工具、系统，把变革成果固化到业务流程中。

通过建设现代化管理体系和流程，华为把能力从个人转移到了组织上，逐渐摆脱了对个人的依赖。用任正非的话来说，"我们不是靠人来领导这个公司，我们用规则的确定性来对付结果的不确定"。

华为的每次变革都不是由一个部门单独完成的，组织上设立变革指导委员会、变革项目管理办公室、变革项目组三个层级的变革管理架构。

华为第一次成立变革指导委员会是发起IPD（集成产品开发）流程变革时，委员会主席为孙亚芳，时任华为公司董事长。任正非和来自IBM的顾问担任变革委员会顾问，委员由各公司一级部门的一把手担任。委员会负责重大决策及方向把握。

变革项目管理办公室负责具体事务，如资源协调和沟通。变革项目管理办公室的第一任主任是郭平，现在的华为轮值董事长之一。

每个变革项目由专门的项目组来执行，项目组由变革项目管理办公室领导。项目组有核心组和外围组，核心组成员需要全职参与变革，外围组成员部分时间参与变革。进入核心组的成员往往是业务部门的一把手，他们脱离原岗位，没有了退路，只能全身心地投入到变革中。变革成功，干部将会被提拔到更高的岗位上，如果变革失败，干部也可能会被撤职，所以每一个参与变革的干部都会积极主动推动变革。通过这种方式，华为也在培养干部的大局观。

从这个组织架构上我们可以看到，变革在华为是"一把手工程"，也需要高管率先做出改变，成为"第一个吃螃蟹的人"，这样变革才可能成功。华为用制度化的方式把变革融入到组织中，让变革成为常态。每一次变革都不是一次性行动，而是一个"去制度化——组织重构——再制度化"的过程。从被动到主动，华为在成长中变革，在变革中成长。

不急于求成，渐进式变革，先僵化、后优化、再固化，把变革视为长期的过程，不短视，要"咬定青山不放松"，一步一个脚印，全面吸收后，再优化，最后转化成标准化的业务流程。

1. 流程变革

在1997年之前，华为的产品开发没有规范的流程。销售部门提出需求，研发部门根据需求开发，然后交给制造部门生产，最后发货给客户。这种线性的开发方式，就像没有红绿灯的十字路口，通行量较少的时候，看起来高效便捷，但车流量一旦增加，就会造成拥堵和混乱。随着华为的产品越来越多，产品开发的混乱性越来越严重，各个部门之间经常扯皮抱怨。销售抱怨产品质量不行，研发抱怨销售理解客户需求不准确，物流抱怨研发进度太慢等。在IBM给华为的调研报告中，曾一针见血地指出："华为没有时间将事情一次性做好，却总有时间将事情一做再做。"

1997年，任正非带队到美国学习，试图找到这些问题的答案。这段行程中任正非拜访了很多美国知名企业，包括微软、IBM、惠普、贝尔实验室等，发现美国企业在内部管理和流程机制建设上远远超过华为。这件事情给了任正非巨大的震动，他在美国期间就起草了一个100多页的文档，讲述华为应该向西方学习的方方面面。在拜访IBM时，他了解到IBM也遭遇过和华为类似的问题，但在时任CEO郭士纳的带领下，IBM进行了IPD流程变革，很好地解决了产品开发的问题。任正非当即决定邀请IBM帮助华为进行变革。由此，华为启动了长达20多年的管理流程变革。

华为的IPD流程变革从1998年开始实施。IPD流程变革的核心是要形成市场、营销、研发、系统生产、用户服务、财务、采购等部门人员组成的，贯穿整个产品业务流程的管理模式。

IPD流程变革是华为在管理上追赶世界先进企业的标志性事件，也是华为从"游击队"向"正规军"转变的一个重要转折点。

IPD流程变革要求成立跨部门团队，营销、生产、服务等部门都会在产品设计阶段参与，跨部门之间的沟通成为常态。这种并行的工作方式，让一直以线性工作为模式的华为员工很不适应，有一些员工认为IPD降低了自己的工作效率，甚至开始抵触。但任正非认为，华为要发展，必须进行变革，谁阻拦变革就是在跟公司的未来作对。在这个过程中，有一些管理层被辞退或降职。在任正非的强势推进下，变革坚持了下去，这个坚持带来了产品开发效率的大幅提升。

实施IPD流程变革以后，新的流程就变成这样：市场代表带着产品的规格、技术参数等信息，到市场上去搜集客户的反馈意见。然后，根据客户的反馈意见来考虑市场的空间，将客户需求进行排序，并分析这些需求，这样就形成一个产品的概念。接着，财务代表根据市场代表提供的市场数据来算账，看看要投入多少研发工程师，仪器设备成本多少，制造成本多少，物料成本多少，产品在生命周期内的销售额、利润等。所有的这些数据要经过一轮严密的测算，形成一份商业计划书，最后再由华为的投资管理委员会决定是否投资这个产品。

在华为推行IPD之后，在产品的策划阶段，用户工程师根据客户的反馈意见，就提出了上百项的维护性需求。研发人员目瞪口呆，他们开始意识到，在产品设计时就考虑这些可维护的需求，对提高产品未来的市场竞争力是极有好处的。

采购人员也没有等到项目开始研发，就引入了元器件供应商的谈判，降低成本，以往这个元器件的选择也是由研发人员决定的，他们想得更多的是如何使产品的功能更强大，很少从降低成本的角度来考虑。现在采购人员必须站在整个产品和项目的角度进行综合考虑，要在功能和成本之间找一个最佳的平衡点。

由此可见，实施IPD流程变革以后，华为的产品研发不再是研发人员主导的，而是来自客户的需求。客户的需求反馈回来之后，研发人员再有针对性地进行研发。同时采购部门开始原料采购的谈判等，这样一来，华为的研发就不再那么盲目了，也减少了浪费。

IBM协助华为实施IPD流程变革的3年之后，华为的产品开发流程得到了极大的改善，多项指标被刷新，高端产品的上市时间从原来的70个月减少到20个月，中端产品的上市时间从50个月减少到10个月，低端产品的上市时间少于6个月。

可以说，IPD流程变革，对华为整体价值创造核心过程进行了一个重整，使产品开发更加关注市场竞争的需要，并使公司建立起规范的、结构化的开发流程。

1998年8月华为开始启动IPD流程变革，1999年4月正式启动IPD体系建设，2001年7月导入试点项目，在此基础上，华为通过项目实践，按照"先僵化，再固化，后优化"的方针，持续对业务体系进行变革和优化。

现在回过头来看，IPD流程变革项目对华为的意义非常重大。IPD流程变革项目中使用了标准化的工作流程和模板，这让华为公司建立起标准化的意识。另外，IPD流程变革帮助华为建立起基于市场的评价体系。在IPD流程变革之前，华为对研发人员的考核更关注技术和能力，而IPD系统中要求每一个部门都为产品的最终市场成果负责，这让研发人员更加关注市场。

华为IPD流程变革的成功，不能仅仅归结于IPD系统本身，我们还要看到华为在IPD变革时的认知和方法。华为从一开始就认为变革是一个长期的、循序渐进的过程，不可能一蹴而就。一直到2010年以后，华为还在持续进行IPD流程变革，不断优化和固化。IPD流程变革让华为习惯了改变，这为后来其他变革项目松了土壤。

2. 人力资源变革

在华为发展早期，有一个真实的案例：华为往上海和新疆同时派出了两名销售人员，但因为地域环境的差异性，派往上海的销售人员的业绩遥遥领先于新疆的销售人员，而根据当时华为的薪酬制度，两地销售人员的收入差了近20万。显然，这种简单的提成方式无法衡量出销售人员的真实能力，这也造成公司没有人愿意去新市场进行开拓。

1997年，华为开始实施人力资源管理变革，首先建立了岗位素质模型和任职资格体系。任职资格体系从秘书岗位开始实施，取得了很大成功，之后很快推广到全公司，于是人力资源变革持续不断。人力资源体系经过持续的变革，形成了系统性选人、任职资格体系、轮岗、绩效管理、激励等制度。为了解决新员工入职融入的问题，华为建立了导师制，为每一位新员工分配一名"思想导师"。"思想导师"不仅要带着新员工熟悉工作环境，掌握相应的技能，还要把文化价值观灌输给新员工，甚至在生活上给予帮助。导师制极大地降低了新员工的流失率。

为了完善干部和关键人才的培养，华为成立了自己的企业大学——华为大学。华为大学被称为组织的发动机和将军摇篮，为华为的快速成长培养了一批又一批人才，所以又被称为华为的"黄埔"和"西点"。

3. 财经管理变革

任正非指出，财经的变革不仅仅是华为公司财务系统的变革，华为公司每一个高层管理团队都要介入财务变革。

当时随着3G业务的逐渐开展，华为海外市场空间巨大，各个"友商"也纷纷抢占市场。华为的海外区域原先定位为收入中心，主要负责规模扩张，管控权都在总部，因其有对市场响应慢、合同审批流程长、牺牲利润换取收入等弊端，促使区域转型，从收入中心转型为利润中心。为了支撑利润中心转型的快速落地和实施，华为当年成立了"利润中心建设"项目，里面也包括了后来流传甚广的"一报一会"机制。

"一报一会"机制是指经营分析报告和经营分析例会，主要用来指导各经营主体如何编写经营分析报告、经营分析会议如何召开等，以保障年度预算目标的达成。

"利润中心建设"项目，是针对各经营主体从收入中心转型为利润中心，要具备什么能力，要有什么权力，要承担什么责任，及一系列的运作机制设计和赋能支撑，让利润中心建设顺利落地。笔者也很荣幸当时能参与"一报一会"和"利润中心建设"项目，见证了利润中心成功转型的过程。

同时，为了更好地支撑市场业务的开展，销售服务财务部更改为区域财经管理部，管辖各区域的财经，并增加大客户财经部，原先的销售服务财务部定位为区域财经管理部的COE（财务中心）组织，财务BP（财务业务伙伴）组织更加成熟。

2007年，华为开始启动集成财经变革，即IFS变革。这是一场声势极其浩大的变革项目群，涉及专业财经（资金变革、税务变革、存货变革等）和经营管理等20个变革项目，主要是打通交易层面的财务与业务，让数据源透明可视，融合控制于业务当中。

华为IFS集成财经变革历时8年，让业务和财务完全融合，支撑华为公司的业务战略和财经战略，让财经实现了彻底的转型，从业务合作伙伴转型为价值整合者，迈向新的台阶。

纵观华为的整个财经发展史，也是一部变革优化史，与业务变革史相辅相成。从1993年引入会计系统到现在的财经数字化，华为的财经经历了从"非常落后"到"比较落后"，从"比较落后"到"比较先进"，从"比较先进"到"世界一流"的发展阶段。

华为的财经体系在国际化市场的磨砺中茁壮成长，在吸收国内外管理精华中日臻成熟，在业务、财务的互动中得到完善，成为一套堪称标杆的财经管理体系。

华为三个阶段的管理蜕变，一路走来都离不开敢于创新与实践。华为的集团市场部在内部被称作是"做战略市场"的，其从领导到成员很多都是研发出身。据说之所以这样，就是因为这个市场部的核心不是去投广告，而是去发现，分析和引导客户的需求，然后给研发体系传达信号——尽可能地用创新方式来满足这些需求。

华为的三次管理变革，有主动求变，也有被动应变，但每次变革后，都是新生。

生存法则 12：

向军队学习，提升打胜仗的能力

华为能有今日的成就，与任正非从军的经历是分不开的。任正非身上带有军人情结，他不仅在华为推行军事化管理，还要求华为干部向军队学习，将华为打造成极具战斗力的组织。

‖ 让企业像军队一样高效

翻阅任正非历年的讲话，会发现在其讲话与文章中存在大量的军事术语。向军队学习，是他长期的价值主张。

任正非不仅自己带头学，还经常推荐与军队相关的文章、书籍与影视作品，牵引员工和干部向军队学习，持续打胜仗。

为什么向军队学习？

任正非认为军队是最具变革精神和最具战斗力的组织，"军队是企业家最好的老师。军队是具有高效率、强执行力的组织，有很多值得企业学习的地方。世界上最优秀的管理在军队！"

任正非非常推崇美国西点军校的管理智慧，他在内部讲话中经常提到西点军校，因为美国西点军校更是商业领袖的摇篮之一。

1998年，任正非向华为培训中心推荐的第一本书就是美国西点军校退役上校所写的《西点军校领导魂》，书中主要介绍西点军校如何培养军队的领导者。任正非还特别将麦克阿瑟将军要求西点军人始终坚持的三大信念"责任、荣誉、国家"改为"责任、荣誉、事业、国家"，以此作为华为新员工必须永远铭记的誓言。任正非经常精神振奋地和员工谈论三大战役、抗美援朝，对他来说商战不过是自己与命运斗争历程的继续。

任正非认为，名将辈出并不是西点军校最为人称道的地方，西点军校真正的骄傲在于，它不仅能培养出将军，而且其毕业生在离开军队之后，同样能成为社会各界的精英，尤其在企业管理领域。

任正非指出："要想让企业像军队一样高效，就需要对企业进行军事化管理。"他借用现代美军的组织运行机制与管理模式，不断优化华为的组织与流程，使华为的组织变得更"轻"、更具综合作战能力。

‖ 打造极具战斗力的组织

华为向军队学习，是一个系统的过程，其学习的系统机理可以概括为三个部分：

第一，任正非系统地吸纳古今中外军队的管理思想，并加以分析、归纳与总结，依据公司经营发展的不同阶段与存在的问题，有针对性地通过讲话与文章持续在公司内部传播。

第二，公司有组织地学习军队的管理思想、理念和举措，形成统一的管理语言与集体认知，为接下来的实践打下基础。

第三，依据公司的实际情况，将军队的有关管理理念与具体举措变为华为的经营管理实践，改进或提升公司的经营管理。

这是一个闭环的学习与管理提升过程。在这个过程中，华为同样坚持对标学习"先僵化，后优化，再固化"的三部曲。因此，其向军队的学习卓有成效。

2015年11月29日，任正非与数千名华为高管一起聆听金一南将军的两场讲座。任正非为金一南的文章《胜利的刀锋——论军人的灵魂与血性》专门撰写编者按："军人的责任就是夺取胜利，牺牲只是一种精神。华为的干部和员工不仅要拥有奋斗精神，更要把这种精神落实到脚踏实地的学习中与技能提升上，在实际工作中体现出效率和效益来。"

　　任正非提出，要学习美军的用人观和人才评价观。他说："金一南将军讲美国军队，美国军队是世界上最有文化的军队之一，西点军校录取的学生是高中生中前10名的学生，美国安那波利斯海军军官学校录取学生是高中生中前5名的学生……所以，美军军官都是美国最优秀的青年。美军的考核方式最简单，没有对学历、能力的考核，只考核'上没上过战场，开没开过枪，受没受过伤'。将来我们也要学习美军的考核方法。"

　　此外，任正非还借鉴现代军队组织的运行机制与文化，给知识型员工注入军人的灵魂与血性，提升团队的战斗力。

　　任何一个企业的文化特性，都与其创始人的价值取向和行为风格密切相关。任正非是"军人+知识分子"出身，因此，华为文化的基因自然带有军人的"灵魂"和知识分子的个性。华为文化的本质是军队文化与校园文化的完美结合，这种"军队+校园"的混合式文化，既符合知识分子的个性，又给知识分子注入了军人的"灵魂"与血性。

　　任正非经常组织华为干部学习军队的战略管理。他曾在干部会议上说："什么叫战略？战略就是牺牲。打仗的时候略掉的一部分就叫战略，丢的一部分就是战略，舍弃的一部分就是战略。舍弃的有可能是金钱，有可能是生命，也有可能是装备。"

　　军队与企业最大的相同之处，在于"活下来"和"活得强大"是两者共同的底线追求。市场竞争之惨烈、多变，一点不亚于刀光剑影的战场。企业家与军事领导者所面临的共同挑战永远是"不确定性"，这就从根本上决定了他们的角色与使命——经营和管理风险。企业和军队的另一个共同点，就是必须不断打胜仗，只有不断打胜仗，才能活下来并活得有质量。

‖ 组建"红军参谋部"和"蓝军参谋部"

　　任正非是军人出身，他把部队中红蓝对抗的机制带到了公司管理中。他在华为设立了有两个特殊的部门，一个是"红军参谋部"，另一个则是"蓝军参谋部"。这两个部门成立于2006年，隶属华为公司一级战略体系。

在一个组织里，专门成立一个团队研究如何打败自己，这在很多人眼里是件不可思议的事情，但这正是华为的打法。

任正非在公司战略分析会上指出："华为的'蓝军'存在于方方面面，内部的任何方面都有'蓝军'，'蓝军'不是一个上层组织。我认为人的一生中从来都是红蓝对决的，我的一生中反对我自己的意愿大过我自己想做的事情，就是我自己对自己的批判远远比我自己的决定还大。我认为'蓝军'存在于任何领域、任何流程，任何时间、空间都有红蓝对决。"

"蓝军"，通过模仿对手"红军"（代表正面部队）的作战特征，与"红军"进行针对性的训练。当战争来临时，红军抵御蓝军的入侵，蓝军部队"出人意料"的作战方法给红军带来了很大的威胁，只有经常与他们"打交道"才不会打败仗，强大的蓝军部队使红军部队在演习中不断进步。

这种作战模式起源于"二战"时期。当时，英国陆军元帅蒙哥马利让一些军官学习德国陆军元帅埃尔温·隆美尔在非洲和欧洲的作战模式，体验其作战思维，然后让他们从埃尔温·隆美尔的角度对盟军的计划进行评估。

华为的"蓝军参谋部"的主要职责是，从不同的视角观察公司的战略与技术发展，进行逆向思维，审视、论证"红军"的战略、产品、解决方案的漏洞或问题；模拟对手的策略，指出"红军"的漏洞或问题。

华为建立"红蓝军"的对抗体制和运作平台，在公司高层团队的组织下，采用辩论、模拟实践、战术推演等方式，对当前的战略思想进行反向分析和批判性辩论，在技术层面寻求差异化的颠覆性技术和产品。

简单来说，"红军"代表着现行的战略发展模式，"蓝军"代表主要竞争对手或创新型的战略发展模式。

"蓝军"的主要任务是唱反调，虚拟各种对抗性声音，模拟各种可能发生的信号，甚至提出一些危言耸听的警告。通过这样的自我批判，为公司董事会提供决策建议，从而保证华为一直走在正确的道路上。

"蓝军"要想尽办法来否定"红军"。等到两军打得差不多的时候，任正非最后出来做决策。其实这个时候往左走或往右走已经不那么重要了，公司要的是一个方向。

华为"蓝军"的职责就是要去推倒"红军"，考虑清楚未来三年怎么"打倒华为"。

任正非曾在内部讲话时明确指出："我们在华为内部要创造一种保护机制，一定要让'蓝军'有地位。'蓝军'可以胡说八道，可以有一些'疯子'，敢想敢说敢干，博弈之后要给他们一些宽容，你怎么知道他们不能走出一条路来呢？"

任正非认为，世界上有两条防线是失败的，一条就是法国的马其诺防线，法国建立了马其诺防线来防范德国，但德国不直接进攻法国，而是从比利时绕到马其诺防线后面，这条防线就没有用处了。还有一条，日本侵略者为防止苏联进攻中国东北，在东北建立了17个要塞，他们赌苏联会打坦克战，不会翻越大兴安岭，但百万苏联红军翻过了大兴安岭，日本的防线就失败了。所以任正非认为防不胜防，一定要以攻为主。攻就要重视"蓝军"的作用，"蓝军"想尽办法来否决"红军"，就算否决不掉，"蓝军"也是动了脑筋的。

简而言之，"蓝军"就是为"红军"而生的，"蓝军"就是"红军"的假想敌、反对派。这就是任正非建立华为"蓝军"的真实意图。

2008年，任正非在《华为研委会第三季度例会上的讲话》中提到：在研发系统中可以组成"红军"和"蓝军"，两支队伍同时干，"蓝军"要想尽办法打倒"红军"，千方百计地钻空子，挑毛病。

关于"蓝军"部门的组织逻辑，任正非说，有些人特别善于逆向思维，挑毛病特别厉害，就把他培养成为"蓝军"司令，这个司令可以是长期固定的，而战士则是流动的。

华为的"蓝军"部门也是人才培养基地。任正非曾经说过："要想升官，先到'蓝军'去，不把'红军'打败就不要升司令。'红军'的司令如果没有'蓝军'经历，也不要再提拔了。你都不知道如何打败华为，说明你已经到天花板了。"

为了培养战略人才，任正非让"蓝军"和"红军"的人员进行轮换，过一段时间把原来"蓝军"中的人员调到"红军"中做团长，"红军"的司令也可以从"蓝军"的队伍中产生。

华为的"蓝军"是如何发挥作用的？

华为的"蓝军"著名的战功之一，便是阻止华为出售终端业务，成功扭转了华为终端的命运。

2007年，苹果推出了划时代的产品iPhone，虽然当年包括诺基亚在内的手机厂商都没有当回事，但是"蓝军"却敏锐地意识到形势正在发生变化，终端将会起到越来越重要的作用。为此，他们在当年做了大量的调研工作。

2008年，华为开始跟贝恩等私募基金谈判，准备卖掉终端业务。此时，"蓝军"指出，未来的电信行业将是"端—管—云"三位一体，终端决定需求，放弃终端就是放弃华为的未来。

任正非最后拍板保留了终端业务，10年后，华为终端消费者业务的营收占华为总营收的50％以上，超过了华为赖以生存的运营商业务。

现在回过头想，要是没有"蓝军"部，此时的华为不知道又作何打算？

华为的"蓝军"发挥作用的例子还有另外一个。随着华为成为全球智能手机市场的头部玩家，华为的"蓝军"开始拿着放大镜查找华为手机的瑕疵。

2015年，华为有一款手机在高温环境测试时出现了胶水溢出，尽管其概率仅为千分之几，"蓝军"评估后，否决了这批手机的上市决定，虽然华为因此而损失了9000多万元，但却维护了华为手机的品牌形象。

2019年5月15日，因为美国宣布将华为列入"实体清单"，当天，华为"备胎"一夜转正。华为"备胎"计划就是源自华为"蓝军"的思维。

5月21日，任正非在记者会上谈到"华为备胎计划"时说："备胎之所以是备胎，是因为在非常时期才拿出来用的，在和平时期还是要用主胎，不能隔绝自己。""华为备胎计划"就是一种"蓝军思维"。"蓝军"的存在价值并不只是挑毛病，而是对当前的战略进行前瞻性和压力分析，在极限生存挑战下寻找生存突破。

后来，美国商务部又宣布，对华为禁令推迟90天实施。任正非表示，"这个90天对我们已经没有多大意义，因为我们已经准备好了，我们不需要这90

天。因为华为已经把所有的恶劣条件进行预演，并做好了相应的应对策略。"

华为的"蓝军"为什么有那么大的权力呢？任正非在2013年说过："我们在华为内部要创造一种保护机制，一定要让'蓝军'有地位，'蓝军'要想尽办法来否定'红军'。"

"蓝军"除了能够直接"对抗"各个业务部门，它也是第一个敢于直接对任正非本人提出批评的部门。

华为的"蓝军"从不同的视角观察公司的战略与技术发展，进行逆向思维，审视、论证"红军"的战略、产品、解决方案的漏洞或问题；模拟对手的策略，在技术层面寻求差异化的颠覆性技术和产品。

"红军"要过硬，"蓝军"必凶狠。研究"红军"，不仅是为当好"蓝军"，更重要的是帮"红军"找到破敌之道。

‖ 让打胜仗的思想成为一种信仰

2020年8月，任正非在新员工座谈会上引用美国参谋长联席会议前主席、美军四星上将马丁·邓普西的话："要让打胜仗的思想成为一种信仰；没有退路就是胜利之路。"这句话任正非也曾在内部讲话中数次引用。

任正非指出："华为也别无选择，只有义无反顾。我们坚持自强与国际合作来解决目前的困境。但是，我们有信心、有决心活下来。我们不要因美国一时打压我们而沮丧，放弃全球化的战略。我不赞成片面地提自主创新，只有在那些非引领性、非前沿领域中，自力更生才是可能的；在前沿领域的引领性尖端技术上，是没有被人验证的领域，根本不知道努力的方向，没有全球共同的努力是不行的。"

自2020年以来，一场突如其来的疫情，给世界政治经济格局产生深刻影响，活下来的企业取得了胜利，但未来也还有诸多不确定性。在这时，"打胜仗"真的成了唯一的选择。

一支打胜仗的团队必须有一套锋利如刃的策略："红队策略"，就是针对人性和组织的常见缺陷而设计的一种"唱反调文化""唱反调机制"和"唱反调技术"。在组织中构建"红队策略"是一个相当困难的领导力工程，但缺失了这样的策略，组织必将付出沉重的代价。

华为管理顾问田涛在《打胜仗：常胜团队的成功密码》一书中写道："在人类的各类组织中，企业与军队在组织方面的共通性最多，企业与军队的共同点之一是必须不断打胜仗。"

对于企业家来讲，商场如战场，而军队历来是企业最好的老师。纵观华为发展的30余年，经历了大大小小的"战争"，尤其是2020年，面对美国制裁，华为承受住了巨大压力，再一次打了一场大胜仗。可以说，"打胜仗"的思维已经融入了华为的方方面面。

有位军事家曾说："最值得尊重和学习的恰恰是你的对手。尊重对手，向对手学习，才能够迎接对手的挑战，才能够超越对手。"

面对美国的制裁，任正非高呼"面对巨大的外部压力和挑战，华为宁可向前一步死，绝不退后半步生。要让打胜仗的思想成为一种信仰，没有退路就是胜利之路"。这就是华为勇者的气度、强者的自信，这才是打胜仗的保障！我们也相信华为一定会打赢这场不见硝烟的战争，并在生死存亡的关键时刻创造新奇迹。

生存法则13：

机构随着人才走

华为一直主张，人才在哪里，资源在哪里，华为就在哪里。哪里有人才，就在哪里设立研发中心，让全世界的优秀天才能在家门口参加华为的工作。

‖ 在有凤的地方筑巢，而不是筑巢引凤

华为强调在全球进行能力布局，把能力布在人才聚集的地方，机构随着人才走，人才在哪里，资源在哪里，华为就在哪里。找到合适的人才后，华为就在当地专门设立一个研究机构，让他们在自己的家门口工作。用任正非的话来说，就是"在有凤的地方筑巢，而不是筑巢引凤。离开了人才生长的环境，凤凰就变成了鸡，而不再是凤凰"。

因此，华为从2011年开始将研究和开发分开，前者面向不确定性，以技术为导向；后者面向确定性需求，以商业成功为导向。华为在国际化的过程中，在战略资源聚集地区建立战略能力中心，更多的就是建立研究机构。

任正非指出，"华为前20年是走向国际化，是以中国为中心走向世界，华为后20年是全球化，以全球优秀人才建立覆盖全球的能力中心，来辐射全球"。

华为基于全球化视角，为了有效利用全球资源，经过20多年的筹划布局，目前在美国、法国、英国、日本、俄罗斯、印度、德国、印尼等拥有人才优势的国家设立了16个全球研发中心、31个联合创新中心，外籍专家占比达90％。这些研究机构，就是为全球科学家、顶级人才提供一个平台，成为华为迈向全球化一重要一环。

每一个国家或地区，都有自己的优势产业、优势人才。华为的策略，就是因地制宜，在全球建立智库。

‖ 设立各类研究机构，让全球人才为我所用

华为根据世界各地的资源优势，专门设立各种专业的研究机构，在意大利米兰研究微波，在法国研究美学，在日本研究材料应用，在德国研究工程制造，在美国研究软件架构和新技术创新，在印度研究软件，在德国慕尼黑研究光网络和未来网络，在瑞典斯德哥尔摩研究无线技术。华为在人才聚集的地方建立研发机构的宗旨是：汇聚全球最聪明的大脑的智慧，持续引领ICT行业。

2020年，华为在法国巴黎成立拉格朗日数学研究中心，主要从事数学与计算领域的基础研究。该中心聚集了4位全球数学最高奖菲尔兹奖得主，分别是2018年菲尔兹奖得主阿莱西奥·菲加利、1998年菲尔兹奖得主马克西姆·孔采维奇、1994年菲尔兹奖得主皮埃尔–路易·利翁斯、2002年菲尔兹奖得主洛朗·拉福格。

俄罗斯是出数学大师的地方，早在1999年，华为就在俄罗斯设立了一个数学研究所，吸引俄罗斯顶尖的数学家来参与华为的基础性研发工作。目前该所有1500名工作人员，分布在莫斯科、圣彼得堡、下诺夫哥罗德、新西伯利亚、明斯克等地，为华为在5G等领域的基础算法研究进一步打下坚实的基础。其中就有一位技术天才，打通了不同网络制式之间的算法，这让华为在这个领域一下子处于绝对领先地位。

2022年1月，又有两名俄罗斯天才少年加入了华为俄罗斯下诺夫哥罗德研究所，其中一位是22岁的天才少女（瓦莱里娅·里亚布奇科娃），任高级工程师，从事智能计算应用加速技术方面的研究，她曾获第44届国际大学生程序设计竞赛（ICPC）冠军。另一位是年仅20岁的伊里亚·赫柳斯托夫，他从事算法和机器学习领域的研究，加入华为时他已入围当年的ICPC总决赛。

瓦莱里娅·里亚布奇科娃表示，早在大学时她就想加入华为。在华为有很多聪明人，推动着科学和技术的进步。在这里，她可以将自己掌握的知识，充

分应用在工作中。

华为副董事长郭平有一次会见爱尔兰总理恩达·肯尼。恩达·肯尼问，华为为何选择在距离爱尔兰首都都柏林280公里之外的科克（Cork）建立研究所？郭平回答：因为那里有一位网络架构的大牛人，他只愿意待在家乡，华为就在其家乡为其建立了一支研究团队。

郭平口中的这位大牛就是克里纳先生，他是全球著名的商业架构师。如今，这个"一个人的研究所"也成了一支20多人的专家团队。

‖ 挖来一个牛人，铸就全球领先技术

华为的微波技术全球领先，就是因为华为从意大利挖来了一个"牛人"——隆巴迪。

隆巴迪是意大利著名的微波研究专家。10余年前，华为因为他，把华为微波研究中心设在米兰。

2004年，隆巴迪为西门子公司工作，负责将微波产品卖给华为，用于华为在柬埔寨的一个项目。不久，隆巴迪参观了华为深圳总部，去了"高大上"的F1展厅，见识了深圳的工厂，特别是看了华为的发展轨迹后，感觉到华为并不是一般意义上的科技公司。他发现，在华为负责生产制造的员工很少，负责研发的人员占了非常大的比例，由此他了解到华为更关注长远的创新和发展。

回去后，隆巴迪在西门子内部做了一个报告，他告诉同事："华为作为一家跨国公司，虽然它的规模还比较小，但在将来几年甚至数个月，我们就能看到它发展壮大。"

2008年夏天，隆巴迪成为华为的一员，并全权负责华为米兰微波研究中心的筹建。他利用一切机会和资源向业界专家介绍华为和微波发展平台，还将与他共事过的、在业界具有10年甚至20年以上成功经验的专家都拉到了华为，组建了微波专家核心团队。

目前，米兰微波研究中心拥有50多人的专家团队，取得了丰硕的研究成果，拥有引领微波行业的前沿技术，成为华为微波的全球能力中心，华为因而

占据了全球最大的微波市场份额。

隆巴迪喜欢给别人看他的华为工卡，他自豪地告诉团队成员："我的工号是900004，是华为欧洲研究院的第四个外籍员工，也是意大利米兰微波分部第一个外籍员工。直到现在，我依然觉得自己来华为是幸运的，能和非常优秀的团队一起做着业界最前沿的研究，贡献着新的思路和想法。而华为米兰微波研究中心从无到有，从有到强，研究中心就像我的孩子一样，已经成为我生命的一部分。展望未来，我看到了米兰微波研究中心的无限机会。"

南橘北枳，任正非认为，人才的产生是需要环境的，一个人的创新能力与他所处的环境关系很大。

华为之所以在米兰建立微波研究中心，是因为米兰有微波研究环境，有人才、产业环境和高校资源。米兰是全球知名的微波之乡，诸多知名公司如西门子、阿朗、爱立信都在米兰设有微波研发和销售机构。该地还有米兰理工大学等高校，人才资源丰富，微波的产学研生态系统完整。隆巴迪和他的团队在这样的环境里，与别人喝咖啡的时候就能得到各种信息。如果他们离开米兰到了中国，会怎样？中国没有微波的产业环境，他连喝咖啡都不知道与谁去喝。这正是华为主张"在有凤的地方筑巢，而不是筑巢引凤"的原因。

据最新统计，华为的员工来自全球170多个国家和地区，其中外籍员工达到4万人左右，海外员工本地化率约75%。在美、澳、欧等国家（地区）的华为当地公司中担任董事长或总裁的也大多是本国人。

正是华为对海外人才有充分的尊重和授权，才换来了人才"不把自己当外人"。也正是全球人才"为我所用"，才有了如今华为领先全球的实力。

生存法则14：

抵制资本的诱惑，坚持不上市

公司上市（IPO）是很多企业的梦想。只要具备一定的成长性和资产规模，上市是企业家和股东们孜孜以求的荣耀和财富梦想。

企业上市后，不仅可以不断地融资、扩大规模，更为诱人的是，还能让大股东与高管们一夜暴富，快速成为亿万富翁，甚至是上百亿资产的大富豪。

但是，作为华为的创始人、总裁，任正非却一直抵制资本的诱惑，坚持不上市。

2019年5月21日，任正非在媒体座谈上再度表示华为不会上市，并给出了明确的解释：

> 华为不会上市，华为不轻易允许资本进来，因为资本贪婪的本性会破坏我们理想的实现。我们只为理想而奋斗，不为金钱而奋斗。华为之所以能超越竞争对手，原因之一就是坚持不上市，不搞资本运作。

实际上，早在2014年，笔者在与任总交流时，他就明确表示，华为坚持不上市。

作为中国科技企业的标杆，华为无疑备受关注，而长期以来，华为不上市也成为很多人内心最大的疑惑。那么华为为何这么坚持不上市呢？

按照任正非的说法，华为不上市主要有以下四个方面的原因：

一是上市后不利于公司决策。以华为如此分散的股权结构，一旦上市，任何一家投资机构都可轻而易举地形成相对控制权。但当以逐利为本性的金融资本左右华为的发展格局时，华为就离垮台不远了。不上市，资本再贪婪，也不会影响到企业的发展。一旦上市，公司将面临着控股权旁落的问题。

二是科技企业是靠人才推动的，公司上市后，就会有一批人一夜之间变成千万富豪、亿万富豪，甚至是百亿富豪，他们的工作激情就会衰退，这对华为不是好事，对干部和员工本人也不见得是好事。华为会因此而增长缓慢，创新能力下降，乃至于队伍涣散，丧失战斗力。

三是上市不利于企业的长远发展。华为能走到今天，成为一家具有竞争力的国际化公司，就是因为华为始终聚焦战略，谋定图远，是以5~10年为目标来规划公司的未来，不赚快钱、不挣热钱，追求健康持续发展。上市后，投资者会追求短期利益，不希望增加研发投入，这样华为将丧失核心竞争力和发展后劲。

四是公司上市后就变成一个公众公司，外界都会把目光盯在企业身上，比如股民会非常关注公司的股价。当公司的股价低到一定程度的时候，可能门口的"野蛮人"就进来了；分析师也在时时刻刻关注公司的股价，同时还有监管部门，所有这些都会给短期的业绩造成压力。这个季度业绩不是很好，但是市场不会理解，它就会认为你经营管理不善，导致人心惶惶，不能安心工作。

作为一家企业，华为不上市，就可以坚持以客户为中心，而上市后就要以股东为中心，为追求短期利益必然损害企业的长期发展。

大多数企业都以上市为目标，甚至将上市当作终极目标，但华为追求的是做百年企业，而不是为了"圈钱"去做昙花一现的世界500强。

一般而言，公司上市后将会获得更为方便快捷的融资方式、更强的影响力，有助于迅速做大做强。对于华为而言，上市弊大于利。因此，华为坚持不上市。

任正非知道华为真正需要的不是名气，也不是资本，唯有客户才是公司持续走向成功的根本保障。

华为能存活到今天，没有堕入"流星"的行列，重要因素之一就是坚持不上市，不搞资本运作，远离资本力量的诱惑与控制。而华为的发展事实也表明，企业发展不一定非要走上市融资这条路。正是因为华为没有上市，不受资本市场的约束和绑架，可以专注于自己的目标，持续饱和投入，最终才能成为5G时代的领导者，即便是受到美国的制裁，华为还是顽强地生存了下来。

生存法则 15:

胜则举杯相庆，败则拼死相救

华为公司有句很著名的口号："胜则举杯相庆，败则拼死相救。"意思是不管谁胜了，都是我们的胜利，我们大家一起庆祝；不管谁败了，都是我们的失败，我们拼死去救。这就是华为企业文化的真正内核。

‖ 为团队而战，集体利益至上

任正非在"1996年华为科技夏令营"开幕式上讲道："这个时代是群体奋斗、群体成功的时代，这个群体奋斗要有良好的心理素质。别人干得好，我为他高兴；他干得不好，我们帮帮他，这就是群体意识。"

"胜则举杯相庆，败则拼死相救"这句话是华为团队合作的具体表现，也是群体奋斗的内核所在，要求团队合作第一，一切行动要顾全大局，每个人为团队而战，强调集体利益至上，彰显出一种无所畏惧、不怕失败、坦然应对的气度和格局，把华为团队协作的精神体现得淋漓尽致。

实际上，华为的"胜则举杯相庆，败则拼死相救"是源自曾国藩创立湘军时候的纲领——"呼吸相顾，痛痒相关，赴火同行，蹈汤同往，胜则举杯酒以让功，败则出死力以相救"。

举杯相庆是相对容易做到的，因为大多时候只需一帮人围桌而坐，斟满酒杯，欢庆胜利的果实。拼死相救就不那么容易了。从本质上来说，"拼死相救"和中国成语"亡羊补牢"有些共通的成分。"补牢"就意味着人力的抽调，而在这个过程中，利益的取舍问题直接影响到"拼死相救"的可能性。

"胜则举杯相庆，败则拼死相救"这句话代表了华为的团队精神。华为是做代理程控交换机起家的，要与其他代理公司拉开差距，只有做好服务、诚实守信这两件事情。所以，华为创造了一年365天，一天24小时，全天候的服务方式。所有员工，首先从干部，24小时全天开机，这样客户无论什么时候打电话，第一时间就能联系上华为。

而且，无论谁接到客户的需求，绝对不允许说这个事情与我无关、我不知道这类的话，而是首问负责，即使和你无关，也要负责传递到公司内部有关的人员和部门，推动问题的解决，并对客户形成闭环。唯有如此，才能使客户觉得，华为虽然小，但正是他们站到客户的角度上来考虑问题，才会对华为产生越来越多的信任和依赖。

当华为开始自己研发产品的时候，在产品稳定性和质量上与领先者相比，无疑是落后的。那么这时，服务就要顶上去，第一时间去现场解决产品问题；市场部第一时间将问题传回公司，推动研发加班加点地解决问题，提高性能；研发部门也扑到一线，现场为客户开发新性能，"打补丁"解决客户问题。

渐渐地，华为的客户需求越来越多，此时能够发出货、发对货，就成为瓶颈。于是华为就成立了发货跨部门小组，整个公司春节不休息，财务、人力资源、行政等部门人员也都扑到生产线上，加班加点，发货装车，所谓"大市场没有前后方"。正是这样"胜则举杯相庆，败则拼死相救"的理念，依靠着这样的团队协作，互为补充，才攻克了一个个山头，才初步在激烈竞争的电信市场中有了活下去的可能。

‖ 拧成一股绳，合成一股力，干成一件事

任正非说："华为是一个集体，华为要有团队精神。公司不欢迎喜欢单打独斗的人。"尤其是销售团队，外部强敌林立，自身相对弱小，更是需要团结作战，发挥集体的智慧和力量，才有可能活下来，才有可能取胜。注重集体奋斗，强调团队协作，这也是任正非所说的企业狭义的社会责任感。

在华为拓展海外市场初期，很多外国公司一直都认为华为没有自己的核心竞争力，但实际上当时华为的核心竞争力就在于它的营销战略，就在于它拥有一支狼性团队。在创业过程中，华为曾经以三流的技术打造出一流的市场和市

场回报，最后产生了一流的产品，而西方企业则借助一流的技术，慢慢做出了三流的市场，这种差距实际上就是讲究团队合作的狼群战术导致的。

很多人说华为是狼，那么这些话多半是指华为公司的营销人员，华为的营销人员数量之多、素质之高、分布之广、收入之高在中国企业史上是前所未有的。更重要的是，这些营销人员总能拧成一股绳，汇成一股劲，合成一股力，聚成一条心，干成一件事。

能够形成一股合力，华为在团队协作方面的效率往往让客户惊叹，更让竞争对手感到胆寒。

华为公司当初为了迅速抢占河南市场，决定投入比对手多数倍的人力。任正非一声令下，分布于各地的上千名销售人员立即停下手中的工作，并在一天之内赶到聚集点，在如此声势浩大的队伍面前，华为的竞争对手只好知难而退。

一般情况下，华为从签合同到实际供货只要4天的时间，而这种效率源于良好的协作能力。华为采用矩阵式管理模式，这个管理模式最大的特点就是灵活性比较高，企业内部各职能部门可以通过互助网络来实现相互配合，遥相呼应，从而在第一时间内对所要解决的问题做出回应。

在营销的时候，华为会将各个部门有效地调动起来，并且形成紧密的配合，同时还把供应链上公司以外的环节，当成公司的一个有机整体，从而让外协人员变成华为团队的一个有机组成部分。通过优秀的管理模式和出色的配合能力，华为成了一台由"狼群"组成的高效运转的"战争机器"，在市场上不断实现扩张。

除了市场营销之外，华为的客户服务水平也是国际一流的，因为任正非将华为的客户服务体系打造成一个系统工程，客户工程部从来不是唯一一个参与接待工作的部门。为了提升服务的效率和质量，华为公司内部几乎所有部门都会参与到接待工作中来，而且各部门都有自己的职责分配，一切工作都是在组织严密的流程下有条不紊地完成的，各个部门之间相互配合，共同协作，将客户接待和服务做到完美。

早在1998年，IBM公司的管理顾问在对华为进行现状（ASIS）调查时，给出一个十分惊奇的结论：相比国内外的其他公司而言，华为有一种"自愈"机制，即每当业务出现问题时，周边相邻的单位总会主动寻求最快速的解决方案，这个过程是自发完成的，不需要特派一名共同的主管进行协调。

华为取得的业绩是骄人的，在中国企业史上可谓是一个独一无二的例子。同时，华为又是一个巨大的集体，目前有20多万名员工，其中市场人员约占33%，而且素质非常高，85%以上都是名牌大学本科以上毕业生。华为需要一种精神，把这样一个巨大而高素质的团队团结起来，使企业充满活力。华为找到的就是团队精神。

华为团队精神的核心就是互助。华为非常"崇尚"狼，而狼有三种特性：其一，有良好的嗅觉；其二，反应敏捷；其三，发现猎物就集体攻击。华为认为，狼是企业学习的榜样。

现代社会把员工的团队合作问题留给了企业，企业只有解决好了才能获得生存、发展的机会。"胜则举杯相庆，败则拼死相救"是华为团队精神的体现。

在华为，对这种团队精神的训练无时无刻不在，一向低调的华为时时刻刻把内部员工的神经绷紧。从《华为的冬天》到《华为的红旗还能打多久》，无不流露出华为的忧患意识，而对未来的担忧就要求团队团结、再团结。华为认为只有这样，才能找到冬天的棉袄。

华为的管理模式是矩阵式管理模式，矩阵式管理要求企业内部的各个职能部门相互配合，通过互助网络，对任何问题都能快速做出反应，不然就会暴露出矩阵式管理的最大弱点：多头管理、职责不清。

华为销售人员在相互配合方面效率之高让客户惊叹，让对手心寒，因为华为从签合同到实际供货最多只要4天的时间。

华为接待客户的能力更是让一家国际知名的日本电子企业的老总震惊，他在参观华为后，认为华为的接待水平是世界一流的。

华为的客户关系在华为被总结为"一五一工程"——一支队伍、五个手段、一个资料库，其中五个手段是"参观公司、参观样板店、现场会、技术交流、管理和经营研究"。

对客户的服务在华为是一个系统，几乎所有部门都会参与进来，假设没有团队精神，无法想象一个完整的客户服务流程能够顺利完成。

狼性是华为营销团队的精神，这种精神是很抽象的，而且也很容易被扭曲，这就需要有一种保障机制，使得狼性可以保留，这种保障机制就是华为的企业文化。企业文化是华为之所以为华为不可缺少的东西。

华为的企业文化可以用这样的几个词语来概括：团结、奉献、学习、创新、获益与公平。华为的企业文化还有一个特点，就是做实。企业文化在华为不单单是口号，而是实际的行动。

‖ 从个人英雄主义变成组织协同作战

华为不崇尚个人英雄，任正非曾在《一江春水向东流》中提到，自己前半生一直是信奉个人英雄主义，争强好胜，所以碰到头破血流，处处都在人生的逆境中。"当我走向社会，多少年后才知道，让我碰到头破血流的，就是这种不知事的人生哲学。"

创办华为之后，任正非认为，更重要的是把自己的部下培养成"英雄"，而不是自己去当"英雄"，所以，领导者要淡化个人成就感。任正非强调淡化个人英雄主义色彩，是希望将华为逐渐发展为职业化管理的企业，组建起依靠流程和职业能力进行管理的团队。

2020年10月，任正非在内部讲话中指出，华为公司倡导集体主义下的个人英雄主义，但你先要有集体主义。创新如果完全脱离大平台，一个人孤军奋战，最后脱离平台造出一个模块，却不是公司需要的。比如说鸿蒙将来是一个大盘子，一个盘子里装了好多水饺、丸子。水饺说："我不要这个盘子，我要悬在空中。"那怎么能行？

那么，华为是怎样实现职业化管理，从依靠个人英雄变成了组织作战的企业？

任正非说，华为曾经是一个英雄创造历史的小公司，但是现在的华为已经是一个具有职业化管理水平的国际企业了。一个企业想要成长，必须要淡化英雄色彩，实现职业化管理，只有这样才能提高大公司的运作效率，降低管理内耗。

个人英雄就是对公司贡献大的能人，企业创业初期，个人英雄常常能突破瓶颈，实现企业快速发展。比如华为创建初期，对华为C&C08交换机的研发作出重大贡献的李一男等技术骨干，在华为早期发挥了巨大的作用。

但是任正非认为，一个企业想要成长，必须要淡化英雄的色彩。难道这种个人英雄不好吗？当然好了，在公司发展的初期，的确需要很多能人，能人越多企业发展越快，但是对这种个人英雄要有清醒的认识。

公司规模小的时候，某些能人起的作用很大，但是当企业有了一定规模之后，就必须逐步摆脱对某些个人的依赖，要形成组织能力，这个时候任何个人都可以被替代，能人即使离开了，对企业的伤害也非常小。

华为的组织能力在2000年左右经历过严峻的考验。当时身为副总裁、主管技术研发的李一男离开了公司，并带走了一批技术骨干。这次事件对华为的打击很大，任正非说华为因此差点分崩离析。

过度依赖个人英雄，会导致企业不稳定，比如某公司的销售主要依靠两个人，这两人的销售额占据了公司销售总额的80%，一旦这两个人离开公司，那么公司的销售立马就会出现问题。

为了抛弃了个人英雄的行为，华为完善了内部流程，进行端对端流程化的管理，让每一个职业管理者都能在一段流程上进行规范化的操作。通俗地讲，就是把工作流程分解为多个工序，每个工序的人都为自己的工序结果负责。这在组织创新上的最大特点就是借助IT手段，将每一个流程都规范化、标准化，做到过程可监控、可追溯，结果可评估。

这样一来就抛弃了个人英雄的行为。

在任正非看来，任何一个希望自己在流程中贡献最大的人，都会成为流程的阻力，这就需要完善内部流程建设。

同时要推行岗位的职业化。也就是说，要把每个岗位的任职资格清晰地描述出来，符合这个标准才能上岗，不符合自然就下岗了。这种方法可以把符合岗位要求的人清晰地界定出来，使人才的批量培养和任用成为可能。

所以，通过以上方式，就可以把人才批量地培养识别出来，然后批量地投放到不同的岗位上。这就解决了能人太少、不可替代的问题，保证了组织内部的稳定。这几年从华为离职的高管很多，有很多是副总裁级别的人员，但是你看华为停止发展了吗？没有。可以说现在的华为离开谁都不会出现较大的问题。

所以，组织能力提升之后，企业的核心竞争力就大大增强了，在产品、商业模式类似的情况之下，组织能力的作用就显得尤为重要。

强大的组织能力是企业竞争的核心，正因为如此，任正非非常重视组织能力的建设，防止个人英雄阻碍了华为组织能力的发展。

‖ 发挥团队协作精神，走群体奋斗的道路

团队的力量是强大而不可比拟的。任何组织或企业，在经营和发展的过程中，要想有高效率、高标准、高产值，离开团队组建和团队协作精神，一切都是无稽之谈。

所谓团队协作能力，是指建立在团队的基础之上，发挥团队精神、互补互助以达到团队最大工作效率的能力。对于团队的成员来说，不仅要有个人能力，更要有在不同的位置上各尽所能、与其他成员协调合作的能力。

任正非在《致新员工书》中写道："华为的企业文化是建立在国家优良传统文化基础上的企业文化，这个企业文化黏合全体员工团结合作、走群体奋斗的道路。有了这个平台，你的聪明才智方能很好发挥，并有所成就。没有责任心、不善于合作、不能群体奋斗的人，等于丧失了在华为进步的机会。"

华为不提倡个人英雄主义，主张团队作战。当然，华为也不是神话一样的企业，尽管过去提出了这般优秀的理念，但在执行过程中也难免出现偏差。郭平在《亡羊之后》一文中就深刻批评了舍弃"拼死相救"的现象："如今我们通过IPD（集成产品开发）及ISC（集成供应链）等技术，通过流程化，能力不断地提升了，但是不是那种精神已经淡化了、丢失了？马来西亚电信的案例，在EMT（执行管理团队）会议上大家学习讨论了，一个客户反映问题，找了七八位公司主管，每个人都觉得自己没责任，每个人都敷衍了事，任凭客户着

急。'首问负责制'不见了，每个人只想自己，觉得自己没责任，将客户的感受抛到爪哇国去了，我们呈现了一幕完整的推诿扯皮不负责任的场景。'相信华为能做好'，还能成为客户的认识吗？我们一群主管又多像看着火烧房子仍在不断地推脱谁该负责任的看客！"

对此，任正非强调："华为是一艘船，所有的员工都是乘客，而不是观众！当意想不到的事故发生，我们应该众志成城，救火灭灾，而不是厘清责任，争辩解释。只有这样，我们才能成为一个负责任的集体，才能赢得客户的信任。"

这样的行为，可以帮助一个小公司成长为一个大型公司，但是当华为走向全球化时，如何使十几万人像几十个人、几百个人那样团结一心？如何使全球一百多个不同区域，不同文化的团队通力合作？

要知道，华为员工都受过良好的教育，都是聪明人，如何让一群聪明人围绕既定目标，相互信任，相互支持，通力协作，而不是相互猜忌，相互计较，相互拉扯，相互拆台？这需要任正非具有卓越的领导能力。

任正非指出："要实现团队的协同奋斗，要从考核激励上将以客户为中心的'胜则举杯相庆，败则拼死相救'的光荣传统制度化地巩固下来，从激励机制上保证后方支持队伍与前方作战队伍、主攻队伍、协同作战的战友一起分享胜利果实。"

为了找到更加科学的方法，华为向IBM公司学习管理，花巨额资金引入端到端流程建设，就是用流程把这种个人自发的觉悟，变成流程化、制度化的有生命的管理；使组织无论长多大，员工无论变成多少，都可以像一个人那样准确、及时、简单地去实现客户的价值。

在员工培训时，华为公司会设置一些团队合作项目，一旦某个员工不能达标，就会让整个团队受到惩罚，将个人绩效和团队绩效进行捆绑，以此来锻炼和培养员工的团队意识。这种考核与监管体系在后来更是体现出明显的团队倾向性，比如华为公司日常的KPI（关键绩效指标）往往是考核整个部门的业绩，只要指标不合格，那么整个部门都会受到惩罚，这样就可以促使部门内部形成荣辱与共、唇亡齿寒、共同奋斗的团队观念。

而在干部选拔中，那些具有团队意识的员工往往是公司优先进行选拔的对象，比如任正非在"三优先"原则的第一条中就提到了这一点："优先从优秀团队中选拔干部，出成绩的团队，要出干部，连续不能实现管理目标的主管要免职，主管被免职的部门的副职不能提为正职。"这个制度实际上将员工个人的晋升与团队表现结合起来，从而督促员工要注重团队合作，要懂得将个人表现和团队表现完美融合在一起。

所以，华为干部考核分为组织绩效和个人绩效两部分，倘若组织绩效不好，个人绩效再好，也会影响最终的考核结果。而组织绩效要好，必须加强与其他部门通力协调，实现客户价值；如果没有帮助客户成功，所有的部门都逃不了干系，都要承担责任，所谓"有功同享，有过则同罚"。

而如果出现问题，自我批判、自我检讨的，就会赢得主动；推诿扯皮、想蒙混过关的，部门和个人都会被边缘化。

曾经有一次，华为的设备出现问题，给客户造成重大损失，任正非要求相关研发部门的领导写检查。第一次写出来的检查强调客户要求时间短，友商不配合……任正非无情地退了回去，认为没有认清问题的实质，要求重写！如此反复，重新写了十多次，最后从思想认识上的惰怠、从小富即安的心态上切入才通过。

华为为何只设立业务部，坚决不搞事业部，就是因为设立事业部，容易造成以自己小部门、小团体的利益为重，关起门来过自己的小日子。华为要求各个业务部门要头顶一方天，有"共同的价值观"，脚踏一块地，基于"大平台运作"。

任正非认为："华为的企业文化是建立在中国优良传统文化基础上的企业文化。全体员工要团结合作，共同奋斗。"因此公司内部不允许个人主义、英雄主义行为的发生，"胜则举杯相庆，败则拼死相救"的团队精神，就是在互帮互助、团结协作的传统文化基础上产生的，同时也是通过管理模式和管理制度的设定来保障的。

也正因为如此，华为公司为团队合作精神打下了坚实的基础，也为华为的内部协作注入了文化基因。企业要发展，就要通过变革的方式，将"胜则举杯相庆，败则拼死相救"的精神渗透到公司的日常管理制度和流程中去，并通过有效的激励，使之不断发挥出影响力。

生存法则16：

坚定不移地拥抱全球化

任正非说："为了活下去，我们必须走出国门，主动进攻，在市场搏击中学习，熟悉市场，赢得市场。我们决不后退、低头，不能被那些实力雄厚的公司打倒。"可以说，如果没有全球化，就没有今天的华为。

华为从1996年开始正式实施全球化战略，至今业务遍及170多个国家和地区，服务全球30多亿人口，可以说华为的全球化之路，就是华为的成长之路。

为什么华为能成为全球通信行业的领导者？本质上是因为华为始终坚持全球化，并在全球化的过程中，与世界级的竞争对手交手，适应不同地区的差异化需求，逐渐形成自己独特的竞争力。

‖ 只有走出去，才能活下去

1994年，华为成立不到7年，任正非就说出了令人震撼的话："十年之后，世界通信市场三分天下，华为必有其一！"当时，华为还十分弱小，很多人认为这只是任正非的豪言壮语，并没有领悟到其中蕴含的深层意思。

通信行业是一个从分散快速走向集中的行业，华为要想在这个行业中生存，只有两种结果：一是进入行业前三名；二是被市场淘汰出局。任正非之所以说这句话，一方面是因为他准确地认识到通信市场的本质及其发展趋势；另一方面是因为他有强烈的危机感和远大的抱负，必须带领华为成为行业内数一数二的企业，否则华为就活不下去。后来，整个通信市场的发展结果完全验证了任正非的前瞻判断。

20世纪90年代中期，跨国通信设备巨头在国际市场需求下滑的情况下，转战方兴未艾的中国市场，以期攫取更多的利润。随后几年，跨国公司以更残酷的价格战与华为等本土企业争夺市场，国内市场竞争异常激烈。如果华为不能快速建立起国际化的队伍，那么国内市场一旦饱和，华为面临的结局只有死路一条。

因此，华为决定：走出去，活下去！用任正非的话来说："全球化是华为活下去的唯一出路。"

由此可见，华为进入全球市场不是短期的投机行为，而是基于公司"活下去"的基本目标。在华为，"活下去"与"走出去"是紧密联系的，要活下去，就必须走出去，也只有走出去，才能活下去。可以说，华为的全球化是以生存为底线的全球化，是以活下去为目标的国际化，因而在国际化道路上，华为走得非常执着和坚定。事实证明，国际市场也并不是坚不可摧，有投入，就会有回报，在国际市场，"农场法则"更通行。

‖ "先易后难"的全球化战略

华为全球化采取的是务实的"先易后难"的战略，是"农村包围城市"的"海外"翻版。华为的国内市场也是通过先做小县城再做大都市的"农村包围城市"的战略创建起来的。华为"先易后难"的发展道路具有两层含义：在国内，华为通过先做小县城再做大都市的"农村包围城市"的发展道路，创建了企业的国内市场；在国外，华为避免与欧美跨国公司争夺欧美市场，迂回侧翼地把非洲和亚洲的一些第三世界国家作为企业国际化的起点。

1996年，华为成立海外市场部，抓住中俄达成的战略协作伙伴这一国际关系变化中隐藏的商机，开始进入非洲、中东、亚太、独联体以及拉美等第三世界国家。

2000年12月27日，华为在深圳五洲宾馆为即将出征海外的将士举行送行大会，"雄赳赳、气昂昂，跨过太平洋"的会议主题，展现出华为员工勇往直前的乐观主义精神；会场上"青山处处埋忠骨，何须马革裹尸还"的大幅标语，又充满了一种"风萧萧兮易水寒，壮士一去兮不复还"的悲壮。华为员工为了生存，义无反顾地踏入了前路茫茫的世界各地。

2000年，华为海外市场销售收入首次突破1亿美元；2004年，华为实现销售收入462亿元。

在经过长达10年的发展中国家市场的磨砺和考验后，华为在产品、技术、团队、服务等方面已日趋成熟，并陆续登陆欧洲、日本、美国市场。"农村包围城市"的"先易后难"的战略取得了阶段性的胜利。2008年，华为营收1252亿元，其中海外市场超过75%。

2013年，华为在全球通信市场的份额已经达到20%～30%。在此期间，华为的海外多业务协同作战，终端业务异军突起，品牌价值不断提升，终于迎来了海外市场的全面突破，客户遍布170多个国家和地区，海外市场成为华为的主战场。2013年，华为超越爱立信，坐上全球通信设备行业头把交椅。

到2018年，华为全球销售收入7212亿元（约合1070亿美元），同比增长了19.5%，净利润593亿元，同比增长25.1%。值得注意的是，华为终端业务营收3489亿元，同比增长45.1%，占总营收的48.4%，首次取代运营商业务，成为第一大营收来源。

2019年对华为来说是不平凡的一年，在极为严苛的外部挑战下，实现全球销售收入8588亿元，同比增长19.1%，净利润627亿元，经营活动现金流914亿元，同比增长22.4%。2019年华为投入研发费用达1317亿元，占全年销售收入的15.3%。2019年度，华为获得的专利授权申请数量，在全球所有企业中排名第一。

在华为2019年财报中，最大的亮点仍然是华为终端业务保持稳健增长，其智能手机发货量超过2.4亿台，终端实现销售收入4673亿元，同比增长34%。同年，华为手机销售量和市场占有率超过苹果，居世界第二位，仅次于三星。

‖ 以实力和服务赢得市场

在进入全球市场的方式上，华为以灵活应对为原则，采用多样化组合策略进军全球市场。

全球化初期，华为在选定的国家中建立分支机构拓展市场，国内的销售人员则采用直接访谈方式，邀请有合作意向的电信运营商到华为总部考察，同时通过赠送产品，使客户能够深入了解华为及其产品，并抽调业务骨干与国外客户接触以便真正了解市场、积累经验。这种方式成为华为进入国际市场的起点。

在发达国家，华为更多地采用了合作与结盟的方式进入市场。一方面，外国企业可以利用华为在国内市场的销售渠道拓展中国市场，同时也能获得成本方面的竞争优势。另一方面，华为可以利用外国企业的知名度、行业领先地位及渠道销售网络，以较低成本快速进入国际市场。顺利进入国际市场后，华为还通过海外投资、并购设立海外研发中心，充分利用海外的人力资源进行技术创新，取得了众多居于国际先进水平的自主知识产权。

信息产业的竞争异常白热化，华为在面对不同竞争对手时，采取针对性、差异化策略。华为在竞争对手的强势领域以成本优势为主，用低价格来冲击竞争对手。而在新兴领域，则利用积累的技术优势，同时在服务与快速响应客户方面采用了差异化的策略。华为认为，只有比竞争对手响应更快，在定制开发、用户服务、安装调试等方面更细致，才能争得市场机会。

在激烈的竞争中，华为认识到，满足客户和货物来源两方面至关重要。通过满足客户不同需求，提高客户满意度；根据客户群的要求，提供多样化的特色服务，提出个性化的解决方案，开发优质产品和完善售后服务。同时，为保证货源的低成本和高增值，不断提高研发能力，保证持续推出新产品。

华为经过近20年的探索、布局，在全球化竞争战略上，实现了从"以利润换市场"到"以实力和服务赢市场"的转变。为了实现"以实力和服务赢市场"的战略，华为还对组织机构进行了重大而有针对性的调整，将过去集权化的组织机构调整为以产品布局、缩小利润单元为核心，以便提供决策反应速度，适应快速变化的市场，进而提高"以小搏大"的差异化竞争优势，逐步成为世界级的电信设备商。

‖ 全球化的视野与格局

在华为，任正非不喜欢用"国际化"这个词，更喜欢用"全球化"。因为国际化始终是站在中国向外窥视。任正非认为，"华为要有全球化视野与格局，在这样的时代，一个企业需要有全球性的战略眼光才能发愤图强；一个民族需要汲取全球性的精髓才能繁荣昌盛；一个公司需要建立全球性的商业生态系统才能生生不息，走向全球化以后才能有效地提高资源利用率。苹果、IBM、微软、谷歌等著名企业，都是通过全球化运营，使企业利益最大化和全球资源利用最大化"。

华为的销售组织设计也体现了这一点。华为把全球的销售区域划分为16个片区，华为中国区只是16个片区之一，并不是另外15个片区的总部，真正的总部是16个片区负责人组合而成的一个特别机构：片区联席会议（简称片联）。

基于全球化视角，为了有效利用全球资源，经过20多年的筹划布局，华为在全球形成了多个研发中心，如俄罗斯算法研发中心、印度软件研发中心、日本工业工程研发中心、瑞典无线系统研发中心、英国5G创新中心、美国新技术创新中心、韩国终端工业设计中心等。华为在全球各地建立研发中心的宗旨是：汇聚全球最聪明的大脑的智慧，持续引领ICT行业。

同时，华为在波兰设立了网络运营中心，在匈牙利建立物流中心，在巴西建立制造基地等。华为建立以上运营中心的目的是，利用当地的成熟优质资源，打造面向全球的供应链体系和运营体系。

‖ 坚持全球化不动摇

在20世纪90年代中期，任正非在与中国人民大学的教授一起规划《华为基本法》时，就明确提出，要把华为做成一个国际化的公司。与此同时，华为的国际化行动就跌跌撞撞地开始了。

华为在进入俄罗斯市场时，正是用在苏联卫国战争期间被苏联军民广为传诵的名言，作为其战略宣言："俄罗斯大地辽阔，可我们已无退路，后面就是莫斯科！"没有攻不下的市场堡垒，只有攻不下市场堡垒的人。华为在俄罗斯市场上，历经8年奋战，从颗粒无收到满载而归，最重要的一条就在于对全球化战略的坚持和信仰。

2019年12月6日，华为发布了纪录短片《华为是谁》第三集。在4分多钟的时间里，纪录片讲述了华为在海外市场的经历与成长、拓展与创新，以及华为终端业务的品牌化路径，激荡人心。华为的创新，是中国崛起的一个代表性故事，从白手起家，到年营业收入超过千亿美元，创下了一个奇迹。

华为早期在海外市场吃过的苦，只有经历过的人才有切身体会。世纪之初，华为的无线产品在开拓欧洲市场时，写下了浓墨重彩的一页，但其背后是辛酸与泪水。

从2019年开始，美国对华为实施了制裁，华为的终端业务受到很大的影响，华为的5G通信设备也受到一些西方国家的排斥，这使华为内部一些人对全球化失去了信心。对此，任正非在《星光不问赶路人》一文中写道："我们不要因美国一时打压我们而沮丧，放弃全球化的战略。我不赞成片面地提自主创新，只有在那些非引领性、非前沿领域中，自力更生才是可能的；在前沿领域的引领性尖端技术上，是没有被人验证的领域，根本不知道努力的方向，没有全球共同的努力是不行的。我们永远不会放弃全球化理想，不管怎样制裁和封锁，我们都要坚持全球化不动摇。"

华为作为一家名副其实的全球化跨国企业，从当年为了"活下去"的无奈，到后来通过调整海外市场，坚持"以客户为中心"、人才本土化、开放与共赢，最终实现了全球化战略。

同时，另一方面，我们也要看到，在全球化竞争趋于白热化的今天，独木难支，单纯依靠某一项优势，不足以保障企业长久的竞争优势。正因如此，华为积极与利益相关方建立战略联盟，尤其重视与供应商和分包商建立长期信赖关系。这种联盟合作保证了全球价值网络的整体竞争优势。这一点值得中国制造企业借鉴。

生存法则 17：

打造完整的全球化核心价值链

华为公司是中国全球化经营最成功的本土企业，其成功的经验在于从管理、研发、人才、品牌、文化等方面入手，在全球各地布局能力中心，整合全球资源，实现了全球化的管理、全球化的研发、全球化的人才储备、全球化的营销、全球化的品牌、全球化的文化、全球化的供应链，并遵从各国法律，打造了一个完整的全球化核心链条，用全球的资源做全球的生意，形成了自己独特的竞争力。华为全球化的成功经验为中国企业走出去提供参考和借鉴。

‖ 全球化的管理：借鉴西方企业的制度和流程

全球化的瓶颈是企业的管理体系，只有让管理与国际接轨才是全球化成功的基础。

任正非认为，"管理是真正的核心竞争力"。他提出了"华为十大管理要点"，并以此作为牵引华为管理变革的纲领，在管理上与国际通用的、主流的管理规则衔接、契合。

在全球化进程中，华为主动接纳和融入由西方人所主导的全球商业秩序，在管理制度和流程方面"全面西化"。

从1997年开始，华为与IBM、Hay Group、PwC、FhG等世界一流公司合作，在集成产品开发、集成供应链、人力资源管理、财务管理、质量控制等方面进行深刻变革，建立了基于IT管理的体系。10多年来，华为用于管理变革的成本总计50多亿美元，基本建立了与西方公司接近甚至完全相同的一整套制度和流程，为全球化运营奠定了基础。

在股权分配方面，华为还聘请国际著名咨询公司Hay Group对内部持股制度加以改革和规范，演变成"虚拟受限股"制度。2016年，针对新老员工在股权分配中存在的矛盾，华为进一步推出了TUP（虚拟股权激励计划）长效激励机制，进一步对股权分配制度进行优化，促进员工的积极性。

华为的全员持股制度被认为是凝聚人才、激励团队和解决资金压力的一个极其成功的战略，这个战略的奏效取决于公司对员工的高额分红。

在考核制度方面，华为将关键绩效指标（KPI）考核体系与员工的职务、工资、奖金和股权分配直接挂钩，受到各级主管和员工的重视，获得了良好的应用效果。

世界各国电信运营商对华为的认可，实际上是对华为整体管理体系的认可与尊重，这是华为能够在全球市场立足并获得成功的根本要素。

‖ 全球化的研发：快速响应客户的需求

华为成立之初强调自主研发，每年按销售额的10%以上投入研发，逐渐取得技术的领先，为华为奠定了坚实的技术基础。

华为搞技术研发并非闭门造车，而是采取开放合作共赢的策略，面向世界一流的合作伙伴，通过战略合作，使华为能够利用有限的研发投入与研发团队，较快速地赶上世界先进水平，甚至后来居上，这与华为研发全球化的战略密不可分。

华为在开展市场全球化的同时，开始了研发的全球化。

一方面，华为通过战略合作，与西方同行或者供应商建立联合实验室（合作伙伴主要包括SUN、英特尔、微软、高通、摩托罗拉等西方巨头），使得世界最先进的研究成果能够同步应用到华为公司的产品中。

早期华为与世界知名公司在研发方面实行的战略合作主要包括引进技术、关键物料部件、技术标准和专利授权。目前，华为更多地拥有了输出技术的实力，开始在各个领域与西方巨头对各自优势专利进行双向授权。这种合作方式的转变体现了华为自主研发能力的质的飞跃，同时也为其带来了巨大的市场收益。

另一方面，华为研发的全球化体现在在全球建立研发机构。目前华为已在全球建立16个研发中心、31个联合创新中心，如俄罗斯算法研发中心、印度软件研发中心、日本工业工程研发中心、瑞典无线系统研发中心、英国5G创新中心、美国新技术创新中心、韩国终端工业设计中心等。这些研发中心的选址都集中于通信和IT技术最发达的国家和地区，例如瑞士、硅谷等，以保障华为在所处领域与世界同步。华为在全球各地建立研发中心的宗旨是：汇聚全球最聪明的大脑的智慧，持续引领ICT行业。

伴随着全球化进程的加快，华为正在向全球推广自己的新模式——聚众创新。华为把这种创新观念推广到海外合作伙伴那里，与全球范围内的合作伙伴开展密切合作，以汇聚更多的智慧。

华为技术研发全球化的模式是在国外设立销售网络，在国内设立生产基地，国外市场销售主要由企业自建的境外销售组织承担，研发平台则根据需要在国内和国外分置。这是一种融入当地市场、参与国际分工、进行全球供给的模式。

同时，华为还与全球通信行业领先公司达成一系列知识产权的交叉许可协议。得益于此，华为成为全球专利申请数量领先的企业，还积极参与并主导国际化标准的制定，保证自己的产品和国际标准同步。

目前，华为在全球170多个国家有分公司或代表处。同时，为汇聚全球各领域最顶尖的资源，华为还根据不同国家或地区的能力优势，设立了不同"主题性"的研究中心，确保招募到最优秀的人才。比如印度的优势是软件业，华为在印度的研发中心有3000人，这个研发中心把中国的软件等级成功升级。再比如俄罗斯的基础科学非常厉害，有许多数学天才，于是在产品外形、包装以外，华为也从俄罗斯找到了许多从事基础科学研究的人才搞创新，从而超越对手。

由此可见，华为当年走出国门的决定是英明且睿智的，但全球化更多的是一种前途未卜的"无奈之举"。

华为的全球化研发模式打破了国际市场上的渠道、品牌屏障，使华为产品的性价比优势及技术特征为全球用户所深切认知和体会。同时，与国外对手正面交锋、直接争抢市场，有利于企业在残酷的竞争环境中发育、锻炼和提升核心竞争能力。

‖ 全球化的人才储备：人才在哪里，华为就在哪里

在全球化发展过程中，华为一直非常注重人才的培养与交流，培养和引进了一大批国际化经营管理人才，他们了解国内外市场环境，懂得国际商业惯例，擅长处理涉外经商事务。华为还为国际化人才提供良好的工作和企业文化环境，提供良好的成长空间和机会，吸引并留住他们。

华为公司的人力资源管理模式有三大特点：一是"推出去"，即把国内人才推向国际市场，大胆地让他们"在战争中学会战争"；二是"请进来"，即根据需要，引入一些外籍技术、管理人员到国内工作；三是"本地化"，在境外聘用当地人才。通过这三点，华为真正做到了人才在哪里，资源在哪里，华为就在哪里。在国内、国际人才一体化的同时，用包容、开放、理性的态度以及符合普遍规律的管理理念，解决跨文化管理问题。

目前，华为全球共有20余万员工，其中外籍员工有4万多人。每进入一个新的市场，华为都会聘请当地的优秀人才加入高管团队，在面向当地客户、渠道经销商等部门中也会更多地雇佣当地员工。

而且近几年来，华为中外籍员工人数在不断增加。面对全球化的员工群体，华为尊重各国员工的生活方式，鼓励不同地区、不同部门根据自身特点进行灵活的交流与沟通。对少数族裔的员工，尽可能地提供满足其信仰与风俗的便利条件，确保每一位员工受到礼遇与关爱。

华为规定，跨国招聘应遵循属地化管理原则。在遵从当地法律的前提下，当地用人需求优先考虑在当地聘用。华为海外员工本地化比例正逐年上升，2012年增至73%。同时，华为海外中高层管理人员本地化比例达22%，全部管理岗位上的员工本地化比例达29%。多元化战略的实施，让华为拥有不同肤色、不同语言、不同信仰的员工，成为一个多元融合的大家庭。

华为的员工来自世界各地，拥有全球ICT行业顶尖的优秀人才，这使得华为能够实现快速增长。所以，我们可以看到，华为消费者业务在短短几年内迅速成长为华为三大业务之一，贡献了几乎一半的销售收入。

在华为，45%的员工是R&D（研究与发展）人员，这些人的总数超过8

万。华为面向世界，汇聚全球优秀人才。可以说，哪里有优秀的人才，华为就在哪里设立R&D中心。

华为对人才的重视，不断提升了华为的R&D能力，帮助华为在5G和半导体等关键领域站稳了脚跟。正因如此，华为在这场"贸易战"中没有倒下，反而越战越勇，有质量地活了下来。

‖ 全球化的营销：为客户带来极致体验

华为公司从1996年开始拓展海外市场，当年海外收入达到5000万美元，此后海外销售连年翻番。目前，华为已经在全球范围内建立了强大的市场运营体系，如波兰的网络运营中心、匈牙利的物流中心、巴西的制造基地等。华为建立以上运营中心的目的，是利用当地的成熟优质资源，打造面向全球的供应链体系和运营体系。

华为依托设立在全球的创新中心和研究机构，推进产业创新，为客户带来极致体验。

华为参与全球市场竞争的最好武器就是其高品质的产品，尤其是在欧美发达国家，运营商更看重的是产品质量和性价比。作为全球通信行业的领导者，华为的产品完全有实力参与全球竞争。华为的优势除了其产品质量好，还表现在能快速响应客户的需求。

任正非说："技术创新拒绝机会主义。"这使得华为从一开始就认识到什么是全球领先，认识到自身的差距，并点点滴滴地积累着全球竞争的经验。在争夺海外政府采购单的战斗中，决定性因素是华为和西方公司的差别，即华为的产品研发和服务始终贴近客户，与各国运营商结成利益共同体。

曾经有人问任正非，华为为什么只用20多年就能成长为全球化企业，是不是靠低价战略？任正非说，"你错了，我们是高价。华为不打价格战，只打价值战。"

对方又问，那华为凭什么打进了全球市场？任正非回答："是靠技术领先和产品领先。而这其中重要因素之一，就是数学研究在产品研发中起到的重要作用。"

任正非曾表示："什么是核心竞争力？客户选择我而没有选择你就是核心竞争力。"他看重的是技术背后"基于客户价值的公司能力"，这也许是华为全球竞争力的根本。

‖ 全球化的品牌：提高华为品牌的国际知名度

品牌是企业竞争力的综合体现，是参与经济全球化的重要资源。任正非高度重视品牌建设，把华为打造成为具有国际影响力的知名品牌是华为的全球化战略目标之一。

1987年，华为成立伊始，当时的中国电信设备市场因为自主产品和品牌的空缺，几乎被跨国公司瓜分殆尽，华为只能在这些跨国公司的夹缝中艰难求生。此时的华为只是香港一家企业的模拟交换机的代理商，没有自己的产品、技术，更谈不上品牌。但其已经开始将微薄的利润投入到产品研发当中，为以后的品牌全球化战略模式打下了坚实的基础。

笔者研究发现，华为品牌的全球化可分为三个层次：第一个层次是做到产品和市场全球化，即成功地把产品销往海外市场；第二个层次是做到资源配置全球化，即利用全球的资源做全球的生意；第三个层次是做到文化输出全球化，即在文化传播上保持民族特性的同时，形成普遍的文化包容性和文化认同，从"走出去"转变为"走进去"。

1996年，华为开始了拓展海外市场的艰苦旅程，起点就是非洲、中东以及拉美地区的一些第三世界国家，因为这些国家的电信业发展相对比较落后，对外国企业的技术准入门槛也相应较低。华为希望通过在发展中国家实现规模化突破后，再转战发达国家市场。

但是华为当时在国外没有什么名气，遇到了许多在国内没有想象到的问题，最大的问题是外国人对中国品牌不了解。

其实，当时中国品牌要获得海外合作商和消费者的认同是非常困难的。大部分外国人带着"中国只能生产廉价商品"的刻板印象，对中国能生产高科技产品闻所未闻。当年，华为参加戛纳电信展时，法国电视台的报道题目竟然是："中国居然也有3G技术？"显然充满了怀疑和不屑。

巨大的文化鸿沟造成了国度之间理解和信任的误区。这种文化之间的不理解使得电信运营商不相信中国能生产交换机。

为此，任正非要求业务部门积极参加国际专业展览，提高华为品牌的国际知名度。

为了改变当地人对中国和中国企业的刻板印象，加深他们对华为的认识，一方面，华为公司积极与当地人、当地政府进行面对面的交流，向他们详细介绍当时中国的发展水平以及华为的企业形象；另一方面，华为每年要参加20余个大型国际展览，在国际舞台上充分展示自己的品牌。在这些大型国际展览会上，华为的展台和很多国际品牌巨头的展台连在一起，而且比他们的规模更大，设计、布置更精致。同时，展会上展出的都是华为最先进的技术和产品，供海外合作商参观、了解，争取当地客户的支持，以期获得入网许可证或者选型准入资格。

这个时期，华为的国际传播策略就是靠员工锲而不舍地坚持，长期驻扎在国外，不断向当地政府和企业宣传华为的产品和服务，并辅之以参加、举办国际专业展览的方式，提高华为品牌的国际知名度。

2003年，华为参加ITU展会时，租下了一个500余平方米的展台，是那届展会面积最大的厂商展厅之一，目的就是为了从视觉观感上快速吸引海外参展商，同时展示自己的品牌、产品实力。通过这些展览，让更多参展的运营商开始关注华为的产品和技术。这就是后来为人称道的"新丝绸之路"品牌行动的核心理念。

2000年，华为开始实施"走出去，请进来"战略，先"走出去"，在40多个国家开设代表处，制定"新丝绸之路"计划；再"请进来"，通过邀请外国政府电信官员和专家到中国访问，让他们了解改革开放下新中国的面貌，领着他们从北京入境，之后看看上海、深圳等发达城市，让他们发现中国城市的现代化程度早已超出预期。

在访问过程中，通过让他们使用中国的固话、手机，以及到中国电信和中国移动的机房里参观华为生产的通信设备，使其明白中国电话的通话质量、电话普及率已经接近世界领先水平，而华为已经是中国最大的电信设备供应商。路线的最后，则是到耗资100亿创建的深圳华为公司总部——"坂田基地"，参观华为现代化厂房和科研基地，使其加深对华为品牌的了解。

通过不懈的努力和坚持，华为公司的国际形象得到明显提高。

经过6年的拼搏，华为在海外市场才真正有了起色。2001年，华为的产品已经进入非洲和亚洲的十几个国家，年销售额超过3亿美元，华为的品牌也开始在这些国家逐步叫响。

2003年，华为公司正式成立手机业务部，标志着作为华为三大核心业务之一的消费者业务正式展开。2005年，华为发布第一部3G手机。在这之前，华为的主营业务为运营商业务，较为注重产品的质量和经济价值，在传播的过程中很少利用大众媒介，公司在品牌管理、营销、公关等方面的投入比较少，普遍认为品牌是靠员工一点点打出来而不是宣传出来的。

2005年后，华为进军消费者领域，开始生产智能手机、智能手环等消费终端产品，此时一向低调、务实的华为开始走进大众的视野，走向开放。2014年，华为创始人任正非罕见地接受了国际媒体的采访，并表明会慢慢走向开放，让华为在大众心中不再神秘。

从此，华为的身影在国际舞台上随处可见。华为开始花巨资做宣传，如赞助欧洲马德里竞技、AC米兰、巴黎圣日耳曼、阿森纳、阿贾克斯、安德莱赫特、印度板球队等多个国家的著名球队；请体育明星、影视明星等拍摄各类产品广告宣传片、企业宣传片，并在电视、网络等媒体上进行投放；在国际知名媒体上的报道日益增多，让华为的品牌影响力得到提升。

2014年，华为作为第一家进入"Interbrand全球最佳品牌100强"的中国企业，位居94位（品牌价值43.13亿美元）；2020年，华为也保持在100名以内。据全球知名的市场调研机构IPSOS报告显示，华为的品牌认知度增幅位列全球第一；2022年，在国际权威品牌价值评估机构GYbrand发布的《2023年世界品牌500强》中，华为排名第五，首次进入全球品牌价值排名前十，也是中国品牌首次进入全球品牌榜单前十。

华为作为全世界第二大通信设备供应商，经过30多年的发展，业务遍布全世界170多个国家和地区，拥有广阔的国际市场。华为品牌的全球战略主要体现在供应链的全球化、管理体制的全球化、市场的全球化、研发的全球化等四个方面。通过参加国际专业展览、把意见领袖"请进来"、积极投放国际大众媒体等措施，华为显著提升了自身的国际影响力。

‖ 全球化的文化：充分尊重并融入各国的文化

文化差异是跨国企业必须面对的问题。华为在"走出去"的过程中，面对多样的异域文化，尊重认可各种不同的文化，求同存异，重视与世界各国的跨文化交流、沟通与融合，并坚持本土化策略，聘请本地员工，确立了以共同价值观为核心的文化交流机制，很好地处理了跨文化问题，避免了文化冲突，从而实现了从"走出去"到"融进去"，与世界和平相处，合作共赢。

2005年是华为全球化进程的重要里程碑，这一年华为的海外业务收入正式超过国内业务收入。在这之前，华为进入国际市场的方式是先从市场和产品开始，通过向海外市场派驻人员、设立营销办事处的方式进入，相当于派先头部队参展；之后是在海外重点区域设立研究机构，以促进产品的全球化，通过引入职业化管理来适应国际化的行为方式，但整体的做法还是粗放的。

随着全球化进程的不断深入，华为遇到了诸多的管理问题和日常运营问题，突出表现为文化融合和语言问题。例如，2005年，沙特阿拉伯办事处的员工人数已经超过300人，沙特是伊斯兰国家，所有工作人员每天都会在固定的时间放下手上的工作去参加礼拜，这就给华为在沙特办事处的日常运营带来挑战。类似的困扰同样发生在其他国家的办事处。这就要求华为在全球化过程中，既要尊重不同国家和地区的文化，尊重文化的多样性，又要向外籍员工灌输企业的价值观，通过文化融合找到两者的平衡点。

但是之前华为文化的表现形式主要是《华为基本法》，带有浓重的中国特色。为了与国际接轨，2005年，华为首先更换了企业标识，把原来的红太阳标识改为菊花标识，之后又重新界定了愿景、使命和战略。

2008年，成立"核心价值观整理工作小组"，经工作小组提议EMT审议，形成了6条价值观：成就客户、艰苦奋斗、自我批判、开放进取、至诚守信、团队合作。经过一系列调整，华为的宗旨体系更符合国际表达规范，便于海外员工和客户理解、接受。

2008年以后，华为人力资源管理的主要方向是支撑公司走上全球化进程，其中一项很重要的举措就是鼓励员工融入到当地文化中。

2009年，华为成立了道德与法律遵从委员会，其主要职能就是引导和规范华为员工从语言、习俗、宗教乃至在生活习惯等方面主动适应和融入所在国家或地区。

华为的所有对外文件，一律用英语，内部部门设置都以英语来命名，公司上下学英语成风。这对一个十几万规模的团队来说，艰难程度可想而知。除了语言的融入，还要了解当地风俗。比如，非洲的某个国家，当地人为了表示尊重，要给你敬面包，他在面包上咬一口，你也要在上面咬一口。两口之间对得越齐，说明你的礼节越重。大家心理上很难接受，但如果不能融入其中，就无法开展工作。于是就想出一个办法，当人家递上面包的时候，我们先咬一口，然后再递给他。这样既尊重了当地文化，又保证了卫生。由此可见，华为的文化改造是从里到外的。

华为还成立了语言改革小组，并将语言标准纳入到任职资格之中，还设定了工作规则去推动变革。比如2007年之后，要求所有中国员工发往海外的邮件和报告必须用英文书写，收到英文邮件时，必须用英文回复；一些特定岗位需要实行全英文化，例如供应链部门要求开例会时必须用英语。同时，尝试让国外员工接受华为特有的文化，一种方式是选拔出各国代表处的优秀员工到中国总部参加文化、实践及技能的培训，让这些员工能深刻理解和接受华为文化，回到工作地之后还能更好地影响更多外籍员工。

2021年，华为在海外各国共招聘本地员工4000多人，为当地人民创造就业机会，促进了当地经济发展。

作为一家全球化的公司，华为非常重视员工的多样性，致力于建立一个包容和机会平等的工作环境，尊重各类员工的生活方式，尽量为员工提供满足其风俗信仰和生活习惯的便利条件。例如：在华为公司园区内，设立了祈祷室，满足不同宗教信仰的员工的需求。华为还设立了健身房、图书馆、咖啡厅和哺乳室等，为员工提供高品质的设施与人性化的服务。

‖ 全球化的供应链：有力支持华为海外业务扩张

为了顺利完成对全球客户的合同履行和交付，华为提出以"简单化、标准化和IT自动化"为原则，以提高海外业务的处理效率和运作效率、满足全球客户的订单要求为任务，构建一个以响应速度快、运作成本低、质量水平高、具有竞争优势的全球化供应链体系为战略目标的全球供应链变革方案。在硬实力上，华为对全球资源进行整合，建设全球化的供应能力。

第一步，着手解决标准化问题，对IT管理系统进行改造，将公司的集成供应链功能扩展到全球。

2005年，华为启动了海外子公司ERP系统实施项目，开始在海外几十个国家的办事处实施ERP系统，以提高海外业务的处理效率和运作效率。通过总部专家组的支持，整合地区部、子公司的运作流程，贯彻落实集团会计政策。

华为开始在有条件的子公司，如在埃及、尼日利亚、沙特阿拉伯、南非、英国、巴基斯坦等国家的子公司率先实施ERP系统，支持地区部和子公司供应链运作和财务管理。

为了确保项目的成功，华为特地从公司总部的财务、采购、流程、IT等部门抽调出20多名精兵强将，采用"细胞分裂式"方法和"蜂群战术"，将国内成功实施ERP系统的经验扩散到海外。

在项目实施过程中，华为团队遇到的最大挑战就是——不同的国家有不同的税务、财务、商业政策及法规要求，客户需求差异也很大，ERP系统实施中遇到的困难比预期的要多。于是，公司将原来的海外子公司ERP系统实施项目升级为公司级变革项目，成立了重量级的跨部门团队，将项目成员扩充到200人以上。

到2007年底，华为在全球的80多家子公司（除了设在巴西和俄罗斯的子公司）已经全部实施ERP系统，基本实现了全球业务的标准化和信息化管理，实现了订单管理、财务报表、采购、付款等运作流程的IT系统化。

第二步，对全球供应网络进行规划和布局。

所谓供应网络规划，是解决从以产品为起点到以市场需求为终点的整个流通渠道中，以什么样的供应网络结构服务客户需求的问题，并根据供应网络节点所服务的客户群体、产品类别，决定供应网络节点的类型、数量与位置，以及产品在节点之间的物流方式。

供应网络规划还需要解决空间和时间问题及二者与成本之间的平衡问题。空间问题是指对各类设施如工厂、仓库、零售点的平面地理布局，要在考量设施选址、数量和规模的同时兼顾客户成本之间的平衡；时间问题是指客户花多少时间获得产品，要寻求客户服务时效与库存、物流运输等之间的平衡。

2005年以前，华为只在深圳设有一个生产基地，由一个中央仓库集中管理库存，当华为的客户遍布东南亚、非洲、中东、北美、欧洲、拉丁美洲等地区时，有限的生产能力，不健全的物流配送体系，使得华为在为全球客户提供服务时显得力不从心。

为了有效支持公司拓展全球市场，除中国区以外，华为还在墨西哥、巴西、印度和匈牙利四国建立了四个供应中心，在迪拜、荷兰等国建立了区域配送中心，既快速响应了市场需求，又降低了物流运作成本，基本完成了全球供应网络的布局。

以欧洲地区为例，匈牙利供应中心能够保证欧洲和北非大部分国家的订单需求得到满足，保证两周内及时交货。此外，除中国大陆外，华为还分别在美国、日本、德国和中国台湾地区建立了四个采购中心，以集中认证、分散采购为原则，统一管理全球范围内的元器件供应商。

在各个国家成功实施ERP系统以后，华为着手第三步——建立全球化的集成供应链。

首先，要解决海外销量预测问题。为了有效管理全球的需求和订单，华为开始深入全球市场的前端，推动高级计划和排程系统（APS）在全球范围内的执行，沿袭国内的销售和运营计划（S&OP），要求全球的销售部门、国内的生产部门和采购部门每月举行一次例会，以检视需求和供应之间的差距，并据此调整采购计划、生产计划和交付计划，保证各个部门及时获取和更新信息，并将可承诺的交货信息发布给全球的销售部门和销售人员。

其次，要解决全球化的订单管理和交付的问题。2005年，华为向海外地区部同步推行国内的合同订单集成配置器，实现前后方数据共享，提升了海外合同配置的准确率和订单处理效率。

此外，华为投入了大量精力，研究交付的逻辑和算法，研究贸易结算方法，根据每个供应中心的供货能力来平衡各地区的订单。当客户下单到供应链系统后，系统能够自动运行拆分逻辑，将订单拆分到最近、最便捷、成本最优化的地区供应中心进行备货，在确保遵从海关法规的前提下，既缩短了货期，又节省了运输成本。

为了解决全球化物流的问题，华为一方面与全球化的大型物流公司建立战略合作伙伴关系，以保证产品能及时从深圳的工厂运送到全球各地的地区供应中心，再从各个地区供应中心交付到世界的各个角落。另一方面，华为将本地物流外包给一些本地的物流公司，由它们负责从本地海关送货到客户基站或站点，这些本地的物流公司由本地办事处负责认证、考核和管理，物流成本相对较低，服务也能够得到保证。

在增强全球供应链硬实力的同时，华为也在同步强化供应链的软实力。华为开始加强本地化建设和对全球化团队能力的培养，提升全体员工的工作能力。

在全球化能力建设中，华为除了建立地区供应中心、采购中心、物流中心外，还加快海外供应链本地化建设的步伐，大量招聘和雇用本地员工，加强对本地员工的培训，将本地员工培养为业务骨干，使其了解、熟悉本部的运作，进而加强供应链一体化的沟通与协作。

全球化的供应链系统要求根据不同国家及地区特定的法律、法规和客户需求，从细节着眼，制定个性化的管理模式，持续推进精细化管理，对现有系统进行优化。

比如，不同的地区有不同的库存要求、不同的交付要求、不同的物流运输条件，华为在全球化发展过程中，应不断激励和驱动一线员工，不断创新和优化全球供应链管理系统。

到2008年，华为已打通了全球供应网络，形成了良好的全球供应链。华为的全球供应链俨然成为其核心竞争力的一部分，有效支撑了公司的高速发展。

从2005年到2007年，华为通过努力，初步实现了海外业务管理的信息化，并启动了全球供应链（GSC）管理、全球化供应网络（GSN）管理、供应商关系管理（SRM）、供应商电子协同、国家计划统计调转、流通加工能力建设、客户电子交易等项目，对全球供应环境下的业务、组织、流程和信息技术进行了设计和优化。

华为通过持续打造柔性的供应链能力，获得了快速度、高质量和低成本的竞争优势。从具体的绩效表现来看，华为全球供应链与变革之前相比取得了明显的改善：及时齐套发货率达到82%；库存周转率达到3.67次/年；客户投诉率下降到0.5%。

华为推行的全球供应链管理变革，保证了新流程和管理系统的落实，使供应能力和客户服务水平得到持续改善；华为全球供应网络的布局，全球供应链体系的构建，串联起了华为在全世界各个国家和地区的业务组织，有效支持了华为海外业务的扩张，帮助华为更好地抓住市场机遇，创造了更多的经济效益，也为华为未来的全球化高速发展奠定了良好的基础。

‖ 遵从各国法律和国际规则：降低经营风险

华为公司的市场已覆盖全球170多个国家与地区，50%以上的销售收入来自国外市场，而遵从法律是华为在全世界生存的最重要的基础。

在任正非看来，全球化是一个极其复杂的政治、法律、文化、商业生态的系统工程，只有遵从法律，遵守商业规则，才能成为一个全球化的企业。

为了遵守各国法律，华为在美国、英国等国家成立本地董事会和咨询委员会，加强与高端商界的互动。华为还建立了罗马尼亚财务中心、英国全球财务风险控制中心、新加坡财务中心以及中国香港财务中心等。华为在以上地区建立财务中心，就是在全球金融前沿阵地捕捉最新资讯，旨在防范重大财务风险。

在知识产权方面，华为一直高度重视自主知识产权的保护，也尊重他人的知识产权，并运用国际通行的知识产权规则来处理知识产权事务，以友好的态度，通过协商谈判、产品合作、合资合作等多种途径解决知识产权问题。

30多年来，华为每年都要遭遇上千件法律诉讼，足以表明全球化之路布满荆棘、风险和不可知的陷阱。华为之所以在遭遇到无数来自竞争对手、专利流氓公司的法律纠纷时能够立于不败之地，根本原因是对法律的遵从。

从2002年开始，华为在构建强大的研发体系的同时，也在构建强大的法律体系。目前，华为在全球聘请了600多个资深律师，与全球顶级的法律资源密切合作。

华为每年处理数百件知识产权诉讼，涉及专利、商标、版权、商业秘密、合同、反垄断等领域。华为公司主张通过独立公正的司法程序解决协商不成的争议，以全球化的成功实践努力贡献于司法创新和进步。

华为遵守各国法律，同时遵守联合国规定，遵守美国、欧盟法律，依法办事，守法经营。

摩托罗拉曾经因为一件很小的事情起诉华为，主张的损失是232亿美元，最终这场官司以和解而告终。

首先要守法经营，其次要知法懂法，善用法律的武器，你才能够不被打败，并进而获得胜利。华为正是清醒地意识到知识产权和法律遵从在全球化中的重要性，才走到了今天。

"华为用法律遵从的确定性，来应对国际政治的不确定性"，任正非给华为指明了正确处理国际关系的方向，实现了效益的最大化，提升了企业的整体竞争实力。

经过20多年的历练，华为打造了一个完整的全球化核心链条，完成了全球化架构。目前，华为的产品和解决方案已经进入全球170多个国家和地区的市场，全世界三分之一以上的人口在使用华为的产品和服务。

全球化是一项复杂的系统工程，对于中国企业来讲，全球化的道路并不是其产品或服务进入海外市场那么简单，全球化意味着企业的经营战略和管理体系全面与国际惯例接轨。华为在全球化道路上的尝试，对那些实施全球化战略的中国公司，有着积极的启发和借鉴意义。

生存法则18：

数字化转型，从"量变到质变"

在全球数字经济发展的浪潮下，企业的数字化转型成为适应数字经济发展的主动选择，众多企业纷纷踏上了数字化转型的道路。作为一家典型的非数字原生企业，华为通过数字化转型，提升了数字化能力，进而提升了企业的核心竞争力，帮助公司持续提升了管理和运营能力，其数字化转型成为行业竞相学习的标杆。

所谓数字化转型，即通过新一代数字技术的深入运用，构建一个全感知、全链接、全场景、全智能的数字世界，进而优化再造物理世界的业务，对传统管理模式、业务模式、商业模式进行创新和重塑，最终实现业务成功。正如任正非所言，数字化转型是一项复杂的系统工程，转型的目的是提升企业的竞争力。

那么，华为在开展数字化转型的过程中积累了哪些成功经验呢？

‖ 数字化转型是"一把手工程"

数字化转型需要重量级的变革管理团队，持续构建数字化领导力，负责批准公司重大变革项目的立项和关闭，批准变革预算，发布治理规则并对跨领域问题进行裁决，指导和批准各领域的数字化转型规划。同时，在公司统一的牵引和协调下，各业务领域需要主导自身的数字化转型，业务一把手默认是本领域转型的第一责任人。

2016年，华为正式启动数字化转型，通过自身的数字化赋能整个行业的数字化转型，把华为的数字化做成整个行业的标杆。因此，华为将数字化转型定义为整个集团最重要的战略变革，是"一把手工程"，任正非亲自参与数字化转型工作。

要做好数字化转型，决策层要有战略决心、信心和耐心。数字化转型对于华为来讲主要是对内提升运营效率，对外提升用户体验。

华为IT对外首先定义了要服务的对象，围绕五类客户（客户、消费者、合作伙伴、供应商、员工）提升用户满意度。对内，面向创造价值的主业务，通过数字化提升运营效率。

2016年10月26日，任正非在华为质量与流程IT管理部员工座谈会上指出："企业数字化转型，要有战略决心，要有顶层和业务主体的业务驱动，而不是技术部门驱动。未来五年，华为要实现数字化转型，在研发、销售、服务、供应等业务领域要率先实现ROADS体验（实时、按需服务、在线、自助、社交化连接）。"

华为在推进数字化转型的时候，面临的最大挑战是服务对象非常复杂，要如何实现对供应商、渠道合作伙伴、企业客户、消费者、员工等五类用户需求的及时响应？另外一个就是全球化，华为的业务延伸到了全球170多个国家和地区，如何支撑全球20多万员工的协同作战，是一个很大的难点。此外，华为的应用系统复杂，包含了1000多个应用，在全球有多个数据中心，如何进行整合也是一个非常大的挑战。

任正非指出："未来绝大多数企业都会是数字化企业，企业数字化转型的本质是通过数字技术在竞争中获取优势，高质量的变革规划是数字化成功的起点。数字化转型需要行业实践和数字化技术融合，因此实业企业在获取数字化能力，互联网企业在获取产业能力，这就仿佛一场竞赛。谁能够快速地完成转型，谁就可以获取极大的竞争优势。相反，谁如果在数字化转型中掉队了，无论是成本、客户体验，还是产品的竞争力，都将无法跟对手去比拼。"任总道出了企业数字化转型的重要性和紧迫性。

‖ 拥抱数字化的广阔未来

在数字化转型的新时代，变则通、通则久。全世界都在拥抱这个机遇，

170多个国家和地区制定了各自的数字化相关战略。

华为预测，到2026年全球数字化转型支出将达到3.4万亿美元，这是整个产业链的新蓝海，无论是正在进行数字化转型的企业，还是支撑数字化转型的企业，均面临巨大的市场空间和经济收益；无论是在当下，还是在长远的未来，数字化的旋律一旦奏响，便将穿透企业的边界，连点成线、聚线成面，共同创造产业互联的时代。

华为副董事长、轮值董事长孟晚舟在华为第20届全球分析师大会上指出，"数字化"是共识度最高、也是当前确定性最高的趋势。数字化已经成为越来越多的国家、企业和组织的共同话题。数字技术，将驱动生产力从"量变到质变"，并逐步成为经济发展的核心引擎，跃升数字生产力正当时。

面对这样的数字化机遇，华为将在联接、计算、存储、云等方面保持投入，为客户提供极简架构、极高质量、极低成本、极优体验的"4极"数字基础设施。

在计算产业中，未来算力将像水和电一样触手可及、随需随用。华为将围绕多场景、多样性的需求，不断提高通用计算、人工智能计算的算力。

华为云将沿着行业数字化的"云底座"和"使能器"保持投入。华为自身在数字化转型中沉淀的技术、工具和经验，将持续开放在华为云上，与此同时，全球伙伴的转型实践也将逐步承载在华为云上，支撑好企业"上云""用云"。

华为预计，到2030年全球联接总量将突破2000亿。与此同时，企业网络接入、家庭宽带接入、个人无线接入将迎来万兆联接的时代，通用算力将增长10倍，人工智能算力将增长500倍。

为了抓住数字化发展机遇，华为在基础软件领域持续创新，先后发布欧拉和鸿蒙操作系统、毕昇编译器、高斯数据库、昇思AI框架等，并将鸿蒙贡献给开放原子开源基金会，通过软件开源发展产业生态。

在华为看来，数字化转型，是全行业的共同机遇。独木不成林，滴水难成海。华为将与客户、伙伴一道，共同推进数字化转型，共赢数字化的未来。

‖ 战略驱动是根本，数据智能是方向

华为数字化转型的目标是构建面向未来的高质量竞争力，是让华为在数字化时代保持世界领先地位。

任正非指出："对数字化转型而言，战略驱动是根本，数据治理是基础，数据智能是方向。华为数字化转型要对准企业价值创造的主航道，构建达成业务战略所需要的关键能力。各领域在公司统一的蓝图下，以'一体四面'思路，结合领域自身的诉求，对顶层架构进行细化，从架构上思考本领域从哪些方面入手开展数字化转型，识别突破口，并在此指引下，坚定不移地通过一系列变革项目推进转型工作落地。"任正非给华为数字化转型指明了方向。

1. 战略驱动是根本

数字化本质上是战略选择和战略规划成功的数字化转型，是由战略驱动，而非技术驱动。

数字化转型的关键，并不仅仅在于数字化，更在于变革意识。数字化转型，要对准战略方向，支撑战略达成，实现既定的商业目标，这是数字化转型的起点。在数字化转型的过程中，引入新技术、新装备是必不可少的，但这只是实现手段。

2. 数据治理是基础

只有通过对数据的科学治理，使数据在企业内部流动，才具有意义。不同维度的数据汇聚在一起，才能创造新的价值。

首先，数据有源且同频。华为煤矿军团与国家能源集团联合开发出了面向矿山设备的新一代工业物联网操作系统，让所有设备都讲"普通话"。截至2022年底，矿鸿操作系统已经部署超过10个煤矿，实现了3300多套设备的数字化管理和运营。

其次，数据集成与匹配。华为通过业务对象、规则、过程的数字化，让作业转换为数据。以华为付款核算业务为例，通过数字化变革，IT系统在单据环节，能够自动集成与全检识别，多维数据能够实现分钟级的自动匹配，极大地提高了付款作业的效率。

3. 数据智能是方向

数据正在成为生产力。在华为近10年的数字化转型过程中，作业数字化、数字平台化、平台智能化、智能实战化，正在实现"小问题"自动决策、自动执行，"大问题"推送分析、辅助决策。作业数字化、数字平台化，使得数据清洁、透明、聚合，这是转型的基础；平台智能化、智能实战化，使得数据随需、易懂、有用，是数字转型的深化。

在近10年的持续变革中，华为的研发、制造、销售、交付、财经等领域都通过数字化转型得到了极大提升。

‖ 重构业务，提升客户体验

提升客户体验和运营效率，成为越来越多企业的选择。企业开展数字化转型，需识别企业与客户交互过程中的关键触点，用数字化手段做深客户界面的链接，提升客户体验，进而提升客户满意度。

同时，企业要从客户或用户体验出发，识别企业内部业务运作的高能耗点，对业务作业流程进行数字化改造或重塑，构建出更简单、更高效的工作方式，使业务周期更短、效率更高，从而实现对客户的快速响应、敏捷交付和贴心服务。

为此，华为把数字化转型的系统工程拆成一个个具体的举措和任务，并明确由不同的责任部门来完成，并制定了四个主要转型举措：提升客户体验、提高作业效率、重构运营模式、打造数字平台和"数字化华为"。

同时，华为还确立了数字化转型的三个价值目标：

1. 提升客户体验：关注客户满意度和营收增长

过去华为强调产品的质量、性能，但现在很强调体验。客户体验对一个企业的竞争力至关重要。仅仅是交易的体验，就让淘宝、京东这些电商成为千亿级规模的公司。

例如，过去华为是一个以产品为中心的公司，他们把产品卖给客户，由客户来运营整个网络。3G卖给客户了，华为就去开发下一代，去研究4G、5G。

所以华为员工经常开玩笑说，他们就是个卖"盒子"的公司。

数字化转型之后，华为可以做什么呢？更理解客户，不断丰富与客户的联结，帮助客户进行再一次的价值创造。运营商买了华为的设备建基站和网络，是为了给最终用户去用的，他必然要考虑投资回报。那么就面临一个问题：在这个地方建基站以后，到底能不能挣钱？过去没有数据来支撑，只能靠猜，经常建好了以后发现利用率很低。现在通过网络数据、客户群信息、各种流量预测的模型，华为基本上可以判断，在某地建一个基站，未来三年的投资回报如何。这对客户的决策和网络建设会起到非常好的指引作用。

2. 提升效率：关注海量、高成本的作业环节

2020年，华为的营收达到1300多亿美元，创下历史最高纪录。目前，华为有10万研发人员做产品设计与开发，公司在全球每年要交付几十万个站点，还要采购数千亿元的物料，并对这些物料进行生产、加工和运输，全是海量的规模和成本。如果能够通过数字化技术，来提升海量、高成本的环节的效率，能带来什么价值呢？

华为通过数字化实现了远程勘察、AI质量检查、自动生成文档，在过去几年降低了几个点的交付成本率，这是什么概念？华为运营商业务收入一年大概是400多亿美金，一个点的交付成本就是4亿美金。而这十几亿美金的节约，是纯利。如果华为想通过新产品得到这样规模的纯利，至少需要做出一个百亿美金规模的新赛道。

所以华为认为，对于一个公司而言，效率当然是数字化转型的目标之一，因为它也是一项关键的竞争优势。但只有找到业务中海量、高成本的作业环节，通过数字化来改造它、提升它，才能取得预期的规模收益。

作为大型非数字化原生企业的典型，华为的业务复杂且链条众多，每年最重要的变革就是各种端对端流程的拉通，但是华为的流程活动有5万多个，业务控制点有1万多个，传统的数字化转型不仅难以及时响应且成本很高。为此，从2018年起，华为加大了人工智能技术的引进力度，在质量与流程IT管理部下设了人工智能使能部，针对华为业务重复、海量、复杂的场景，利用AI技术进一步提升公司内部的运作效率。

3. 模式创新：开放、创新、生态

在数字化转型的过程中，关键是培育出一个数字化的平台，打造出一个数字化的产品，为企业找到一条新的赛道。

华为的模式创新，主要是商业模式的创新和运营模式的创新。前者帮助企业形成数字产品与服务，找到新的增长赛道；后者帮助企业提升认知水平、构建生态，让企业更敏捷、更准确地应对未来的变化。

任正非指出，数字化时代，华为希望应用是"服务化"的，平台是"云化"的，更重要的是，企业应该有统一的数据底座来承载所有的数据，并将数据变成企业的"战略资产"。

以前，华为从基层的项目组到公司集团大概要经过七层汇报，才能到达最高决策机构。再加上每个部门使用的系统又不同，层层汇报所需要的数据，经常要动用很多人力在各个系统里去查询和汇总。数字化可以让不同层级、不同部门的主管在同一时间看到同样的数据，这样原来的层层汇报、加工传递就不需要了，组织可以扁平化，从指挥到作战之间只有一跳，实现对问题的实时感知和"察打一体"。

据华为质量与流程IT管理部总裁陶景文介绍，相对于亚马逊和阿里巴巴等原生互联网企业的数字化转型、微软等传统软件企业的数字化转型，华为走出了一条独特的硬件产品公司数字化转型之路（华为也有软件业务，但硬件是其主体业务）。华为内部IT从最初的信息化到后来的数字化，再从数字化平台到基于平台的服务化，再到以客户体验为中心的业务与IT合一，甚至IT使能业务这种接近数字化原生企业模式（Digital First）。华为将在2021年实现"高速路"上的重生，即所谓"开着飞机换引擎""高速路行驶中换车轮"。

2021年底，华为质量与流程IT管理部有3000多人，支撑了华为全球20多万员工、18万合作伙伴、170多个国家和地区的高效运营。

华为通过重构运营模式，推动人工智能来实现决策、分析和行动的高效，从事后系统、报告系统走向一个真正的全实时反馈的运营系统。总而言之，企业需要通过重构业务实现客户交易更简单、内部作业更高效、运营管理更敏捷。

‖ 重心向下，解决问题

在任正非看来，数字化转型最难的不是开发一套IT系统或装备，而是改变人的观念、意识和行为，提升员工参与变革的意愿和能力。

一方面，华为通过"训战结合"，大力培养具备数字化技能的专业人才，并帮助企业员工掌握使用数字化装备的技能，帮他们打开新的职业发展通道，让他们在数字化带来的组织变化中也可以有更多的选择机会。

另一方面，华为通过变革管理，读懂人心，帮助员工在思想、意识上进行转变，让员工积极拥抱数字化转型并投入其中，从而跟上公司发展的步伐。要想让组织充满活力，就要有一批有激情的团队和个人在战略牵引下持续推进转型工作。数字化转型的有效推进，"改变人"是关键。

任正非指出，数字化转型一定要从高处着眼，目标要远大，要系统性地描绘出数字化转型的蓝图，形成变革全局视图，确保企业上下一盘棋。

但在具体开展时，企业一定要从解决自身的现实问题入手，识别业务运作的高能耗点、管理低效点以及客户体验缺失环节，找准转型突破口进行重点推进而非面面俱到，赢得信心，从而让更多人愿意参与进来，并带动其他转型工作有序开展。

数字化转型既要"开阔视野"，也要"重心向下"，瞄准业务问题的解决，做好并做到极致。

‖ 从源头抓数据质量，做好数据治理

数据成为重要的生产要素，清洁的数据是数字化转型的基础。数据找不到、看不懂、不准确、不及时，是企业数字化转型的重大阻碍。企业需要从源头抓数据质量，做好数据治理。数据治理，就是用统一的数据管理规则，让企业的数据清洁、完整、一致。

华为在数字化转型过程中，主要构建对数据的感知和获取能力，不能把数字化简单地构筑在人工录入上，不应增加业务人员的录入负担，而应该采用现

代化手段来采集和获取数据，在保证数据质量的同时，增加数据的及时性和有效性。

在此基础上，还要着手进行数据处理、数据控制和数据消费，用全新的思路构建数据的智能和服务能力，满足公司业务对数据的需求。

企业数字化转型没有最先进的技术，只有最合适的技术。云计算、AI、大数据、5G等先进的数字技术是企业加速转型的重要支撑，企业应将数字技术视为数字化转型的核心驱动力之一。

企业的IT团队应主动引入成熟的技术，并适度超前地部署或孵化企业层面的数字平台。

业务数字化团队在使用数字技术时，则需要回归业务的本质，思考转型要达到什么目的、关键业务用户是谁、用户的核心场景是什么、解决什么业务问题等。技术应主动为业务提供服务，只有这样，才能将数字技术与业务进行充分融合，将合适的技术用在适合它的业务场景中。

华为企业架构委员会主任、变革项目办公室主任熊康介绍说：巴塞罗那世界移动通信展览会是全球通信行业内最具权威的展览会，华为每年都是最大的参展商，会把部分展厅包下来，投入非常巨大。2020年疫情时，巴塞罗那展会方直到开幕前五天，才通知所有的参展商说今年取消了。那时华为很多准备工作都做了，客户也约了，怎么办？当时任总提出来，华为要在10天之内做一个线上移动通信展。

华为组织人员花了不到10天时间，把现场布置到参展的所有产品和解决方案，全部通过AR+视频+人工讲解方式搬到了线上，让客户看展览。华为的云上展厅，为客户打造随时随地、身临其境的方案体验。

日本的一个客户参观完展厅后，找到华为高管，希望华为把数字化展厅卖给他们，来拓展他们自己的业务。所谓"买椟还珠"，他觉得这个"椟"还挺好的，想买。

这个线上展会在别人看来是不可完成的任务，而华为为什么能做成呢？就是因为之前华为的产品数字化已经把产品的外形、特性等都做了数字化，华为的营销数字化早已把展会的流程、展台做了数字化，有了这些数字化模型，华为很快就可以拼出一个"巴塞罗那展"。

云上展厅只是客户数字化体验的一部分。华为曾做过统计，疫情期间公司的客户拜访、交流数量不降反升，高层会议从以前线下每月30场，增长到疫情期间线上每月100多场，因为以前领导们飞来飞去的时间都省下来了，反而能见更多客户。

华为采用对象数字化、过程数字化、规则数字化思路，通过把现实世界中的对象进行数字化，将业务流程、业务规则纳入了数字化轨道。除了传统系统中产生的Record数据之外，华为还利用各个触点感知海量的Signal数据，再通过算法和人工智能形成认知，以及时、高效地支撑运营、决策。

‖ 把数字安全放在首位

华为在数字化转型过程中把数字安全放在首位。华为对安全的要求是"核心信息资产不外泄、系统安全稳定运行"。如果一个企业没有很好地解决安全问题，其数字化转型工作宁可慢一点。

完善的网络安全和数据资产保护，是开展数字化转型的前提。华为企业架构与变革管理部成立于2017年，由原变革项目管理办和企业架构与流程管理部合并而来，是变革指导委员会（华为变革最高决策机构）的支撑和执行组织，也负责华为集团的变革项目、企业架构、流程和数据治理等工作。

华为公司数字化转型的经验是在数字化转型启动之初，企业架构与变革管理部与各业务组织共同输出数字化转型的愿景及蓝图，明确举措、边界和责任，在变革指导委员会上达成广泛的共识，形成决策。在转型的开展阶段，通过管理投资、架构、战略资源和关键项目，保障各领域和变革项目组按照目标和蓝图有序推进。

华为公司进行数字化转型以来，取得了丰硕的成果。比如实现"销售收入翻番，但人员未显著增长"；ICT产业的存货周转天数下降60%；企业业务PO订单从接收到发货的时间减少30%，海外合作伙伴全流程自主交易比例达到100%，渠道伙伴业绩激励60秒到账；消费者业务的数字化门店体系已覆盖

5000+体验店，支撑门店交易、用户经营和门店运营；全球物流业务中有80%的确定性作业实现了自动化；智能仓储实现订单快速出库，手机终端产品的出库时间缩短50%；推行智能制造，从物料上线到最后手机包装完成的整个流程只需要14个人，每28.5秒产出一部手机，生产效率是智能制造推行前的6倍；设计与制造融合，产品开发及试制周期缩短20%，可制造性问题减少30%；数据质量已达到"基本满意"；WeLink办公协同平台、ROMA连接平台、智慧园区等内部产品实现能力外溢，成为面向企业客户的产品与解决方案。

华为轮值董事长胡厚崑表示，华为将通过数字化转型实践，沉淀通用能力，提升自身效率和效益的同时，也为整个社会的数字化转型作出了贡献。

华为数字化转型实践告诉我们，企业的数字化转型面临诸多难题，但真正卡转型"脖子"的，不是技术，而是思维和方法。

生存法则 19：

坚持开放、合作、共赢

"**开**放、合作、共赢"是华为一直秉持的经营理念，也是华为的生存之道。30多年来，华为始终坚持开放合作，与全球合作伙伴携手，共创共赢，建立全面、多样化的生态体系。

‖ 开放，是一种态度，更是一种责任

2020年，有一位外国记者问了任正非一个问题："您最喜欢的谚语是什么？"

任正非回答了四个字："合作共赢。"

"合作共赢"这四个字诠释了华为在生态构建上的初心和使命。

合作的前提是开放。30多年来，华为坚持技术创新、生态开放理念，与全球合作伙伴携手共建产业生态系统，共赢数字时代新机遇。

2010年，任正非通过反思，提出华为要改变长期封闭自我的方式，要开放、合作，实现共赢，以我为主加强开发、以人为主积极合作，基于开放的云平台，和各行各业应用服务合作伙伴携手共创信息产业的未来。

任正非直言不讳地说："20多年来，华为从青纱帐里走出来，一个孤独的'农民'，走在一条弯弯曲曲的田间小路，像当年堂吉诃德一样的封闭，手拿长矛，单打独斗，跌跌撞撞地走到今天……今天，我们要改变这个现状，要开放、合作，实现共赢。"

经过10多年的摸爬滚打，任正非深刻地意识到开放的重要性。他说："一定要开放，不开放就是死路一条。对于我们公司来说，如果我们的软件不开放，就跟中国自给自足的农民一样，收益率非常低，再怎么折腾就是一亩三分

地。如果我们不掌握核心技术，开放也是埋葬自己。但是我们光拥有了核心技术，却没有开放，就不会带来附加值，肯定没有大的效益。所以我们既要拥有核心技术又要走向开放，这样核心技术的作用才能得到体现，开放周边能够使我们的核心价值再次得到升值。"

对华为而言，开放，是一种态度，更是一种责任。截至2021年底，华为的全球商业联盟伙伴数量已达38000多家，其中销售伙伴25000多家、解决方案伙伴5000多家、服务伙伴6400多家、人才联盟2000多家以及投融资伙伴100多家。

华为将自身的能力与合作伙伴的资源、行业理解相融合，与合作伙伴携手加速响应行业数字化转型及去碳化需求。2021年，全球新增500多家行业解决方案能力伙伴，发布700多个合作方案，其中包含100多个5G To B场景化解决方案，应用于企业市场领域超过10000个5G To B项目，使能智慧钢铁、智慧矿山、智慧港口、智慧水泥、智慧制造、智慧化工和油气等行业应用，为客户提升生产效率，并改善企业员工的生产环境和工作安全。

同时，华为基于ICT基础设施，使能全球软、硬件技术伙伴创新，共建数字经济生态底座；基于鲲鹏、昇腾技术平台，践行硬件开放、软件开源，推出开发和应用使能套件，缩短伙伴应用软件产品创新周期。2021年，超过1600个伙伴的3600多项方案通过华为ICT领域相关技术认证。

此外，华为一方面积极融入各类产业组织，持续将创新技术积极贡献给产业组织，并促进国际合作；另一方面，华为围绕客户商业场景，以数字化转型架构、转型路径及方法、测试床、新商业模式及案例、开源和开发者等多种手段支撑5G、AI、工业互联网、视频、泛车联网、智能计算等产业项目的合作落地，并推动多行业组织间的产业合作和开放创新，帮助客户构筑领先优势，加速商业成功。

目前，华为在全球700多个产业组织中，如标准组织、产业联盟、开源社区、学术组织等，担任超过400个重要职位。

同时，华为搭建产业组织、智库、学术界、企业等领域高端对话平台，共同探讨AI、高等级智能驾驶等关乎民生的产业热点话题，共同分析各行业数字化转型的趋势、关键议题、重点协作方向等，达成产业共识。

‖ 突破"三个局限"，构建全球产业生态

近几年来，世界各国的企业和个人都面对一个共同的问题：在充满不确定性和变数的环境下，如何高质量、稳健地生存和发展？

为了应对不确定性和充满变数的环境，华为秉持"合作共赢"的生态理念，携手各行业、各领域的产业和生态伙伴，共建和谐健康的全球产业生态，着力在三个维度进行突破：

1. **突破认知的局限**：各行各业的数字化转型中，行业知识平台等新业态、新主体正在涌现，标准发挥的作用也将发生变化，华为要突破现有的认知，主动识别和分析未来产业发展的现象和规律，以及生态体系中价值链的构成、关键节点和各方角色。

2. **突破合作的局限**：随着人工智能、5G等技术的发展，结合各产业的需求和特点，华为要跨行业、跨领域地开展合作，才能加速产业生态体系的完善、促进数字化转型在各行各业取得比较大的进展。

3. **突破信任的局限**：数据向知识与服务转化的价值闭环，催生新的价值共创和共享体系，需要构建可信、安全的数字治理原则和框架。

华为坚持开放的底气源自何处？

众所周知，华为的开放理念就是把技术、基础设施、经验作为服务开放给开发者和伙伴，而这份底气正是源于华为强大的技术优势，以及基于强大技术优势的社会责任感。

做大事的人从来都是这种思维方式，对抗是没有建设性创造的，矛盾、对抗、消耗、双输的情况其实是一种思维不成熟的体现。人生的丰盛，事业的繁茂，都可以从开放、合作、共赢这六个字上找到方法和答案。

华为不可能回避全球化，也不可能保有狭隘的民族主义心态。因此，华为从一开始创建就呈现出全开放的心态。在与西方公司的竞争中，华为学会了竞争，学会了技术与管理的进步。因为，只有破除了狭隘的民族自尊心才是国际化，只有破除了狭隘的华为自豪感才是职业化，只有破除了狭隘的品牌意识才是成熟化。

应该说，任正非从中国对外开放的渐进性中悟到了很多治理企业的思想。本质上，是要全方位开放，这是20世纪80年代以来的世界大势。但开放的主动权、节奏、方式等要掌握在自己手里，公司依据自身的发展阶段和实力等展开不同梯级、不同层面的对外和对内的开放。

‖ 合作才能发展，共赢才有未来

在这个竞争十分残酷激烈的市场经济时代和互联网时代，合作共赢更是时代的选择，很多事情的成功在于合作，合作也可凸显共赢，携手共进，共克时艰，共赢商机，提振信心，共同发展。

与竞争对手合作是华为文化的一大特点。一般来说，公司要么选择进攻，要么选择妥协；换句话说，要么竞争，要么合作。

在华为发展的前20年，华为为了生存、成为更好的服务提供商，主要采取主动出击的策略。很显然，任正非当时认为竞争可以推动公司向前发展。不过，他认为竞争的核心是尊重竞争对手。

华为采用"竞合"策略是受到英国光荣革命的启示。1688年，奥兰治亲王威廉推翻英格兰詹姆斯二世的统治，这场无血革命给任正非留下深刻的印象，让他意识到合作也可以取得胜利。任正非对历史有着浓厚的兴趣，在华为发展早期，他定期邀请东西方学者，一起探讨各国历史。

在全球化进程中，华为在英国也同样采取了竞合策略。例如，华为在英国班伯里成立网络安全认证中心，确保设备质量，并与英国信号情报机构英国政府通信总部（GCHQ）进行合作，保证网络设备和软件安全可靠。华为的这些举措旨在让英国政府和广大客户相信华为和华为的流程。

合作共赢是一种生存和发展的智慧，也是任正非灰度思想的体现。在对待竞争对手的态度上，华为率先使用"友商"一词——虽然我们会有激烈的竞争，但在为客户创造价值这件事上，大家又是真正的朋友。

思科的总裁约翰·钱伯斯曾一心想打压华为，从2003年开始精心准备，打算在美国告倒华为，两家公司纠缠了很久。但是后来，任正非却说钱伯斯是自己的朋友。商业的归商业，法律的归法律，大家按游戏规则办事。

不做被红布诱导的公牛是任正非的态度，自2019年以来，华为受到美国的多轮制裁，这在客观上帮助了诺基亚、爱立信等企业拓展了5G市场。但任正非对此表示很高兴，他说："幸亏世界上还有爱立信、诺基亚能担负起人类5G时代，我们是高兴的。排斥我们的国家也不会没有5G使用，所以就像我赞赏苹果一样，我也要赞赏爱立信、诺基亚。"

华为和诺基亚、爱立信是竞争对手，但也是携手共进的友商。爱立信总裁曾说，"假使爱立信这一盏灯塔熄灭了，华为将看不到未来"。任正非隔空回应，"我们一定要在彼岸竖立起华为的信号塔，但我们也不能让爱立信、诺基亚这样值得尊敬的伟大公司垮掉，我们乐于看到多个信号塔共存，大家一起面对不确定性的未来"。

当年欧盟对华为发起反倾销调查，诺基亚和爱立信都站出来为华为背书、作证，这说明多交朋友从来都是最明智的策略。

2016年1月，华为与爱立信宣布达成续签全球专利交叉许可协议。该协议覆盖了两家公司包括GSM、UMTS及LTE蜂窝标准在内的无线通信标准相关基本专利。根据协议，双方都许可对方在全球范围内使用自身持有的标准专利技术。作为续签协议的一部分，华为自2016年起按实际销售向爱立信公司支付专利许可费。

任正非认为，网络的价值在于开放和互联互通，未来将是一个开放、合作、共赢的全联接世界。数字经济时代的创新不可能单打独斗，企业必须与产业链、产业生态圈共同发展与繁荣。

以欧洲为例，华为在欧洲深耕了22年，与欧洲互惠共赢，看重的不只是商业利益；华为聚焦ICT基础设施和智能终端，使能欧洲，做好数字化，让各行各业享受到数字红利，发展数字经济。

实际上，华为之所以能在欧洲发展壮大，除了其坚持以服务为中心的理念外，在一定程度上也要归功于其竞合战略。当时，欧盟官员确实想针对华为产品发起反倾销调查。但爱立信和诺基亚相信华为不存在倾销行为，鼎力支持华为。

破解欧美发达国家的壁垒，华为积极寻求与国际通信巨头成立合资公司。2003年8月29日，华为与西门子达成战略协议，共同投资1亿美元组建鼎桥通信，共同拓展TD-SCDMA市场。鼎桥通信的股权结构中，西门子持股51%，华为持股49%。

在全球化市场拓展中，专利问题是绕不开的。对此，任正非的解决办法是通过合作、付费、交叉授权等方式，不仅化解了华为与竞争者的专利冲突，而且大大降低了华为拓展海外市场的风险。

任正非说："回顾我们这些年来走过的道路，我认为我们就是本着一种真诚、互利的合作态度，所以我们的合作伙伴越来越多，我们的销售额也越来越大。"他还表示，华为将面向未来，一如既往地秉持共创、共享、共赢的生态战略，与全球生态伙伴、客户开展联合创新，坦诚相待、互惠共赢。

生存法则 20：

将复杂留给自己，把简单交给客户

　　"将复杂留给自己，把简单交给客户"，这是华为的5G信条。当前，全球5G网络建设正处于快速迭代期、应用场景的快速拓展期，华为正在全面迈向5.5G时代。

‖ 在5G领域持续投入，构建领先优势

　　熟悉通信行业的人都知道，中国的移动通信产业起步晚，从1G到4G的技术标准都掌握在欧美日韩的老牌通信企业手中。从4G时代开始，中国的移动通信产业才进入了主流阵营，但4G两大技术标准TD-LTE和FDD-LTE均由欧美主导制定。

　　华为作为移动通信产业的前沿探路者，在5G领域实现了全流程发力，已构建起技术以及产业联动等多方面的壁垒和优势。

　　在2G时代，华为刚刚白手起家，那时候2G的专利基本上都掌握在国外厂商手里，华为只能在应用创新上下功夫。

　　在3G时代，虽然华为的技术实力有所增长，但仍是海外厂商占优势，此时华为把重点放在应用创新上。对于核心专利，华为则通过购买来实现。

　　在2009年3G刚刚开始商用时，华为就跳过4G，直接开始研究5G。

　　华为在2012年推出5G关键技术验证样机，2015年推出零碎测试原型机，2016年参与3GPP R15规范制定并率先完成中国IMT-2020（5G）各阶段测试，在5G信道编码领域全部使用极化码。2018年，华为投入巨资用于5G产品化并率先实现5G商用。

　　2016年11月17日，国际无线标准化机构3GPP第87次会议在美国拉斯维加

斯召开。华为主推的极化码方案，成为5G控制信道eMBB（增强移动宽带）场景编码方案。

此举不仅使得华为在5G标准领域占据了一席之地，而且打破了世界原有的移动通信标准格局，意味着中国在移动通信技术研究和标准化方面终于有了主导权。

2018年是5G元年，华为基于行业首个5G标准，发布了3GPP标准的端到端全系列5G产品解决方案，这个方案具有网络极简、架构极简、站点极简、能耗极低和运维智简的特点。同时，华为在国内17个城市建立了30多个5G实验外场，开展5G规模商用的测试验证。在5G预商用外场以及IMT-2020的三阶段测试中，华为再次创造行业纪录，在5G小区以100MHz带宽实现了14.58Gbps的单个小区峰值速率，是4G单个小区容量的100倍。同时，相比8T8R，64T64R可以提升约80%的覆盖率，相当于节省70%新增站点，实现了与4G基站同覆盖，并且涵盖了非独立组网和独立组网、室外和室内等多种场景。

2019年1月25日，华为公司发布了两个5G商用芯片，一个是全球首款5G基站核心芯片"天罡芯片"，另一个是5G多模终端芯片"巴龙5000"。

2019年，5G在全球展开大规模建设部署和商用，华为持续用全频段、全场景、全制式的产品解决方案，帮助运营商高效建设优质的5G网络，实现5G极致体验。

5G的发展速度和规模超出预期，全球5G商用规模部署节奏明显加快。在移动通信近40年的历史上，通过产业的共同努力，5G首次实现了智能终端和系统几乎同步成熟。

1G打电话，2G发短信，3G刷微博，4G看视频，5G万物互联。5G技术具有大连接、大宽带及高可靠、低时延等技术优势，比4G传输速度快百倍。

截至2019年底，全球共有21571个5G标准专利项声明，其中华为拥有3147项，世界排名第一，其后分别是三星（2795）、中兴（2561）、LG电子（2300）、诺基亚（2149）和爱立信（1494）。

5G不仅能提升网速，而且能支撑海量设备接入互联网。当5G商用铺开，物联网发展有望提升到一个新高度，特别是结合人工智能等技术，将推动社会发生变革，也将为世界经济注入活力。此前，IHS Markit预计，到2035年全球5G经济产出将达到12.3万亿美元的规模。

中国信息通信研究院预测，2020至2025年期间，中国5G发展将直接带动经济产出10.6万亿元，直接创造经济增加值3.3万亿元。

作为支撑海量物联网设备连接的5G，让一切设备互联成为可能，从智能交通到智慧城市，从智能制造到智慧工厂，从智能家居到智慧生活等，加速万物互联时代的到来。

‖ 打造极简5G网络，将复杂留给自己，把简单交给客户

华为注重基础理论和前沿科技研究，饱和投入，在芯片、天线、材料、算法等领域均积累了大量领先的技术优势。凭借这些技术优势以及天线基站的商用部署经验，华为在全球率先实现了5G大带宽多天线的规模商用，帮助客户快速高效地打造优质5G网络，助力5G低成本交付。

"将复杂留给自己，把简单交给客户"这是华为的5G信条。5G时代面临2G、3G、4G、5G多制式共存，网络复杂，运维成本高等问题，因此，需要将基础的语音、IoT（物联网）、数据业务重点迁移到LTE网络，使LTE成为基础业务承载，未来要沿着LTE+NR的目标网进行网络建设，打造极简网络。

在站点部署上，华为的Super Blade Site解决方案，打破了传统站点占地面积大、租金高、能耗高、运维复杂的建站模式，充分利用现有站点资源，提高站点的部署效率；通过全室外模块化设计，让5G时代建站变得更加简单；通过把站点简化为"零"，减少运营商对基础资源的依赖，快速5G建站的同时大幅度降低站点TCO（总拥成本）。

更为难得的是，华为的"刀片式基站"凭借创新性采用统一模块化设计，获得2018年度"国家科学技术进步奖"一等奖。基站实现所有单元刀片化、不同模块间任意拼装，使5G基站的安装像拼装积木一样简单便捷。在能耗上，华为的AAU产品每比特能效可以达到0.13瓦特/Mbps，相比4G网络，实现25倍能效提升。

2020年11月13日，华为在2020全球移动宽带论坛上，面向未来5G发展提出"1+N"5G发展目标，并发布了支撑"1+N"的5G全系列解决方案，构筑5G极简网络以及多款围绕改善5G网络的产品，包括全球首款支持64T64R Massive MIMO和Sub-3GHz全频段合一的Blade AAU Pro解决方案，基于独特的透明天线技术，实现64T64R Massive MIMO和Sub-3GHz全频段的极简部署，持续降低站点部署成本。

华为在超宽带、多天线技术方向上持续创新。华为在2023年世界移动大会上发布业界最低功耗超宽带4T4R RRU，通过真宽频功放、实时动态功率共享及独家PIMC算法，实现"三频合一"极简部署，相比业界体积重量减少30%，性能提升30%，能耗降低30%。业界最强性能FDD 8T8R通过高精度波束赋形技术，实现中频覆盖和体验双增，成为运营商构筑5G中频基础网的最佳选择。业界唯一大规模商用的FDD M-MIMO，提升容量高达5倍，已在全球70+网络规模商用。华为研发的业界首个FDD BladeAAU方案，实现全频段、单抱杆的极简部署。

华为持续围绕超宽带、多天线、绿色极简等进行解决方案创新，助力运营商实现全频段走向5G、最大化频谱价值，给消费者带来更高清、更沉浸的数字生活体验，加速千行百业数字化转型。

华为的5G技术成熟、安全、可靠，并且能耗很低，从而获得很多国家的认可，这些国家纷纷使用华为的5G设备。而这也引起了美国的忌惮，美国在5G上落后于华为，便开始对华为进行制裁。美国不仅禁止其盟友使用华为的5G设备，还切断华为的5G芯片供应。但是，美国终究没能拦住华为5G发展的步伐。

5G商用三年来，华为已获得100多个5G商用合同，5G基站发货总量超过120万个。同时，华为已经在全球部署230多张5G商用网络，5G用户数超过10亿，5G市场占有率全球第一。

任正非曾自信地说："华为的5G领先世界，不买华为设备他们傻呀！我们相信，选择华为的客户，将赢得5G时代最佳的技术与商业竞争力；选择华为的国家，将赢得下一波数字经济的发展优势。"

2023年3月17日，任正非在华为专家座谈会上谈到5G的重要性。他说："未来在AI大模型上会风起云涌，不只是微软一家。人工智能软件平台公司对人类社会的直接贡献可能不到2%，98%都是对工业社会、农业社会的促进，AI服务普及需要5G的连接。德国之所以这么力挺华为的5G，因为它要推进人工智能对德国工业的进步，德国很多工厂的生产无人化；中国的湘潭钢铁厂，从炼钢到轧钢，炉前都无人化了；天津港装卸货物也实现了无人化，代码一输入，从船上自动把集装箱搬运过来，然后用汽车运走；山西煤矿在地下采用5G+人工智能后，人员减少了60%～70%，大多数人在地面的控制室穿西装工作。这些都是已经大规模使用的例子，在这些过程中，最终对人类的贡献是很大的。"这正是华为5G不怕美国制裁的底气！

华为在5G持续引领，得益于长期对基础科学技术的研究和持续投入，厚积薄发，在一些关键技术上实现了突破。

近十年来，华为累计投入的研发费用达到9773亿元，在每年的研发经费中，约20%～30%用于研究和创新，70%用于产品开发。在极其困难的2022年，华为研发投入再创历史新高，达到1615亿元（约合186亿美元），约占全年收入的25.1%。

持续的投入也让华为成为目前全球最大的专利持有企业之一。截至2022年底，华为在全球共持有有效授权专利超过12万件，其中在移动通信、短距通信、编解码等多个主流标准专利领域居于领先地位，已经有数百家企业通过双边协议或专利池付费获得了华为的专利许可。

5G是一场长跑，必须要经历不断的演进和升级，才能够迸发出强大的生命力。

‖ 5G+AI持续创新，全面迈向5.5G时代

随着5G的高速发展，新的业务需求更加多样化、复杂化，对5G网络能力提出了更高要求。目前华为正围绕5.5G和6G的定义在做一些基础科学研究和前沿技术的研究，积极谋划5.5G和6G的战略布局。

如果说5G繁荣是智能世界的基石，那么5.5G和6G是迈向智能世界的里程碑。目前，产业界正在加速达成共识，产业标准节奏明确，频谱资源策略清晰。

2023年2月28日，华为高级副总裁、运营商BG总裁李鹏在巴塞罗那2023年世界移动通信大会（MWC）上表示，从本质上讲，5.5G仍然是5G，但其网络能力提升10倍，将撬动百倍市场机会。当前，6G还处于早期研究阶段，因此5.5G是5G网络下一步升级演进的必由之路。

事实上，近几代的移动通信网络一般代际生命周期为10年，且在第5年左右都会出现一个分水岭，2.5G、3.5G及4.5G都带来了性能显著增强、网络管理效率显著提升、能源消耗显著下降的效果，5.5G也会起到相同的作用。

华为认为，5.5G时代ICT网络基础设施包括了5.5G、5.5G Core、F5.5G和Net5.5G。目前，华为与欧洲、中东、亚太等区域的领先运营商和产业伙伴开展了5.5G、F5.5G和Net5.5G的联合创新。在新周期下，华为也将与合作伙伴开启共同迈向5.5G时代的新里程，共创新价值。

李鹏表示，从5G时代开始，中国坚定地引领全球产业发展。面向未来，中国5G必将从一步领先，到步步领先。随着5G的商用，数字产业正撬动着千行百业数字化升级，数字经济将不断催化实体经济转型。

目前，华为5.5G的标准已经明确，首个标准将于2024年上半年冻结，中国产业界也为5.5G标准贡献大量技术创新，超大规模天线阵列（Massive MIMO）技术就是典型代表。它能有效增强高频段覆盖，让6GHz、毫米波等新频谱真正具备商用能力。

伴随着标准的推进，业界包括华为也不断通过技术创新与商业验证，探索5.5G在RedCap物联、无源物联、通信感知融合等新领域的应用，不断发掘经济和产业价值。以家电制造企业为例，5.5G无源物料可以帮助物流生产全流程可视化，整体生产效率可提升高达30%。

同时，李鹏特别指出，毫米波技术在5.5G时代已突破关键瓶颈，主流芯片厂商均已发布5G毫米波商用芯片，即从关键技术到产业生态，毫米波已具备商用条件。

超大规模天线阵列技术可以应用到毫米波，实现10Gpbs的峰值下行速率，同时叠加华为创新的智能波束管理，解决了毫米波的移动性和连续覆盖问题。在车辆感知、赋能辅助驾驶方面，毫米波感知技术已实现可在500米之外分辨分米级物体的探测精度。

作为5G时代的先锋，华为与运营商积极拥抱5.5G。目前，北京、上海、深圳、杭州、长沙等多地的运营商都发布了5.5G的创新实践，涵盖了智慧人联、智慧车联网和智慧物联网等多个领域。"万兆城市"如雨后春笋，蓬勃生长。

目前，华为在加大对5.5G和6G的研发投入，多项关键技术已取得突破，其5.5G、6G将分别在2024年和2030年推向市场，推进多样性计算，为算力"铸魂立根"，共筑5.5G数字新基石，助力数智经济可持续发展。

站在万物互联新时代，华为在5G、物联网、AI和网络智能等前沿技术创新上，拥有了更多话语权，我们期待华为能够引领6G时代。

生存法则21：

构建"以客户为中心"的矩阵式组织

华为的成功实际上是管理体系的成功。华为在创立之初所采取的还是传统的直线职能型管理体系：单线领导、单线发展。但是随着公司的快速发展和规模的不断扩张，如何更高效地管控一家大公司成为一大难题。

‖ 持续变革管理，打造矩阵式组织

众所周知，管理体系首先要解决的问题是如何让公司的干部和员工心往一处想，劲往一处使。在经过多方对比和取舍之后，任正非给华为确定了矩阵式组织的概念，即企业在开展业务时，为了同一个市场目标，一个职能部门与另一个专业部门交叉运作、协同作战、互为支撑，形成一个矩阵式的组织架构。矩阵式组织通过纵横交错的"发力"模式双管齐下，让企业拥有强大的执行力。

华为矩阵式组织结构常常出现在研发、项目、产品、客户等管理体系中，它是纵向组织向横向组织过渡的阶段，兼顾了纵向金字塔组织的稳定性以及横向组织的灵活性。

矩阵式组织的价值很高，但实现转型与变革也是最难的，对管理成熟度要求高。向矩阵式组织结构转型，需要在战略、结构、流程、人才、机制和文化等方面做出一系列相应的精心设计。

当然，矩阵式组织的管理需要在公司内部编织一个错综复杂的管理网络，管理层级非常多，做起事来阻力和矛盾也增多了。针对这一情形，华为专门创设了流程型组织。所谓流程型组织，就是指在内部运作时，给一切事项制定标准化流程，始终坚持流程快、流程高效、流程可复制、流程可测量。

对于矩阵式组织和流程型组织的关系，我们可以这样形象地理解为：如果把每一名员工当作单兵，而流程型组织就像单兵队列作战的行为准则，不同的队列交织在一起，便形成了严阵以待的作战矩阵。

管理是为了建立内部秩序，而严格的内部秩序是企业成长的必要条件。

2010年，华为将原来按照业务类型划分的组织构架变为按照客户类型来划分，成立面向企业、运营商和消费者三个客户群的组织架构。2017年又成立了云业务部，以满足大数据和云的发展需求。

华为的组织结构有以下四大特点：

一是矩阵式组织结构。华为不实行事业部制，而是典型的矩阵式结构。在矩阵式结构中，每个点上都有两个上级。比如，就采购认证这个点而言，其上级既有运作交付总裁，也有解决方案总裁，一个人有两个上级。在这种情况下，同时要面对两个领导，听甲的乙不舒服，听乙的甲不高兴，所以，员工不用看领导的脸色，只能看流程。

二是扁平化管理。比如，华为的北京研究所有一万多名研发人员，但只有一位所长，没有副所长，也没有助理。上海研究所也一样，杭州和苏州两个研究所的1.5万人共享一个所长。

三是减少管理层级。华为在实行矩阵式结构之前，一共有七个层级，在实行了矩阵式结构以后，组织结构被压缩到了五层。

四是资源共享。华为公司的所有资源都在同一个平台上，没有通过事业部、区域公司而把资源切割得七零八碎，保证了所有资源只要能够共享，就在整个公司范围内进行共享。比如，华为的上海代表处就好比虹桥机场，公司的所有产品都可以在这里降落，而不是这个产品建一个中心，那个产品再建一个中心，一个客户一天要见七八个华为员工。这样就避免造成资源的浪费。

这些都是矩阵式结构的特点，这一结构有两条线：一条是直线职能制，其目的是保证指挥命令的统一与效率；另一条是产品线，其目的是保证客户导向与扩张力。

经过持续变革，现在华为已经形成了完善的矩阵式组织架构，以实现全方位的信息沟通。横向是按照职能专业化原则设立的区域组织，为业务单位提供支持、服务和监管，使各业务群BG（业务集团）在区域平台上以客户为中心开展各自的经营活动。纵向是按照业务专业化原则设立的四大业务群，并分别设置经营管理团队，确定相应的目标、考核和管理运作机制。这种纵横组合在各级组织中都是层层嵌套的，从而形成业务和能力建设的双轮驱动。

‖ 把能力建立在组织之上

组织建设是一个系统工程，建立组织能力，是要把能力建立在组织之上，从组织、流程、体系和能力四个方面助力客户成功。

华为的团队运作模式，除了在具体事务上体现民主集中制价值，还实现了管理能力建设载体由个人向组织的转变。相对于把能力建立于个人上，把能力建立于组织上具有哪些特征？

1. **分权制衡**：权力分散于组织的多个角色上，打破了一长制管理的随意性和封闭性。为HRBP（人力资源业务合作伙伴）这一非直线经理人角色介入管理提供了机制平台。各个角色基于人性动机的自发行为，能够促进权力组织的整体健康。

2. **语言一致**：当权力由多人分享，规则作为对话的基础就成为必需品，这为老板和HR在公司不同层级之间、不同部门之间建立一致的管理语言提供了有力的内生性前提。

3. **具象可控**：把能力建立于组织上，可以把管理、能力这些抽象概念打开，具象到更小颗粒度的要素，并且这些要素是可见的，能够通过明确的理念、工具、方法进行赋能。

按照系统发生的思维范式，我们可以把一项人力资源管理活动拆分为规则、信息、裁量三个具象要素。我们从这三个要素，来深层分析华为的AT是如何把能力构建在组织上的。

以华为政企业务为例，华为从组织、流程、体系和能力四个方面，助力政企客户成功。

从2019年开始，华为中国政企服务致力于"品质服务"的打造和实践，携手伙伴解决数字化过程中遇到的各类问题。几年来，"品质服务"不断升级和迭代，受到了广大客户和伙伴的认可。

华为中国政企业务副总裁李同广向记者介绍，华为是一家高度重视服务的公司，一直把服务竞争力作为关键要素进行重点建设。在多年服务政企客户的过程中，结合客户的反馈，华为不断优化自身的服务体系，提升服务能力。2018年基于内外部环境的变化，华为提出"构建高品质服务产业联盟，提供无处不在的一致性服务体验"的全新定位，通过"五大能力""四大行动"，逐步构建了线上线下协同的主动式服务体系，"品质服务"持续迭代，不断为广大政企客户提供高品质、一致性的服务体验。

在流程上，华为遵循业界成功实践，从规划、实施、运维到持续运营，重塑业务流程，匹配客户不同阶段的诉求。

在组织上，在中国区各个区域设置大客户服务组织，承接和受理当地客户服务诉求。面对商业市场海量客户分散的特点，为更好地支持商业市场的业务开展，华为启动ASC（华为授权服务中心）认证计划，目前已覆盖125个地市、700多个区县，拥有近400名专员。

在能力上，打造从咨询规划、ICT集成（覆盖平台、数据和应用）、运维和辅助运营的端到端能力，特别是辅助运营能力，是帮助客户从建设好到用得好的关键，实现ICT基础设施的价值循环。在数字化转型能力构建的各个阶段，伙伴都是必不可少的组成部分，华为将持续认证有能力的伙伴，包括咨询类伙伴、服务解决方案类伙伴、集成服务类伙伴以及运营类伙伴。

在体系上，除了华为与伙伴提供的线下服务外，为了提供更加及时的服务响应，华为也提供了呼叫中心、技术支持中心、远程协作等线上服务，以中国政企客户服务中心为统一入口。此外，华为通过服务装备（自主自助服务平台、服务工具市场、交付与维护专业工具平台等）的打造与优化、ASC伙伴服务能力的赋能与提升，助力伙伴在政企市场的拓展。

行业数字化转型，离不开人才。华为提供从人才咨询、人才培养到人才评估的全流程培训服务。华为认证覆盖ICT全领域，已发布23个技术方向，超过

100门认证考试，累计培训HCIE专家超过2万名。

‖ 分清泳道，多路集成

华为的流程型组织架构的核心就是分清泳道，多路集成。

任正非提出了"分清泳道，速度才能最快"的理念。如果把不同的流程当作独立的"泳道"，那么开展工作的时候就能像游泳比赛时一样，不同的选手之间互不干扰。就像每个泳道只有一个人一样，流程也必须构建在一个部门的权力管辖范围之内，从而保障流程的效率。

所谓的"多路集成"，指的是华为多条流程之间互相合作，共同解决业务难题。

华为的流程合作分为两种方式："串联"和"并联"。一种情况是当遇到用人需求极大的工作任务时，就将有关业务板块的流程进行"并联"，形成多流程并肩作战，从而实现短时间内完成大量工作任务的目标。另一种情况是当遇到战线较长、专业性要求高的业务时，就选择合适的流程进行"串联"。"串联"方式往往被华为运用在科研项目的攻坚克难上，从而实现个人能力的充分挖掘和运用。

华为流程的"串联"和"并联"，在大的矩阵当中形成了一个个小的"集成电路"，在遇到业务难题的时候，"集成电路"集中发力，难题便不攻自破了。

在华为，无论是矩阵式组织，还是流程型组织，看似是领导者的自由发挥，实际上给出评价的还是消费者、最终的客户。

在正常情况下，华为从签约到实际供货只需要4天，而这种效率来源于良好的合作能力。华为采用矩阵式组织模式，这种模式的最大特点就是灵活性高。企业内部的职能部门可以通过互助网络相互协作，以便第一时间响应并解决客户的需求。从矩阵作战到服务至上，这就是华为管理体系的秘诀。

"以客户为中心"的矩阵式组织架构，可以算是华为矩阵式组织架构设计的经典。其优点在于以下四个方面：

1. 灵活性

灵活性意味着能够随市场环境、客户需求、竞争态势的变化而变化，能够持续创新变革。

任正非形象地说："矩阵就是方格子，一块块的矩阵就是一个个方格子阵列。把修房子的钢筋一根根捆起来，它也是一个矩阵。如果要求公司稳定不变，把混凝土灌到钢筋里，形成稳定的结构。房子需要稳定，所以钢筋之间的关系不能发生变化。主航道部队使用矩阵式管理，一定要贯彻严格的制度和作战方案，不能随心所欲。"

虽然矩阵是不断变化的，但节点之间的相互关系是不变的，不管怎么变，都保持合理的队列，形成战斗力。矩阵管理的优势是大平台的经验、技能和各类资源能充分复用共享，但其代价是内部管理关系比较复杂。

面对内外商业环境、客户需求和产业的快速变化，阵列会变化，矩阵组织要在稳定的基础上进行"变形"，不断适应业务需求的变化。

矩阵怎么"变形"呢？就拿矩阵中的人员激励来说，为了激发组织向上的力量，应优先破格提拔优秀人员，把网的"纲"提起来，使网格向上，向正能量变形。

矩阵的规则是事先确定的，这些相互关系也是相对固定的，以牵制队形不乱。如，蛇的头不断摆动，身子不断跟随摆动，蛇身不乱。任何条件下仍要保持队列的结构和作战力，而且总是力求恢复规则，恢复到新的矩阵状态，在"纲"发生"变形"后，矩阵也会带动其他人员的进步，达到新的平衡状态，纲举目张。这样通过不断地打破平衡、不断地向前变形来牵引组织的前行和活力的焕发，从而推动公司不断走向新的成功。

华为在管理思维上不再局限于监督式管理，而是着眼于服务型管理。服务型管理把员工和客户都作为企业的"上帝"，企业努力为员工提供支持，为客户提供优质服务。管理层变身为服务层，用服务做好管理，这就是管理的最高境界。

2. 可以应对竞争环境的不确定性

面对复杂、动态的外部环境，华为用矩阵式组织架构设计可以更快地感知环境因素的变化，由于决策链条短，可以对变化快速做出反应，对运营管理中出现的问题及时进行调整，减少环境的不确定性对华为造成的威胁。弹性的矩阵架构可以有效辅助业务发展。当矩阵架构网收缩时，就会叠加起来，意味着华为要精简部门、岗位和人员；当其扩张时，网就会拉开，就要增加部门、岗位和人员。在这个矩阵的牵动下，公司的组织架构会发生一定的变形，但流程没有变化，只是部门与部门之间联系的次数和内容发生了变化。这种变形是暂时的，当阶段性的任务完成后，整个组织架构又会恢复到常态。这种组织架构跟军队在非战争期间有序训练和战争期间集中动员的状态很类似。

3. 可以更好地满足客户的差异化需求

如果说苹果用标准化的产品来满足客户需求，华为则走的是差异化的服务和解决方案的路线，并以此建立市场壁垒。各地市场，尤其是发展中国家和发达国家的市场情况差异很大，"一视同仁"地看待全球市场，会错过市场的发展机遇，错失市场机会。华为横向的区域组织向一线转移，有利于加强对当地市场的组织和管理，及时捕捉到本地市场信息，快速响应本地市场的需求。

4. 可以促进产品向多元化方向演进

华为的组织架构是面向客户群设计的，并根据客户群进行部门细分，如四大业务中心BG针对不同客户群市场的需求，研发、设计新的产品，推进产品向多元化方向发展，而矩阵式的架构也有较好的弹性和扩展性来满足这一需求。当华为进入新的领域时，可以根据需要再增加新的利润中心。

‖ 目标协同，高效运作

华为的矩阵式组织架构能够良好运作，除了强大的支撑平台之外，非常重要的是华为的价值观即评价体系的一致性，即华为"以客户为中心，以奋斗者为本，长期艰苦奋斗"的价值观无论在哪条线上都很清晰，各个团队为了共同目标协同起来，形成高效运作。

此外，长期的"以客户为中心"使华为走向成功，但华为担心其成为技术领先的"先烈"的"工程商人"的意识在当前的跨界产业环境中受到越来越大的挑战。如何应对颠覆性创新？保持前瞻性研究、基础科学研究投入和商业成功的均衡，是华为从成功企业转型成为伟大企业的基础。

任正非已经意识到了这一点，近几年来，他在华为推行开发和技术分离模式，除了考核成功率，还考核失败率，鼓励冒险和尝试，要养一部分人天天在那里"不着边际"地做原创性创新。华为在各级主管的自律宣誓中强调，"不让堡垒从内部被攻破"，但在这个巨变的时代，谁都无法摆脱被外部跨界创新颠覆的危机。目前，华为的组织变革仍在持续进行中。

华为通过构建由一线业务驱动的流程，形成标准化运作方式。同时，在这个过程当中，解决端到端的业务贯通与组织协同，是流程型组织运作的核心。

华为的成功是管理体系的成功，也是规则制度战胜人治的成功。与传统"正三角形"的直线职能式管理不同，华为的人才组织呈现出"倒三角形"的模式，一线员工直接面对市场终端需求，倒逼企业的整个体系提供资源，而领导层则处于为员工提供支持的位置。

如此一来，华为的内部管理逐渐做到扁平化，不仅可以避免企业与市场终端（客户）之间的脱节，更能有效加快内部反应机制，使华为能够最大限度地满足客户的需求。

将组织变成流程型组织，所有员工面向流程，实际上就是面向客户，从而激发出自身的主观能动性。因为只有客户的需求能够不断地激发个体，像脉冲一样"冲击"整个组织，组织才能真正具有生命力，也能在不断地满足客户需求的过程中实现提升。

生存法则 22:

充分授权一线

行伍出身的任正非总是喜欢用军事术语来描述华为的运行机制。2009年1月16日，任正非在华为销售体系奋斗颁奖大会上的讲话中提到的"让听得见炮声的人来做决策"的观点在企业界广受推崇。

‖ 让一线直接呼唤炮火，快速满足客户需求

任正非所说的"一线炮火"中的"一线"是指来自市场一线的客户需求，而"炮火"指的是华为的各种资源。

任正非所说的"让一线直接呼唤炮火"，是告诉员工，要让真正了解客户需求的一线员工能直接从总部配置资源，更好、更直接地为客户服务，满足客户需求。

我们常说的"班长的战争"，就是指权力下沉，让"听得见炮声"的人来做决策。

2009年，在华为成为全球第二大通信设备供应商后，任正非却为公司的机构日益庞大、尾大不掉而忧心。于是，他向华为全体员工发出了振聋发聩的呐喊："让听得见炮声的人来做决策。"授予一线团队独立做决策的权力，后方只是起保障作用。

2009年，华为启动"一线呼唤炮火"的LTC（从线索到现金）流程再造与组织变革项目，贯穿"投标、合同签订、交付、开票、回款"等业务运作的主流程，承载着主要的物流和资金流，以改善库存和资金周转、降低全流程成本，进一步提升华为的全球市场竞争力。

2009年1月16日，任正非在华为销服体系颁奖大会上指出："一线的作

战，要从客户经理的单兵作战转变为小团队作战，而且客户经理要提高客户关系、解决方案、融资和回款条件、交付的综合能力（简称四要素），要提高做生意的能力；解决方案专家要一专多能，对自己不熟悉的专业领域要打通求助的渠道；交付专家要具备能与客户沟通解释清楚工程与服务的解决方案的能力，同时对后台的可承受能力和交付流程了如指掌。我们公司将以毛利、现金流，对基层作战单元授权，在授权范围内，甚至不需要代表处批准就可以执行。"

‖ 形成"铁三角"作战单元，把作战权交给一线

为了快速响应客户的需求，华为形成面向客户的"铁三角"作战单元。"铁三角"对准的是客户，目的是发现机会，将作战规划前移，呼唤与组织力量，实现目标，增加利润。"铁三角"关系，并不是一个三权分立的制约体系，而是紧紧抱在一起，生死与共，聚焦客户需求的共同作战单元。它们的目的只有一个：满足客户需求，成就客户的理想。

"铁三角"模式的雏形诞生于2004年，从华为公司北非地区部的苏丹代表处演变而来。

2004年8月，当时华为在国外的业务团队意识到，最有效的服务客户需求的方式是，将重要领域的专家团队（如客户管理、产品解决方案和项目实施）聚在一起，从一开始就与客户开展合作，开发新项目。如今，每个新项目启动时都由项目经理组建"铁三角"团队，团队在全球范围内考察市场，寻找新机会。一旦发现未满足的市场需求，团队就会与首位客户接洽。为落实项目，项目经理有权从华为庞大的人才库里征用具备专业能力的人员。

简单地说，华为的"铁三角"模式就是把作战权交给一线，将过去隐藏的资源面展开，大家在各自的专业上分兵行进、互相督促，在客户需求的关键时刻会师，形成更强的项目执行能力。这个"铁三角"背后，需要整个公司的组织进行重组，需要对分配激励机制进行改革，需要围绕着把指挥部建到战斗最前沿的目标，来重新思考怎么设置各种组织的功能、怎么分配实际利益，难度

可想而知。这就是很多公司没有学习到位的一个根本原因。

这种机制下，决策权下放到一线"战斗"部门，负责人可以根据不断变化的市场状况立即做出关键决策；为了成功签订和交付合同，必要时他们可以凭借自己的判断"呼叫"总部，充分发挥整个组织的火力优势。用任正非的话说："让能看见炮火的人（如项目经理）指挥炮火。"

2008年，华为与IBM合作进行IPD流程变革，从过去的集权管理过渡到分权制衡管理，让一线拥有更多的决策权，逐步完善和夯实"铁三角"运作模式，构建立体的"铁三角"运作体系，以支持市场的可持续发展，提升客户全生命周期体验，实现企业的高效运营以及可盈利的增长。

为了保证"让听得见炮声的人来做决策"授权机制的运行，华为于2011年对研发等后方机构进行了改革，以适应管理模式的转变，加强了流程化和职业化建设，同时加强对监控体系科学合理的运用。

基层作战单元在授权范围内，有权力直接呼唤"炮火"（指在项目管理上，依据IBM顾问提供的条款、签约、价格三个授权文件，以毛利及现金流进行授权，在授权范围内直接指挥"炮火"，超越授权要按程序审批），当然"炮火"也是有成本的，谁呼唤了"炮火"，谁就要承担呼唤的责任和"炮火"的成本（类似于阿米巴的自营体组织）。

后方变成系统支持力量，必须及时、有效地提供支持与服务，以及分析监控。

过去，笔者在与华为员工的接触中，发现他们在客户那里时，总是由三个人组成基础团队：客户经理、解决方案专员和交付专员，号称"铁三角"工作小组。每个基础团队可以在公司授权范围内，直接向公司后台下达命令，要求后台进行产品的推广和项目的实施。当然，"铁三角"工作小组的成员个个训练有素，他们相互了解，协同作战。

任正非指出："当然'炮火'也是有成本的，谁呼唤了'炮火'，谁就要承担呼唤的责任和'炮火'的成本。后方变成系统支持力量，必须及时、有效地提供支持与服务，以及分析监控。公司机关不要轻言总部，机关不代表总部，更不代表公司，机关是后方，必须对前方提供支持与服务。"

在建设流程化组织的过程中，华为持续优化完善了支撑客户经理的线索到现金（LTC）、支撑解决方案专家的集成产品开发（IPD）、支撑交付经理的集成供应链（ISC）等业务流程，以支撑"铁三角"作战单元为龙头的流程化组织高效运作，有效地支撑了业务的全球大发展。

生存法则 23：

居安思危

任正非是一位具有强烈忧患意识的企业家。对于危机，任正非始终保持着与生俱来的警惕。30多年来，他分别于2000年、2004年、2008年、2016年、2019年和2022年拉响了六次"冬天"的警报，让每个华为人保持清醒的头脑，戒骄戒躁，居安思危。因为他知道企业的生死其实只在一线之间，唯有未雨绸缪，在"冬天"来临之前，把过冬的"棉袄"准备好。任正非所说的"棉袄"，就是现金流，因为现金流就是企业的血液。

任正非的危机意识源自他对市场的深谋远虑，渗透在华为发展的每个阶段。

2000年，华为的销售收入达到220亿元，利润29亿元，均位居全国电子百强榜首。在这个让人振奋的时间节点，任正非却拉响了"冬天"的警报，给头脑过热的华为人降温，希望华为人在春天与夏天要念着冬天的问题。

任正非在《华为的冬天》一文中写道："十年来我天天思考的都是失败，对成功视而不见，也没有什么荣誉感、自豪感，而是危机感。我们大家要一起来想，怎样才能活下去，也许才能存活得久一些。"也许正是这样的忧患意识，让华为活过了最初的十年。

任正非指出："我们公司的太平时间太长了，在和平时期升的官太多了，这也许就是我们的灾难。泰坦尼克号也是在一片欢呼声中出的海。而且我相信，这一天一定会到来，这是历史规律。面对这样的未来，我们怎样来处理，我们是不是思考过？我们好多员工盲目自豪，盲目乐观，如果想过的人太少，也许就快来临了。居安思危，不是危言耸听。"

在任正非看来，华为的"危"是来自员工的盲目乐观、缺乏危机意识，来自各级管理者没有做好迎接失败到来的准备，来自公司业务发展的速度还不够快。

任正非阐述了他对华为的发展观：企业不是要大，也不是要短时间的强，而是要有持续活下去的能力和适应力。华为如何才能持续活下去呢？

在任正非看来，华为没有国外一流企业雄厚的基础，如果再没有良好的管理的话，真正的崩溃之后将会一无所有，再也不能复活。因此，任正非明确了未来3年的管理要点：持续提高人均效益。他要求大家都要有强烈的危机意识，不断追求持续的改进。

2001年3月，任正非带领公司高管到日本考察，学习日本企业"过冬"的经验。

任正非在《北国之春》一文中写道："华为经历了十年高速发展，能不能长期持续发展，会不会遭遇低增长，甚至是长时间的低增长；企业的结构与管理上存在什么问题；员工在和平时期快速晋升，能否经受得起冬天的严寒；快速发展中的现金流会不会中断，如在江河凝固时，有涓涓细流，不致使企业处于完全停滞……这些都是企业领导人应预先研究的。我们该如何应对华为的'冬天'？"

参观松下公司时，任正非发现，无论是办公室、会议室，还是通道的墙上，随处都能看到一幅张贴画，画上是一条即将撞上冰山的巨轮，下面写着："能挽救这条船的，唯有你。"其危机意识可见一斑。任正非由此产生了疑问：在华为公司，我们的"冬天"意识是否那么强烈？是否传递到了基层？是否人人行动起来了？

二十世纪七八十年代，日本企业是通过实际运营优势而迅速崛起的，但最终还是走向了衰退。究其原因，公认的观点就是，战略的缺失导致了企业整体竞争力的迅速下降。由此，任正非意识到，华为要想在快速变化的市场中及时有效地制定出新的发展方向及战略举措，就必须强化华为的战略控制能力，这样才能创造更大的整体价值和竞争优势。

任正非带队出访日本，就是希望从曾经长期陷入萧条的日本企业身上学到一些经验，看他们是如何"过冬"的，进而促使华为更好地应对经济的"寒冬"。

事实证明，任正非高喊"冬天"来了并非无中生有，危言耸听，而是建立在对未来的科学判断和对自身清晰的认识之上的。事实证明，在2002—2003年，"冬天"确实来了。

2002年，华为的销售收入首次出现下滑，跌至221亿元。如果说国内电信重组和互联网泡沫破灭是导致这一现象的外因，那么华为在国内极高的市场份额和海外市场拓展遭受挫折，则是内因。华为苦心经营了5年的海外市场，到2002年时还不到整体销售额的5%。没有好的经营模式，而开拓海外市场的费用却长期高居不下。可见，任正非的"过冬"言论，的确恰逢其时。

在这次准备"过冬"过程中，任正非意识到供应链的重要性。华为的供应链是一个非常庞大的体系，上连着数百个厂家，有器件的、标准的、系统的、合同的制造商、分销商、代理商。任正非开始排兵布阵，努力把这个体系变成华为的同盟军，同时变卖了60多亿资产，给华为添置一件过冬的"夹袄"，最终让华为度过了第一个寒冬。

2012年，在华为的国际咨询会议上，华为的一位英国顾问请任正非展望华为未来10年与20年的远景，任正非脱口而出："20年以后的华为，我可以告诉你就两个字：坟墓。"任正非的回答让在座的华为全球顾问大吃一惊，也明白了华为这家中国企业卓越的原因。华为的德国顾问、戴姆勒-奔驰汽车公司的原高管对此给予了高度评价："任先生能这么想，20年后华为会活得更强大。德国能有今天，就是因为我们民族总有危机意识，华为跟我们很相像。"

2016年，华为销售收入达到5200亿元，同比增长32%。5200亿元意味着什么？有人给出了最直观的答案：相当于2个联想、5个格力、5个中兴、5个阿里巴巴、6个比亚迪、7个小米；超过了BAT的营收总和。华为在世界500强排行中，上升到了第129名，增速在全球千亿规模企业中名列第一。从这个数据不难看出，如今华为已经成为中国企业界的超级巨人。然而，任正非从不因此而心生怠慢，在华为的发展过程中，他更加强调的是危机意识，让危机意识逐渐深入每个华为员工的心中。

2016年5月30日，任正非在全国科技创新大会上再放危言："未来二三十年人类社会将演变成一个智能社会，其深度和广度我们还想象不到。华为已感到前途迷茫，找不到方向。"这次任正非忧虑的是前沿技术的更迭。

在任正非看来，华为正在本行业逐步攻入"无人区"，处于无人领航、无既定规则、无人跟随的困境。

要想打破这一困境，任正非给出的药方是：坚持创新，追求重大创新。他认为，"华为现在的水平尚停留在工程数学、物理算法等工程科学的创新层面，尚未真正进入基础理论研究。重大创新是'无人区'的生存法则，没有理论突破，没有技术突破，没有大量的技术积累，是不可能产生爆发性创新的。虽然近年来在应用性创新上达到极限，但是在理论性创新上空白一片，长此以往，我们原有的成绩必然被德国、美国等擅长'从0到1'的国家击溃"。

其实，感到前途迷茫，找不到方向的不只是华为，几乎所有的企业也感到困惑和迷茫。感到前途迷茫是互联网浪潮下全球性的集体"症状"。但是，任正非作为中国高科技行业的智者，站在全国科技创新大会这样的殿堂上，当着国家主席和全国人民的面出人意料地喊出"华为感到前途迷茫"，当然不是危言耸听。

对企业来说，最好的时候也就是最危险的时候。而危机意识，是华为走到今天的秘诀。任正非的这种迷茫，可能超越了大多数人的认知。

作为长期研究华为的学者，笔者认为有必要深入分析一下，任正非感到"迷茫"的真正原因。

众所周知，当前的华为，已在本行业逐步攻入了"无人区"，逐步逼近香农定理、摩尔定律的极限。大流量、低延时的理论还未被创造出来，华为感觉自己前进在迷航之中。前方既无人领航，也无既定规则，后方亦无人跟随。在这种前无古人，后无来者，中间无规则的困境当中，找不到方向的感觉随之而来。

因此，任正非对技术和技术高速发展的迷茫，纯粹是技术高速发展和转型期带来的必然的阵痛和思考。在未来，华为高速发展的机会会逐步慢下来，进入低速增长阶段，创立引导理论的责任已悄然降临，这并不是真正的迷茫，而是任正非战略自信的体现。

正如华为公司管理顾问吴春波先生所说，"任正非的所谓迷茫只是表象，只有对未来有着深刻把握的人，才会有如此的迷茫。这是清醒中的迷茫，或者是清醒者在为迷茫者指点迷津"。

在华为创立30周年前夕，任正非在华为战略预备队建设汇报会上指出："三十年河西，三十年河东，我们三十年大限快到了。华为公司想不死就得新生。华为需要全方位的改革，要增强组织的血液循环，给优秀干部专家赋予新能量，然后走上战场、承前启后，英勇奋斗，使新的东西成长起来，否则就要垮台。"年过70的任正非担心华为人才断层。

在华为深圳总部的一个湖中，喂养了8只从瑞典引进的黑天鹅。华为的这个湖，也因此而得名为"天鹅湖"。

为什么要引进黑天鹅？因为它预示着不确定性。所以，华为在深圳总部、上海研究所和南京研究所都养了黑天鹅，目的是时刻警醒华为人：未来，黑天鹅可能随时会出现，不确定性也会常伴左右。华为以持续创新和内部规则的确定性应对外部环境的不确定性。

2022年8月23日，任正非在"心声社区"发表了一篇内部讲话《全球经济长期衰退，华为要把活下来作为主要纲领》，这篇讲话在互联网上流传，一石激起千层浪，广泛激发了人们对未来的迷茫与担忧。

任正非指出："未来十年应该是一个非常痛苦的历史时期，全球经济会持续衰退。现在由于战争的影响以及美国继续封锁打压的原因，全世界的经济在未来3到5年内都不可能转好，加上疫情影响，全球应该没有一个地区是亮点。华为对未来过于乐观的预期情绪要降下来，2023年甚至到2025年，一定要把活下来作为最主要的纲领。边缘业务全线收缩和关闭，把寒气传递给每个人。"

任正非的这篇文章通篇讲的都是华为的"冬天"，其宗旨是在内部传递冬天的消息。

数据显示，按销售额计算，2021年华为占全球通信设备市场28.7%的份额，位居第一，爱立信以15%位居第二，其次是诺基亚（14.9%）、中兴（10.5%）、思科（5.6%）和三星电子（3.1%）。

2022年，华为全年营收6423亿元，同比增长0.9%；净利润为356亿元，同比下降68.7%，这是华为净利润水平的历史低点。受高强度的研发投入以及经营利润下降的双重影响，华为2022年的经营性现金流下降至178亿元，比上年下降70.2%，净现金1763亿元，比上年下降26.9%。这正是任正非要把寒气传递给每个华为员工的原因。

在这样一个充满挑战和困难的特殊时期，任正非此番话并非杞人忧天，而是未雨绸缪，在一定程度上意味着华为面临的前景不容乐观。只有活下去，度过寒冬，华为才有希望，才能够走得更远。

笔者经常与华为员工打交道，发现无论是华为的高层管理者还是基层员工，都具有强烈的危机意识。正是这种强烈的危机意识，使得华为员工不断谋求内部变革，应对各种挑战和潜在危险。

当媒体都在传播华为的成功之道和华为如何强大的时候，任正非却认为，"什么叫成功？是像日本那些企业那样，经九死一生还能好好地活着，这才是真正的成功。华为没有成功，只是在成长"。

任正非指出："今天的华为恰恰可能是最脆弱的时候。为什么呢？成功容易让人变得怠惰和自大，让组织变得盲目骄傲和故步自封。精美的地毯下布满了细菌，一个国家如此，一个组织如此，一个企业同样如此。警惕这些细菌的滋生繁衍就是在为企业加固未来。"所以，任正非强调："华为是一家没有历史的公司。"

30多年来，华为生于忧患，从一家一穷二白的初创企业，扩张、成长为全球ICT行业的领导者，背后凝聚着强大的意志与定力。这恰恰是中国经济韧性强劲的缩影。对于企业来说，无论外部风云如何变幻，最重要的就是上下一心，做好自己的事情，坚持自主创新、艰苦奋斗，这样才有未来。尤其是在这瞬息万变的信息社会，唯有惶者才能生存。

生存法则 24：

实行集体决策，让组织摆脱对个人的依赖

华为是中国第一家推行轮值董事长制度的民营企业。轮值董事长制度是一种比较独特的公司管理和育人用人制度，是企业民主治理的一种创新模式。

华为自2018年起开始实行轮值董事长制度，即3名副董事长每人轮流担任半年（6个月）。根据轮值制度，轮值董事长在当值期间是公司的最高领袖。轮值董事长可以说是华为的首创与独创，是由EMT轮值制度升级而来。

2004年，美国Mercy咨询公司帮助华为设计公司组织结构时，提出要建立EMT制度，任正非不愿做EMT主席，就提出了一个新的模式——轮值COO（首席运营官），由7位常务副总裁轮流担任COO，每半年轮值一次。实行一段时间后，任正非非常认可这个制度。也许正是这种无意中的轮值制度，平衡了公司各方面的危机，让组织摆脱了对"个人"的依赖，使公司得以均衡发展。

任正非说："轮值的好处是，每个轮值者在一段时间里担负了公司COO的职责，不仅要处理日常事务，而且要为高层会议准备起草文件，大大地锻炼了他们。同时，他还不得不削小他的屁股，否则就达不到别人对他决议的拥护。这样，他就将他管辖的部门，带入了全局利益的平衡，公司的山头无意中就这样削平了。"

2011年3月，华为将轮值COO制度改为轮值CEO制度，由华为董事会的3位高管——郭平、胡厚崑和徐直军担任轮值CEO，仍然是6个月轮换一次，他们在轮值期间是公司最高行政首长。

实行轮值CEO制度后，总裁任正非逐渐开始脱离管理团队，专注于董事会层面的决策管理和当CEO教练。通过这种"在岗培养+在岗选拔"的方式，为"后任正非时代"做好人才准备。

对于轮值CEO制度，任正非认为这比将公司的成功系于一人的制度要好。每个轮值CEO在轮值期间都会奋力地拉车，牵引公司前进。假如他走偏了，使公司面临危机，下一轮的轮值CEO就会及时去纠正航向，使大船能早一些拨正船头，避免危机累积过重，演变成巨大的灾难。

华为推行的轮值CEO制度是一个高度严密的决策机制，是在价值观统一，有任正非这个权威前提下的轮值，而不是简单的"轮流执政"，一旦董事会形成决议，执行时非常强硬，当值CEO必须遵从。

为了推进轮值CEO制度，2011年，任正非在《一江春水向东流》一文中写道："过去的传统是授权予一个人，因此公司的命运就系在这一个人身上。成也萧何，败也萧何。非常多的历史证明了这是有更大风险的。而这种轮值制度，避免了个人过分偏执带来的公司僵化，同时也可以规避意外风险带来的公司运作不确定性。"

华为的轮值CEO制度，相对于传统的管理理论与实践，可以称得上是划时代的颠覆式创新，在有史可寻的人类商业管理史上恐怕也找不到第二例。华为的轮值CEO制度，从体制上制约了"山头文化"的扩张，为公司积淀了五湖四海的杰出人才。同时，这种创新机制也使整个公司的决策过程越来越科学化和民主化。如今的华为已经从早年的高度集权演变到今天的适度民主加适度集权的组织决策体制。

华为推行轮值CEO制度，其实就是对企业创始人"代际传承"问题的一种探索和尝试。轮值CEO制度在培养人才、激励人才、留住人才等方面发挥了突出作用，有利于员工职业转型及职业生涯的飞跃式发展，大大提高了企业的核心竞争力。轮值CEO制度对培养具备胜任力的CEO的确具有优势，以赛带练是国际普遍证明的人才培养的最佳模式。

多年的实践证明，华为的轮值CEO制度是成功的，它是继"员工持股"制度之后，又一次重要的管理制度的创新。轮值CEO制度则是以制度的形式确定了公司权力交替的秩序，解决的是公司未来可持续稳定发展的领航问题。前者给"火车头加满了油"，后者保证了"火车头"的正确行进方向。

另外，轮值CEO是一种职责和权力的组织安排，并非是一种使命和责任的轮值。轮值CEO都是董事会成员和副董事长，在不担任轮值CEO期间，一是并没有卸掉肩上的使命和责任，仍然参与集体决策；二是在轮值结束后没有退出核心层，避免了一朝天子一朝臣，使优秀员工能在不同的轮值CEO下持续在岗工作。

2011年，任正非在华为种下了集体决策模式的"种子"，于是有了轮值CEO制度。经过7年的时间，这颗"种子"终于开花了，2018年，任正非将轮值CEO制度又升级为轮值董事长制度，轮值CEO制度停止运作。

华为在公告中宣布，任正非不再担任副董事长，变为董事会成员，当时新一届董事会选举的董事长为梁华，四位副董事长为郭平、徐直军、胡厚崑、孟晚舟，其中郭平、徐直军、胡厚崑担任轮值董事长。轮值董事长的轮值期为6个月，轮值董事长在当值期间是公司最高领袖。当值的轮值董事长领导公司董事会和常务董事会。

2023年3月28日，华为进行了董事会换届选举，产生了公司新一届董事会董事长及董事会成员。梁华担任董事长，副董事长为徐直军、胡厚崑、孟晚舟。董事会成员包括梁华、徐直军、胡厚崑、孟晚舟、汪涛、张平安、余承东等17人。轮值董事长为徐直军、胡厚崑、孟晚舟。

轮值董事长制度的确立至今已有5年时间，这期间华为的经营保持稳定，尤其是在美国的制裁下，华为不仅没有倒下，反而迸发出更强大的生命力。华为公司的快速稳健成长背后，轮值董事长可谓立下了汗马功劳。轮值董事长制度的成功是华为公司集体决策的一个缩影。

最高决策者短期的更替，让华为集团变得更加年轻和充满活力。在未来十年，华为的目标是要有质量地活下来。

任正非认为，当值的轮值董事长是公司最高领袖，不当值的轮值董事长也在起辅助和制约作用，常务董事会、董事会也要对轮值起到制约作用。董事长执掌持股员工代表大会，有罢免不合适高管的权力。

因此，轮值董事长并不完全是无拘无束的，也受到权力制约，权力是关在笼子里的，"王在法下，王在集体会议中"，轮值是在公司制度下运行的。

这就是轮值制度的魅力所在，人人都是主人公。不在台上，要做上台的准备；站在台上，要做下台的准备。每个人都有人管，每个管人的人都有制度管。

总的来说，华为的EMT轮值主席、轮值CEO、轮值董事长制度能够始终有效运作，与任正非息息相关，也始终在他的"掌握之中"。一方面是管理权限，在轮值制度中，任正非始终对经营管理团队的决议有最终否决权。另一方面，任正非对华为有超强的精神影响力，虽然任正非几乎没有使用过最终否决权，但他影响了一些提议的萌芽与发展。

在轮值董事长孟晚舟看来，"华为的轮值董事长制度是体制的接班、制度的接班，不是某个个人的接班。整个公司是在集体领导下奋勇前行，公司是不会把整个集体的命运寄予在某个个人的身上。对我们而言，我们非常明确地约定了是一张蓝图绘到底。公司的管理规则已经明确约定了轮值董事长的职责，而且也明确约定了在当值期间的工作日历和工作沙盘，我和其他的两位轮值董事长是一样的，我们都会按照治理章程的约定，忠诚履责，例行开展工作，同时我们的工作也受到了公司董事会、常务董事会以及监事会的监督。"

华为从一家小公司成长为国际巨头，靠的是人才和技术，更是先进的管理。企业规模大了，不能把企业寄托在某一个企业家身上，而是要建立起一个管理体系，企业离开了谁都能正常运行，其最高境界就是达到"无为而治"。

任正非说："轮值董事长制度就像赛马机制一样，可令企业在创业、创新上马不停蹄，永葆旺盛活力，这也是华为成功的一大因素。另外，通过'江山轮流坐'方式，还可以历练和培养未来的接班人，增强企业高管的主人翁意识。"

我们也可以这样理解：对于华为而言，轮值制度也是"家和万事兴"的平衡之术，可减少内部纷争，丰富三位轮值董事长在商业领域的实战经验。通过轮值制度，能避免个人决策的高风险，又不过分影响决策的效率，并且不容易出现第二个权力中心，从而保持公司稳健发展。

任正非作为华为创始人和精神领袖，即使退休，也不会影响华为的正常运行，因为他一直在放手培养职业经理人。

一个基业长青的企业，其伟大不在于创始人多么"牛"或一两个产品多么

"强悍"，而在于它卓尔不群的文化。一个真正伟大的企业家，应当通过价值观、制度、战略目标来牵引企业。

任正非正在淡化创始人在企业中的作用，减少企业的品牌形象和创始人之间的联系。企业可以依靠成熟的企业文化、管理制度和足够多的优秀人才来确保企业不"偏航"。就像没了乔布斯的苹果，依靠库克这样的职业经理人，也一样能很好地活下去，这样的企业才能成为"长寿"的企业。

也许，正因为如此，任正非才不担任公司法人和董事长，他逐渐淡出公司决策层，从台前走到幕后，甘愿做一个文化教员。

多年来，任正非就像"天山童姥"一样，已经把毕生功力悉数传给郭平、徐直军、胡厚崑、孟晚舟、余承东等"弟子"，让华为文化得到传承。在文化驱动下，华为即使没有创始人任正非，也能够稳健发展。

生存法则 25：

在不确定的世界，做确定的事

近30年来，市场和国际环境风云变幻，未来之路充满变数。面对不确定性的环境，华为的成功经验是在不确定的世界，做确定的事情！

‖ 接受变化，拥抱不确定性

在这个充满不确定性的时代，一些人喜欢稳定，毕生都在追求安全感，被动应对外界的不确定性，不愿意改变自己；另一些人，将自己置于不确定性中，主动拥抱不确定性，他们对世界的复杂性有着深刻的认识，善于接受不确定性，并且习惯在高度不确定性的环境中做出正确决策，绝境重生。任正非就是后者。

有些企业决策者因为太过追求安全感，只愿意待在自己熟悉的地方，不愿意朝未知的地方迈出一步。他们可以短暂地控制自己的命运，看起来似乎得到了安全感。但是如果把时间线拉长，就会发现这种安全感脆弱得不堪一击。

任正非说："我们无法准确预测未来，但仍要大胆拥抱未来。不确定性是永恒存在的，越害怕危险，越容易遭受危险，从来没有绝对的安全。面对不确定性，最好的方式就是拥抱它，拥抱不确定性和变化才是最大的安全。"

风会吹灭蜡烛，却能让火越烧越旺。面对不确定性和"向死而生"的危机意识，任正非让华为充分正视不确定性，做好准备，大胆拥抱，在难以预料但一定会发生的危机中体现出反脆弱性。

有变化就有风险和机遇，我们进入2000年之后，变化进一步加剧，大家想一想这20多年来，从互联网到手机，从手机到5G，从传统汽车到新能源车，从美国到中国，从中国到世界……发生了多少变化。

在这些变化之中，充满了不确定性。在时代的浪潮中，不管国家、企业还是个人，都只能顺势而为，主动拥抱不确定性，寻求不确定性中的确定性，尽可能地延长企业的生命。

新陈代谢，吐故纳新，是事物发展的规律。与其等待不确定性事件的发生，不如假设有一个动荡、充满威胁的外部世界，而华为需要思考的则是应对这些"假想"中的挑战，华为的战略选择、战略调整必须时刻应对不确定性环境的挑战。

只有如此，才能保证在遭遇最极端的外部环境的挑战时，依然有生存的空间，依然有奋斗向前的动力。也正是在这种不确定性下，华为的快速成长和蜕变经历了企业的几次"至暗时刻"。

投资60亿元的3G研发项目无功而返，在国内CDMA招标中失手，对小灵通技术的疏忽造成国内市场销售额负增长的问题接踵而至，进军美国市场遭遇与国际巨头思科的"世纪诉讼"……

如今，华为的5G战略，打破了西方国家在通信基础架构方面的科技垄断，更让美国宣布进入紧急状态，并对华为进行全面封锁。

虽然此时的华为正手握"撒手锏"，处在引领全球的巅峰时期，但在任正非看来，无论是30年前还是30年后，华为没有不困难的时期，任何时候都是最困难的时候。

任正非对环境的认知和价值观影响了他在每一个关键时刻的战略选择，他一面"向死而生"，一面带领华为一次次穿越"寒冬"。

自2019年以来，美国政府针对华为出台一系列制裁手段：一是签下行政令，禁止美国企业购买华为的电信设备和服务；二是将华为列入管制"实体清单"，禁止华为从美国企业处购买技术或配件；三是切断华为手机芯片来源，让华为陷入无芯片可用的被动局面。

面对美国的制裁，华为没有手忙脚乱，而是从容应对，做出极限生存的假设，从5G到芯片再到操作系统等各个方面，都为最坏的情况做着准备，并在2019年和2021年相继发布了鸿蒙和欧拉两个操作系统。按照华为的规划，鸿蒙和欧拉一起组成技术阵列，抢占全球操作系统的高地，将逐步摆脱对美国的依赖。

中国的信息产业一直"缺芯少魂"，于是华为启动了"铸魂工程"，希望通过鸿蒙和欧拉，打造覆盖所有场景的操作系统，而且全部开源，让产业界参与进来，适配更多产品和场景。经过多年的努力，终于解决了我国"缺芯少魂"的问题。

在不确定性常态化的今天，能不能拥抱不确定性，是高手和普通人的关键区别之一。对不确定性容忍度越高的人，其成功的可能性就会越大，收益会越高。

任正非就是拥抱不确定性和应对不确定性的高手，他认为"确定性其实是企业的敌人"。

当今是不确定性的时代，企业必须把精力放在准备和自我完善上，从意识、结构、机制、策略等方面构建自身的反脆弱体系，打造更为有机、灵活、生态、自适应和自我进化的组织，才能更坦然地拥抱不确定性，并从各种波动性、随机性、混乱、压力和冲击中受益，进而转危为机，甚至实现凤凰涅槃。

‖ 以规则的确定性应对不确定性

世界变化万千，如何应对不确定性？华为的方法就是以规则的确定性应对不确定性。

任正非说，"我们要以规则的确定来对付结果的不确定，华为不是一家靠某个人来领导的公司，华为公司的命运不会维系在某个人的身上。那种将成败、命运系于老板一人的企业是脆弱的、不安全的、难以维系的"。

因此，在企业发展到一定阶段后，必须推动企业的正规化，建立一个大的管理平台，从而具备无为而治的基础。

任正非说："希腊大力神的母亲是大地，他只要依靠在大地上就力大无穷。我们的大地就是众人和制度，相信制度的力量，会使他们团结合作把公司抬到金顶的。"

什么叫规则的确定性？规则就是制度，就是企业运行的机制。没有好的机制，企业就是一盘散沙，队伍再大也是一群乌合之众。

从2007年开始，华为的CFO孟晚舟负责实施与IBM合作的长达八年的华为IFS变革，也就是集成财经变革。IFS变革构建了数据系统，并且在资源配置、运营效率、流程优化和内控建设等方面建立规则，是华为开启精细化管理之路、持续成长的基础之一。

这一阶段，华为管理的最大特点是在管理的各个节点、各个层面、各个体系广泛而深入地运用IT技术手段，依靠技术手段来摆脱对人的技能依赖，靠数据来摆脱对人的判断依赖。

华为为什么要进行IFS变革？就是要以规则的确定性，来应对结果的不确定性。

对于公司未来的发展，华为实际上是不清晰的，它不可能非常清楚地知道公司未来能走到哪一步，因为在发展过程中，不是华为单方面决定的，它是受整个社会大环境的影响。

有了这样一个明确的规则和方法，华为的发展就不会混乱，这就是由规则的确定性来应对结果的不确定性，这也就是华为引入IFS的根本原因。

华为的IFS体系，包括构建以利润为导向的项目预算管理体系、综合性的财经支撑平台、对合同履行全过程进行支持和管理的体系以及投标中心的建设等。IFS体系非常庞杂，这里给大家简单介绍其中的两个。

第一是报销系统，IFS变革使报销的周期从几个月缩短到了几天。华为有20万在职员工，每天处理的报销账务就有几万单，多的时候有几十万单。到2000年，华为还没有员工自助报销系统，所有的费用报销都是以纸面单据传递的，因而每个会计的桌面都是单据堆积如山，每天早上，会计们就要在成堆的单据中翻找自己需要处理的单据。

大家约定好哪个单据放在哪个框里面，哪类凭据传递给谁，做好记录。这个想法很美好，可是在实际工作中，大家发现只要有其他部门的同事到这个办公室走一圈，在某些框子里随便翻动几下，一切就乱套了。更让人发愁的是，有些员工的单据攒了很长时间，他才想起来报销，这时票据丢了不少，发票也是五花八门，不符合基本的财务制度。这些都给财务人员带来了非常大的工作量，也很不方便。后来华为搭建了一个员工自助报销平台，员工自己填写报销费用的类型，及时报销，再后来又开始推行先付款后审单。

现在华为的员工只需要扫一下二维码，就可以很方便地传递单据，财务人员处理的时间缩短为2天。

第二个是华为的财务风险控制中心。这里用两个案例来给大家说明一下这个机构的作用。它的第一个作用就是处理坏账。

2014年之前，华为的问题资产累计有30亿美元，其中超长期的欠款数额达到了16亿美元，比如某个国家的一个电信运营商，拖欠了华为8000多万美元的设备款项，这笔款项一直要不回来。

有一次，华为了解到，这家运营商即将被另外一家公司并购，华为立即找到这家电信运营商商量，说必须把欠的8000多万美元还上，不然华为就会阻止收购。

这家电信运营商非常清楚，跟并购他们的资金相比，欠华为的8000多万美元其实不算什么。这样，华为就把这个拖欠多年的欠款给收回来了。

现在华为的财务风险控制中心，每年能够解决2亿美元的问题资产，经过多年努力，华为的超长期欠款已经少于10亿美元了。

除了追回欠款，华为的财务风险控制中心更重要的价值在于预防问题资产的发生，做好风险预警，提前介入。这就是华为财务风险控制中心的第二大作用。

有一年，华为的财务风险控制中心了解到某国的一家电信运营商出现财务问题，于是就向该国的华为代表处发出预警。

当时华为在该国的代表处对那家电信运营商的财务恶化，一点都没有觉察，因为这家电信运营商是该国市场占有率第一的运营商，谁都想不到它会破产。但是华为的财务风险控制中心经过详细的数据研究，发现了这种风险，并给代表处发了一份内容翔实的分析报告。

看到这份报告以后，代表处依然不相信，觉得这个预警太不靠谱，所以代表处没有做充分的准备。后来没过多久，这家电信公司真的破产了，给华为带来了一笔不小的损失。

因此，IFS体系的这两个作用要想真正发挥出来，人员素质也要匹配。在

IFS变革的过程中，华为对财务人员有一个特殊的要求，那就是财务人员必须懂业务。如果财务人员不懂业务，就没有办法跟前方沟通，特别是这个财务人员与业务人员远隔千山万水，只能进行电话沟通的时候，如果他根本不知道业务人员讲的是什么，就会浪费大量的时间和电话费，更没有办法把相应的财务工作做好。

华为要求财务人员加快对自身的提升和改造，加深对业务的理解，尽快把自己转变成半个业务型的专家。任正非对此有个形象的比喻："华为公司是业务为主导，财务人员为监督的这样一个业务设置，业务主导就是说业务抢粮食的时候，你后方的平台要支撑得上，如果后方的平台不知道抢的是什么粮食，你就不知道拿什么袋子去装。比如前方抢的是小米，后方拿一个有孔的袋子去装，最终把粮食全漏光了。"所以华为非常强调财务人员要对业务有充分的了解。

实际上从1997年开始的华为管理变革，一直到今天也没有完全结束，还在持续优化中，这显然是一个长期的过程。

因为企业在发展过程中，要根据情况的变化随时调整，这个调整的过程就是管理提升的过程，既有理念的转变和更新，又有组织架构的变革，还有IT系统的应用，它是一个庞大而细致的工作。

管理变革就是华为自我革命、自我否定和自我提升的过程。华为发展到今天，管理变革就起了功不可没的作用，但是这些变革并非保证华为稳健发展的充分条件，因为企业管理是一个不断优化的过程，管理和发展要相对匹配，管理滞后就会制约企业的发展，管理模式过于先进，也不一定适合企业的发展。

‖ 坚持技术创新，应对各种挑战

面对不确定的环境，华为坚持技术创新，应对各种挑战。对于华为来说，技术创新是烙印在每个华为员工骨子里的东西。

创新是一件知易行难的事情。任正非认为，"只有持续创新才能活下去，创新是华为保持竞争力、应对一切挑战的核心武器"。

华为每年都会拿出营业收入的10%以上作为研发投入，即便在营收增速放缓的情况下，仍然大手笔投入研发。在极度艰难的2022年，华为的研发投入高达1615亿元，占全年营收的25.1%，创历年新高。在过去的10年间，华为累计投入研发费用9773亿元。

持续的高投入，使得华为持续在联接、计算、云服务、终端等多个领域引领行业发展，为产业演进指明方向。

在无线通信技术方面，华为几年前就率先提出并定义了5.5G，至今已经完成了5.5G的多项关键技术创新和验证。

2022年，华为面向固网领域首次提出F5.5G的产业愿景，要将带宽、覆盖和体验提高10倍以上。通过移动与固网的齐头并进，将数字世界的联接基石做到1Gpbs无处不在，并最终实现10Gpbs无处不在的极致体验。

在计算层面，面对当前各行各业数字化、智能化转型升级对多样性算力需求的爆发式增长，现有的异构计算架构面临巨大的挑战，华为正携手生态伙伴从计算节点、数据中心和软件架构三个层面持续创新，重新定义计算架构，突破计算瓶颈，为经济社会高质量发展夯实基础。

在云服务方面，华为秉持"一切皆服务"的理念，将基础设施即服务、技术即服务、经验即服务贯穿起来，为企业数字化转型提供更好的"华为方案"。

"不在非战略机会点上浪费战略资源"是华为不可动摇的战略原则，近30年来，华为一直专注于自己的核心业务，从未偏离主航道。华为轮值董事长胡厚崑表示，"持续使能千行百业数字化、智能化是华为自始至终、一以贯之的企业使命，也是华为持续发展的原动力"。

除了创新与专注，坚持绿色发展，走可持续发展道路，也是华为持续增长的底层逻辑。任何技术、任何产业，如果不可持续，终究都走不远。华为能够持续引领行业发展，也与其长期坚持绿色发展、在创造社会价值过程中实现商业价值的理念密不可分。

首先是在用能侧，过去30年里，华为始终致力于在用能侧打造绿色ICT基础设施，不断通过智能技术，持续升级、优化既有技术体系和各行业解决方案，最大化利用可再生资源。

比如站点用能方面，华为在印尼采用一体化户外机柜，将站点从室内转到室外，去机房、去空调，减少配套基础设施能耗约30%；在波兰，华为在站点上叠加光伏，使太阳能供电比例高达约30%。又如在数据中心用能方面，华为通过全液冷、AI管理、预制模块、集群计算等创新技术，高效应对日益凸显的数据中心能耗挑战。

其次是在供能侧，华为积极通过数字技术升级反哺能源供给，构建以新能源为主体的数字化、智能化新型能源系统，促进可再生能源发展。

目前，碳中和已成为全球的共识与使命，技术创新将在应对气候变化和实现碳减排目标方面发挥核心作用。

一方面，华为的数字能源致力于融合数字技术和电力电子技术，发展清洁能源与能源数字化，推动能源革命，共建绿色美好未来。另一方面，华为加速清洁能源发电，建设绿色交通、绿色站点、绿色数据中心，携手产业伙伴一起贡献力量，打造低碳智能社会。

比如在光伏领域，华为的聚焦点就是用数字技术来改变光伏行业技术路线，不仅率先把无线分布式基站理念引入到光伏行业，提升发电量，还把无线专网和电力载波技术率先引入光伏领域，节省部署成本；同时还将云与AI技术用到光伏电站的运维，大幅降低运维成本，效果十分显著。例如在青海戈壁滩，华为助力客户建成了全球最大的2.2GW单体光伏电站，并通过把云和AI技术应用到光伏电站，使发电量提升超过2%，运维效率提升超过50%。

在数据中心能源方面，华为采用预制化、模块化、智能化的技术，打造极简、绿色、智能、安全的下一代数据中心。例如，华为预制模块化数据中心解决方案，助力武汉市快速建设人工智能计算中心，实现120天主体竣工，180天项目投运，上线时间缩短50%以上。通过AI节能等智能化手段，数据中心的PUE降至1.25，每年可节省超过340万度电，生命周期内预计减少碳排放42000吨。

在技术创新中，华为坚持绿色发展，引领技术发展与产业变革，深耕行业数字化、智能化，提供超越客户预期的服务，展现出强大的抗压力与竞争力。

‖ 以业务的连续性应对未来的不确定性

受地缘政治、三年疫情、全球经济下行等因素影响，不确定性成为新常态，业务韧性、业务连续性成为业界关注的焦点话题。面向未来不确定的环境，2022年，华为制定出了未来5年战略规划：

第一，积极使能各行各业数字化、智能化、绿色化，开创增长机会。

第二，优化产业组合，提升发展韧性。

第三，加强芯、软、硬、端、网、云协同，构筑差异化优势。

第四，以质取胜，持续让华为成为ICT行业高质量代名词。

第五，压强式研发投入，确保高质量的业务连续，提升产品竞争力。

在这五条战略规划中，最后一条是最重要的，即如何确保业务的连续性，而且要以高质量的方式保障业务连续发展。

1. 业务连续是生存之本和发展之基

业务连续顾名思义就是企业业务的连续运转，包括应对风险、按需调整和快速反应的能力，确保在非正常情况下的生存和发展能力。

众所周知，华为过去几年遭遇重挫，"戴着镣铐跳舞"，正是由于美国无端发起的制裁和封锁影响了部分业务的连续性所致。最典型的莫过于智能手机业务，由于芯片的断供，导致华为手机从曾经的全球第二跌到第五。

华为轮值董事长徐直军指出，"2023年是华为生存与发展的关键之年"。而在业界看来，华为的业务连续性"自救"不只关乎华为自身，业界同行都在注视这家首当其冲的"先驱"如何华丽转身，应对不确定性。

华为的业务连续包括供应连续、开发与制造连续、IT系统连续等。经过多年的努力，华为在器件替代、单板重构、操作系统、数据库、产品开发工具、CRM/ERP/PDM/MES等方面都取得了非常大的进展，解决了有无问题。

影响华为业务连续性的因素集中在高科技领域，既包括芯片元器件等核心硬件，也包括操作系统、数据库等基础软件，还包括产品开发工具等"生产工具"类软件，以及上层的企业、工业级核心应用软件。

当然，在正常情况下，如果全球还是过去那个"地球村"，华为根本不需要为这些事情烦恼，因为以美国几大IT巨头为代表的西方企业已经在这些方面构建出完善的软硬件产品矩阵，全球企业都在付费使用。

然而，突然间的地缘政治和科技战争打破了长期的宁静，使得包括华为在内的400多家中国企业、机构遭遇了不同程度的断供。华为不得不另起炉灶，自给自足。

2. 全面替代，确保高质量的业务连续

面对美国的制裁，华为抛弃幻想，坚持自研，走技术自立之路，从操作系统（鸿蒙、欧拉）、数据库（高斯）到编译器（方舟）和语言（仓颉），再到产品研发工具（硬件开发、软件开发和芯片开发），以及核心系统ERP和麒麟芯片等，全面打造出自己的替代品，打破美国的技术垄断。

这些替代品是关乎华为业务连续性的研发工具，最典型的比如用于芯片设计的EDA（电子设计自动化），其涵盖集成电路设计、布线、验证和仿真等所有流程，被行业内称为"芯片之母"，其重要性不亚于用于芯片制造的光刻机。正因为如此，华为近年来在产品研发工具方面下了很大的决心，投入巨大的人力和物力。

2023年2月，徐直军在名为"突破'乌江天险'，实现战略突围"的誓师大会上，首次披露了华为在产品开发工具方面取得的进展。他说："三年来，华为围绕硬件开发、软件开发和芯片开发三条研发生产线，努力打造自己的工具，已经完成了软件、硬件开发78款工具的替代，保障了研发作业的连续。"

这次誓师大会，华为表彰了为产品研发工具作出突出贡献的人员近2000人，既包括华为公司各体系员工，也有合作伙伴的人员。其中，被华为高管授旗的团队包括：软件IDE（集成开发环境）与构建工具团队、软件流水线工具团队、代码检查与测试工具团队、软件仓库工具团队、板级EDA工具团队、PDM（产品数据管理）工具团队等。

其中在芯片开发工具方面，华为奋起直追，其芯片设计EDA工具团队已联合国内EDA企业，共同打造了14nm以上工艺所需EDA工具，基本实现了14nm以上EDA工具国产化，2023年将完成对其全面验证。

徐直军指出，华为在一些核心技术方面取得了突破，实现了自主替代，但

是面临的挑战还有很多，没有彻底突破的产品开发工具也有很多，需要马不停蹄地加倍努力，不断吸引全球优秀人才，彻底实现战略突围。而华为的最终目标是——打造出从矿石和沙子到产品的领先的产品开发工具软件，彻底摆脱开发工具软件的依赖。

3. 压强式研发投入，为高质量的业务连续托底

2023年4月，任正非再次强调了包括产品研发工具替代在内的举措对华为业务连续的重要性，并表示要通过压强式研发投入，确保高质量的业务连续，提升产品竞争力。

任正非指出，"只有维持和加大在这些领域的研发投入，才能确保高质量的业务连续。同时，只有确保和增加研发投入，才能不断创新，通过架构重构、系统工程、优化设计等提升产品竞争力。而只要有高质量的业务连续和有竞争力的产品，华为就能持续生存与发展"。

华为年报显示，截至2022年底，华为员工总数达到20.7万名，其中研发人员11.4万名，占员工总数的比例达到55％。华为在全球共持有有效授权专利超过了12万件。2022年，华为的研发投入仍然达到1615亿元，占全年收入的25.1％，创下历史新高。而在过去10年间，华为坚持每年将10％以上的销售收入投入研发，累计投入的研发费用高达9773亿元。

有如此高强度的研发投入托底，难怪华为轮值董事长孟晚舟自信地说："雪后疏梅正压枝，春来朝日已晖晖。面向未来，我们有压力，更有信心！"

确保高质量的业务连续将是华为目前及未来5年内的主旋律，未来对于华为来说，注定将有更多的硬仗要打！当然我们也要意识到，当不确定性成为"新常态"，华为之外的其他中国企业，也要沉下心来好好思考自身的业务连续性了。

生存法则 26：

以奋斗者为本，长期艰苦奋斗

"**以**客户为中心，以奋斗者为本，长期艰苦奋斗，坚持自我批判"是华为的价值观，也是华为的生存法则之一。

任正非从管理实践中深刻体悟到一个真理："要生存和发展，没有灵丹妙药，只能用在别人看来很土、很傻的办法，就是艰苦奋斗。"

不管是在华为早年野蛮生长时期，还是在IT危机时期，或是后来的黄金十年，任正非对艰苦奋斗的要求始终是一贯的、持久的，并于2010年将"以奋斗者为本，长期艰苦奋斗"确定为华为的价值观。"艰苦奋斗"的文化已根植于华为员工的心中。

‖ 要活，大家一起活！

1987年，在生活所迫、走投无路的情况下，任正非与5个合伙人凑了21000元注册资金创办了华为技术有限公司，起步的生意是代理电信设备，通俗地说，就是"二道贩子"。

当初，华为公司少资金、无技术、无资源，活下去成为任正非唯一的目标。

任正非说："我们没有任何稀缺的资源可以依赖，唯有艰苦奋斗才能赢得客户的尊重与信赖，唯有艰苦奋斗才能活下去。以奋斗者为本是华为的核心竞争力，也是任何企业，包括我们这个国家，从落后走向发展、走向强大的一个根本的精神力量。不奋斗的企业，不奋斗的民族，一定是没有出路的。"

创办华为公司30多年来，任正非始终没有忘记自己贫苦的少年时代。父母亲的艰辛让任正非看到了什么是活下去的倔强。

在任正非的心底，二十世纪五六十年代留给他的印象最深刻的画面，是每天早上母亲塞在他手中的一块玉米饼，而这是"从父母与弟妹的口中抠出来的"。

任正非的青少年时期是在极度贫困中度过的。他在19岁之前没穿过一件新衣服，直到高中毕业都没有穿过衬衣。上大学时，妈妈给他做了两件衬衣，他当时拿着新衬衣，真想哭。因为，他知道自己有了衬衣，弟妹们就会更难了。因为上学的孩子多，每到新学期他母亲就开始为子女的学费发愁，经常要到处向人借钱。

在那个物质极度缺乏的特殊年代，最让人难忘、难以忍受的就是饥饿了。从小到大，任正非最深的记忆就是吃不饱，最大的梦想是能吃一个白面馒头。

虽然为饥饿所折磨，作为长子的任正非不敢随便动家里的存粮，因为他知道父母也在挨饿，而且还要留给弟妹们吃。

任正非的母亲常说："要活，大家一起活！"

"要活，大家一起活！"这个意念从此深植在任正非心中，成为他创业后坚持利益共享的基础。

任正非感慨道："我真正能理解活下去这句话的含义！"

任正非指出："奋斗的目的就是为了活着！华为最基本的使命就是活下去。对华为来讲，长期要研究的问题是如何活下去，积极寻找活下去的理由和活下去的价值。活下去的基础是不断提升核心竞争力，核心竞争力提升的必然结果是企业的发展壮大。对于我个人来讲，我并没有远大的理想，我思考的是这两三年要干什么、如何干，才能活下去。活下去，永远是企业的硬道理。"

‖ 只有艰苦奋斗才能活下去

为了活下去，华为建立了一套合理的评价机制，并基于评价给予激励和回报。华为的价值分配以奋斗者为本，导向员工的持续奋斗，激励员工奋斗。华为坚持以奋斗者为本，使奋斗者得到合理的回报，只有这样，员工才愿意艰苦奋斗。

前几年，媒体上铺天盖地地指责华为的"床垫文化"。曾经一位领导视察华为时，让员工把桌子下面的垫子拿出来给大家看，让记者拍照。"床垫文化"代表着一种奋斗精神。华为早期的研发人员，每人都在办公桌底下放一张床垫，这是公司配的，用于午休和晚上加班时休息。

在华为不同的时期，艰苦奋斗的内容和意义并不相同，不过，其内在的奋斗精神却是一脉相承的。例如，在创业初期，华为的奋斗精神其实是秉承20世纪60年代"两弹一星"精神，在没有资源、没有条件的前提下，华为研发人员依靠废寝忘食、忘我奉献的奋斗精神钻研技术方案，完成了开发、验证、测试产品设备等工作，并由此诞生了华为引以为傲的"床垫文化"。

任正非认为，华为长期坚持艰苦奋斗，就是为了打破现在的既有优势，以开放的姿态追赶时代的潮流。此外，任正非还指出，比起身体上的艰苦奋斗，思想上的艰苦奋斗更有意义，也更能创造出价值。

创业早期的那一批华为员工，燃烧青春来奋斗、贡献。今天作为一个传统，床垫保留了下来，但是员工想加班，必须得通过好几层批准。今天的华为按照劳动法严格支付员工加班费，但华为更强调有效劳动。华为的首席健康官也要求大家在奋斗的同时关注自身健康。

华为的管理顾问田涛在演讲中曾提到，华为的高管们每天工作都在10小时以上，每天工作12个小时以上的占60%。但令人吃惊的是，将近50%的高管们认为这么奋斗着有幸福感和成就感！他们奋斗并快乐的原因是什么呢？

五年前，华为公司常务董事、终端业务CEO余承东在与笔者交流时说："我不加班回到家里寂寞、空虚、无聊，甚至坐立不安，只有在公司把事情做完后心里才踏实。"笔者从他身上看到了华为奋斗文化的力量！

为了活下去，任正非要求华为所有的干部职工要"眼睛对着客户，屁股对着老板"，一心一意把服务做好。

任正非认为，企业的激励机制、决策流程、规章制度、文化建设等固然重要，但企业领导的决心、勇气、自觉性、奉献精神等也不可少。华为用机制来推动、驱使、牵引华为20万名员工，到全世界去攻城略地，开疆拓土。

很多人羡慕华为员工的高收入，但不知道华为员工，尤其是在非洲工作的员工工作的艰辛。

说来大家也许不敢相信，在非洲和南非等艰苦地区奋斗的华为员工大多是"80后""90后"。

华为一位在非洲工作多年的片区负责人对笔者说："我们一共30多个人，由于这里生活条件非常艰苦，医疗设施落后，每个人都得过疟疾，有的人每年都得疟疾。有一个'80后'的员工，主动要求到一个由三个岩石小岛构成的小国工作。只有一个人常驻，每天只有一小时有电，没有饮用水。这个小伙子去了以后就在门口挖了个坑，来积水洗澡，三四天只能洗一次澡。正是这个年轻人，在那儿坚守了三年。"

从华为总部派到非洲和南非地区的管理干部、技术人员都会自觉遵守一个准则，任何人到那里出差都不住酒店，要跟坚守在那里的员工住在一起。类似这样艰苦奋斗的故事非常多。

要奋斗就会有牺牲，但没有奋斗就不可能活下去。奋斗依然是新时代的最强音。华为公司正是因为建立了"以生存为底线，以客户为中心，以奋斗者为本"的组织管理体系、技术研发体系和价值管理体系，才能扛得住美国的打压和封锁，为客户而活，因奋斗而活。

‖ 以奋斗者为本，不让雷锋吃亏

为了激励华为员工长期艰苦奋斗，华为建立了一套"不让雷锋吃亏"的好机制，让奉献者得到更合理的回报，奉献者拿得多，打工者就会因为羡慕而向他们看齐；偷懒者将会受到惩罚，他们只有两个选择，要么离开公司，要么增加投入将自己变成打工者或奉献者。让小人不得志，让好人不吃亏，这样公司就有了正气和正义。

任正非一直倡导"不能让雷锋吃亏"。他说，"只有不让雷锋吃亏，才会涌现出更多的雷锋"。

《华为基本法》第五条规定：华为主张与顾客、员工、合作者结成利益共同体，努力探索按生产要素分配的内部动力机制。

一个好机制的核心就是"以奋斗者为本"，让奋斗者得到合理回报。为此，华为建立了一套科学的价值创造、价值评价的体系。这套机制有三个核心：价值分配的导向强调全面回报；控制刚性，增加弹性；打破平衡，拉开差距。

1. **强调全面回报**：责任贡献、多劳多得；物质和非物质激励并重；手段多元化和差异化。对于在海外正常地区工作10年、在艰苦地区工作8年和在最艰苦地区工作6年的三类员工，公司会颁发"天道酬勤奖"，还有"金牌员工奖""蓝血十杰奖""明日之星奖"等。任正非还亲自给"金牌员工""明日之星"获奖员工颁奖并合影留念。

2. **控制刚性，增加弹性**：以岗定薪、以级定薪、人岗匹配、易岗易薪、奖金包自下而上获取分享、劳动所得优先于资本所得。同一职级岗位工资一样，奖金会有区别。如果职级下降，工资随着职级调整。"奖金包"根据部门称重和价值创造多少自下而上获取。

3. **打破平衡，拉开差距**：向绩优者和奋斗者倾斜；向一线和艰苦地区倾斜；给火车头加满油。第一名和最后一名的奖金要有10倍差距，激发员工积极性和组织活力，给火车头加满油，导向队伍的奋斗与冲锋，导向企业的可持续发展。

光这些还不够，华为还有员工持股，华为员工持有接近99%的股份，股份的回报主要有两个途径：股票的增值、年度的分红。

‖ 打造奋斗者文化

华为的奋斗者文化投射在每位员工身上。管理者们经常深更半夜还在开电话会议——因时差问题，东半球与西半球刚好白天与黑夜同步，很多会议只有深夜开。工程师们为了及时完成工作任务，成就客户，经常夜以继日地劳作。

那么华为的奋斗者文化是怎样炼成的呢？主要有五大举措：

一、构建持续奋斗的价值取向

坚持不让雷锋吃亏，付出才会有回报，建立一套合理的评价机制，并基于评价给予激励回报。

二、构建以奋斗为导向的组织规则与秩序

为了践行"以奋斗者为本，不让奋斗者吃亏"的价值观，华为强调人力资本不断增值的目标先于财务资本增值的目标，用转化为资本这种形式，使劳动、知识以及企业家的管理和风险的累积贡献得到体现和报偿。

三、以绩效结果为导向

奋斗者文化的考量需要用以绩效结果为导向的决策、考核机制，去审视和识别哪些是奋斗者，哪些人真正为企业创造了价值。

四、通过制度建设让文化生根

通过公平的价值评价和价值分配制度，使员工形成合理的预期，让他相信他竭尽所能后企业会给他合理的回报，实现同等贡献、同等报酬原则。

五、通过大事件来体现奋斗者文化的影响力

通过大事件去构建和呈现奋斗者文化，万众一心，让文化真正成为员工的内驱力。

世间自有公道，付出终有回报。说到不如做到，要做就做更好。华为这些举措，概括起来就是四个字：论功行赏。

华为的目的就是全力创造价值、正确评价价值、合理分配价值，并围绕这个价值环，以价值评价为支撑，实现价值的良性循环。这是企业管理的核心命题。简而言之，是绩效与激励的问题。

在华为，业绩做得好，会给予一次性奖励。比如华为的手机业务，你必须承诺利润，第二年公司根据你完成的利润配置人、配置干部、增加研发投入。

利润也是内部交易制，新业务做得好，会给业务团队奖励，但这是一次性奖励，作为特别奖金，不是年终奖励。

只有正确的价值分配制度，才能激发出员工创造价值的热情，尤其是自2019年以来，华为员工的积极性和组织活力有了明显提高，正是华为的激励机制改革发挥了巨大作用，鼓励大家去冲锋，让全体员工及时分享到公司的成果。

"以奋斗者为本，不让雷锋吃亏"的分配准则，给华为注入了强大的生命力，使华为公司的组织力量由此脱颖而出。一个"胜则举杯相庆，败则拼死相救"的铁血团队就是在这样的土壤里培育出来的。

生存法则 27：

员工持股，利益共享

30多年来，华为一直在回避资本市场的诱惑，拒绝上市，实行员工持股制度，与员工共同分享公司的发展成果。

员工持股制度是华为最大的颠覆性创举之一，是华为创造奇迹的根本所在。

华为规定，员工进入华为工作一两年后，根据表现可以获得一定的内部股权认购额度（虚拟股份），员工可自愿按照每股1元的价格购买一定数量的股份并按照股权获得分红。在员工离职时，公司按照原购买价回购股份。这个入股方案简单且有效，华为的股票只能在内部对员工发行，因此也被称为内部虚拟受限股。

虚拟受限股，是华为投资控股有限公司工会授予员工的一种特殊股票，不是法律上员工拥有所有权的股权，而是华为和员工通过契约方式约定的一种虚拟股权。拥有虚拟股的员工，可以获得一定比例的分红，以及虚拟股对应的公司净资产增值部分，但没有所有权、表决权，也不能转让和出售。在员工离开企业时，股票只能由华为控股工会回购。在融资困难的时期，华为依靠这种内部融资的方式渡过了难关。

任正非在《一江春水向东流》一文中道出了华为员工持股制度的产生过程："我创建公司时设计了员工持股制度，通过利益分享，将员工团结起来。那时我还不懂期权制度，更不知道西方在这方面很发达……我只是从自己过去的人生挫折中感悟到要与员工分担责任、分享利益。"

2008年，华为公司调整了配股方式，施行新的"饱和配股"制度，来维持整个组织的活力。

"饱和配股"制度，顾名思义，即规定员工的配股上限，每个级别达到上限后，就不再参与新的配股。华为核心层的配股数量由华为公司董事会内部评定。华为通过任职资格、HAY级别、绩效考核结果与配股数量的联动关系，来激发员工不断进步、不断晋升。

"饱和配股"制度推行后，手中持股数量巨大的华为老员工们的配股受到了限制，这有利于激励华为的新员工。

2018年，华为为了让更多的人加入命运共同体，更倾向于配股给没有持股的员工，持股员工人数因此增加了15950人。华为在分红时对已持股员工做了大量的送股，送股比例高达23%，即每股送0.23股。因此，2018年的股份总数增加58亿股，总的增发比例高达35%。这种增发数量和比例是史无前例的。

2019年4月股权分红时，华为按照1：0.2的比例进行送股，即每5股派送1股，增发股份数高达44.5亿股。2019年10月，华为再次发行26.7亿股，由年轻骨干进行认购。2019年全年增发股份数量超过71亿股，增发比例达到32%，持股员工均获得丰厚的收益。

2018—2020年间，华为配股总量共计176.2亿股，超过了华为从1990年到2017年27年间发行的股份总量。按照每股7.85元计算，华为融资1383亿元，众志成城，这就是危机下的华为股权激励方案。

2021年4月，华为继续实施ESOP1（员工持股计划）激励，此次增发数量达到24亿股，增发比例达到7%左右。截至2022年12月底，华为投资控股的总股本为446.9246亿股。今后，华为仍将继续发放ESOP1，与更多的华为奋斗者结成命运共同体。

华为通过增发虚拟股的形式，获得了大量的资金。华为虚拟受限股的本质是解决公司分钱的问题，体现了华为价值分配的基本原则：效率优先，兼顾公平，可持续发展。钱分好了，方向也就一致了。与多数人谋共利，才是企业发展的长远之道。

华为员工的薪酬主要包括三部分：工资、奖金和分红。股票分红是华为员工收入的重要组成部分，不少员工一年能获得几十万元，甚至上百万元的股权分红。

华为的股权激励带来的积极效应是多方面的：一是在很大程度上缓解了企业的现金流；二是给员工尤其是骨干员工戴上了"金手铐"；三是消灭了员工手上的现金流，员工的思想会更加聚焦在工作上。但话说回来，资本既然要承担不确定性风险，其回报一定不能低，因为资本总是寻找水草肥美的地方栖息。在华为的历史上，除了极个别年份，华为员工的资本回报率大都高于40%。

通过股权激励，华为把劳动、知识、企业家和资本的贡献累积起来，像滚雪球一样，尽可能将它们转化为风险资本，保证企业长期运作，共担企业经营风险，有利于全体员工"力出一孔，利出一孔"。企业只有把劳动、知识、企业家、资本这些价值创造的要素全部调动起来，企业的蛋糕才能越做越大。

在华为股权激励制度以及长期形成的使命感召下，大部分员工选择了坚守，与公司并肩作战，共克时艰。

华为公司通过员工持股制度，将员工变成了公司的股东，人人当老板，形成命运共同体，共同打天下。员工的身份变了，干劲自然更足了。这是华为公司拥有强大凝聚力和从容应对美国制裁的核心所在。

近几年来，华为公司尽管遭遇了美国的多轮打压，相关业务和收入也深受影响，但一直坚持分红，与员工利益共享。

截至2022年底，华为员工总数20.7万名，其中有员工持有公司股份，约占公司总股本的99.27%。而作为华为公司的创始人、总裁任正非仅持有公司总股本的0.73%，其持股比例连续五年下降。

被美国打压了三年多的华为，自身困难重重，仍然没有忘记致敬"奋斗者"。2022年，华为每股分红1.61元（分红后每股价值7.85元保持不变），股东分红总额高达719.55亿元，人均分红50.5万元，这是华为给员工派发的史上最大红包。相比2021年分红总额614.04亿元，增加了105.51亿元。这就意味着华为内部股权分红收益碾压大部分上市公司股票收益。

这一消息出来后，瞬间引爆话题，冲上热搜。有的网友羡慕华为的豪气，也有的网友深受感动："华为从自己的大衣上撕下棉花帮员工过冬，任老板厚道！"有的网友则称赞华为的智慧："目前华为确实困难，关键时候，留住人心比留住钱更重要。"

华为员工持股计划将公司的长远发展和员工的个人贡献及发展有机地结合在一起，形成了长远的共同奋斗、分享机制。华为员工持股制度吸引、团结、留住了大批人才，包括国际化员工，增强了员工的归属感，稳住了创业团队，成就了华为今日的辉煌。

生存法则 28：

质量为本，把产品做到极致

过硬的产品质量是华为的生存之本，在任正非看来，"质量优先于我们的成本，优先于利润，质量享有最高的优先级，没有质量，一切都无从谈起"。

在华为创立之初，任正非就确立了"质量好、服务好、运作成本低、优先满足客户"的经营理念。30多年来，华为从"以消费者为中心"出发，坚持以质取胜，以优质的产品和服务赢得良好的口碑，从而获得商业成功。

‖ 质量不好是耻辱

任正非很少在外界公开露面，但在内部的讲话却有很多。除了"以客户为中心"这一永远不变的主题之外，他讲得最多的就是华为的"质量文化"，指出："产品质量是华为立身之本，我们在质量管理上要追求'零缺陷'，要始终牢记，质量不好是耻辱。"

为确保产品质量，华为每年都召开质量工作汇报会。1995年，任正非在质量工作会议上强调指出："华为公司要加强质量文化建设。目前公司在质量问题上的认识，仍然聚焦在产品、技术、工程质量等领域，而我认为质量应该是一个更广泛的概念。我们沿着现在的这条路，走向新领域的研究，建立起大质量管理体系。创新要向美国企业学习，质量要向德国、日本的企业学习。在华为的大质量观形成过程中，与德国、日本企业的对标起到关键作用。"

任正非还举例说，德国斯图加特工程院院长带他去参观一个德国工学院，看到大学一年级刚入学的学生都在车间里对着图纸做零件，做好后把这些零件装到汽车上去跑，跑完回来再评分。经过这一轮，学生再开始学习几何、理论力学、结构力学等学科。所以德国制造的汽车"天下无敌"。

每个人都愿意兢兢业业地做一些小事，这就是德国、日本的质量科学，没有这种文化就不可能有德国、日本的工业制造。

任正非曾去日本访问多家知名企业并感受颇深："我们为什么不能有这种文化？我们要借鉴日本和德国的先进文化，最终形成华为的质量文化。如果公司从上到下没有建立这种大质量体系，你们所提出的严格要求则是不可靠的城墙，最终都会被推翻。我们要建立起大质量体系架构，在中国、德国、日本建立大质量体系的能力中心。"

因此，华为对标欧美国家，建立了一套严密的质量管理体系，对质量标准和工艺要求都有严格标准，并且让全员参与、全员重视公司的质量文化，这种文化也渗透到每位员工的工作过程中，体现在各个环节。

任正非认为："一个企业要成为高质量的企业，最根本的就是文化。工具、流程、方法、人员能力是'术'；'道'是文化。法国波尔多产区只有品质红酒，从种子、土壤、种植……形成了一整套完整的文化，这就是产品文化，没有这种文化就不可能有好产品。"

华为的质量管理体系和质量文化是在市场不断扩张的过程中建立和完善起来的，每进入一个市场都倒逼着华为不断完善质量管理的方法，提高质量管理的层次，不断吸收欧美和日韩的经验，对质量的认识也不断深入。

2000年，华为向IBM这家当时全球最大的IT企业学习管理，构建集成产品开发IPD流程和集成供应链ISC体系。

那时，印度软件开始快速崛起，任正非认为软件的质量控制必须要向印度学习。所以华为建立了印度研究所，将CMM软件能力成熟度模型引入华为。

华为建立了全面领先的管理体系，从供应商的体系、流程和产品等方面对供应商进行筛选和认证，并对合格供应商的表现进行持续监控和定期评价，遴选出优秀供应商。

此外，华为手机还建立了完善的全流程质量反馈改善体系，通过服务热线、社交媒体、新媒体等渠道收集用户反馈的产品痛点，在下一代产品中不断迭代完善，以保证产品质量的不断提升。

文化的形成是一个慢工程。近十年来，企业界潮起潮落，不断有新的风口，但华为一直是一家很朴素的公司，确立了"脚踏实地，做挑战自我的长跑者"的理念。

因为，任正非知道竞争会对慢跑型公司带来短期的冲击。任正非一再强调："终端业务要有战略耐性，要耐得住寂寞，扎扎实实把质量做好。因为你生产的产品是你爹娘在用，质量不好是耻辱。"

从流程管理，到标准量化，再到质量文化和零缺陷管理，华为的质量管理体系是跟随客户的发展而逐渐完善的，在这一过程中还特地借鉴了日本、德国的质量文化，并与自身实际情况相结合，建设尊重规则流程、持续改进的质量文化。

‖ 崇尚"工匠精神"

曾经，不论是在国内还是在国外，只要提到中国的产品，总是给人留下"科技含量低""山寨""品牌形象低端"等不好的印象。但是自从华为智能手机等产品问世以来，逐渐改变了这种负面形象。

华为手机成功的秘诀就是崇尚"工匠精神"，用"工匠精神"重新定义中国制造。

"工匠精神"是一种精益求精、追求极致的敬业精神。华为可以说是引领新时代工匠精神的典范。

任正非很推崇日本的工匠精神，始终认为品质是企业的脸面，只有精工细作的品质才能树立良好的品牌形象。

任正非说："工匠精神的核心不仅仅是把工作当作赚钱的工具，而是树立一种对工作执着，对所做的事情和生产的产品精益求精、精雕细琢的精神。在众多的日本企业中，工匠精神在企业上下形成了一种文化与思想上的共同价值观，并由此培育出企业的内生动力。"

目前，全球寿命超过200年的企业中，日本有3146家，为全球最多，德国有837家，荷兰有222家，法国有196家。这些企业为什么长寿？答案之一就是他们都在传承"工匠精神"，把产品做到极致。

很多人认为工匠从事的是一种机械重复的工作，但在任正非看来，"工匠"其实意味深远，代表着一个时代的气质，与坚定、踏实、精益求精相连。

华为把产品质量放在首位，对产品的每一个模具、每一款设计、每一个零件、每一道工序、每一个细节都精心打磨、专心雕琢。在华为员工的眼里，只有对质量的精益求精、对制造的一丝不苟、对完美的孜孜追求，除此之外没有其他。正是凭着这种凝神专一的工匠精神，华为手机才在短短几年内誉满天下，畅销全球。

华为的每一款手机上市前都会经历严苛的环保测试、强度测试、性能测试和极端的环境使用测试，通过多重考验后才能送到用户的手中。

除了严格的测试，还有严格的管理。从管理方面看，华为的测试环节完全独立，工程师只对产品品质负责，因此具有否决权。

余承东表示："我们需要把质量的各个环节都做好。从需求挖掘和战略规划开始，包括产品规划、设计、供应链管控、来料质量把控、硬件研发和创新、软件开发、生产、营销、零售、售后服务等各个环节，都要严守质量的底线。"

在严格要求自身产品质量的同时，华为也一直在同整个产业链通力合作，不断提升供应链中各个环节的产品质量。只有这样，才可能给消费者和客户提供高品质的终端产品。华为的成功是用"工匠精神"谱写的。

‖ 对产品瑕疵"零容忍"

华为在质量管理上追求"零缺陷"，用制度支撑"质量优先"和产品"零缺陷"战略在各个环节的落地。

任正非在2015年华为终端年会上指出："我们一定要多听使用者的意见和批评。消费者BG（企业消费者业务）要继续加强开放，改善产品质量，改善为用户服务质量，改善供应链关系，以提升竞争力。"

华为有一个明确的规定：既要做业界标杆，又要做质量标杆。如果华为产品的质量和业界标杆有差距，那么就要快速赶超，每年必须以不低于30%的速度去改进；即使成为业界标杆之后，每年依然要以20%的改进率去改进质量，培养员工追求极致体验的精神，致力于在企业上下形成共同的价值观，把产品质量和用户体验都做到极致。

华为的终端业务CEO余承东表示，"对华为来说，质量就如同企业的自尊和生命。自华为成立以来，就以'工匠精神'来衡量产品，追求真正的'零缺陷'。消费者是我们的业务之魂，质量是我们的生存之本。如果一个公司不考虑用户体验，不考虑最终消费者的价值，那这个公司就没有未来"。

为解决一个在跌落环境下致损概率为三千分之一的手机摄像头质量缺陷，华为会投入几百万元不断测试，最终找出问题并解决；为解决某款热销手机一个非常小的缺陷，华为曾经关停生产线重新整改，影响了数十万台手机的发货。"尽管这给我们带来了巨大的经济损失，但这在质量问题面前没有争议，这不是可以讨价还价的地方。"余承东如是说。

2015年5月28日，在"6·18"大促之前，运输华为荣耀系列部分产品的车辆的轮胎着火，虽然车上的手机并没有实质的损伤，但考虑到将来可能的质量风险，华为主动将这些价值2000万元的手机全部销毁了。这种宁愿企业损失千万，也不给消费者留下一点隐患的做法，是一种发自内心的对消费者的尊重，也体现了对品质的坚守。

回想起这个事情，余承东虽为损失惋惜，但更感到幸运。他说："质量是能力的体现。以前我们有能力拦截到现有问题，但是这次问题的暴露，让我们发现检测设备连一年后可能出现的问题也能拦截到。这样的问题一般手机厂商很难发现，因为需要高精尖设备，而且即使发现，有的企业也可能会因为考虑成本而忽视该问题。"

此外，华为在消费者领域还建立了完善的全流程质量反馈改善体系，通过服务热线、社交媒体、新媒体等渠道收集用户反馈的产品痛点，在下一代产品中不断迭代完善，以保证产品质量的不断提升。

2016年3月29日，第二届"中国质量奖"颁奖仪式在北京人民大会堂举行，华为获得了该奖项制造领域第一名的殊荣。

作为国内质量领域最高政府性荣誉，"中国质量奖"由国务院批准设立、国家质检总局负责组织实施，每两年评选一次。华为能够获得"中国质量奖"制造领域第一名的殊荣，是对华为长期坚持以"质量为生命"的肯定和褒奖，也是对华为"质量优先于成本，优先于利润"的最好诠释。

2019年，华为智能手机发货量2.4亿台，居世界第二，华为成为中国第一家年发货量超过2亿的智能手机厂商。可以说，华为的成功是品质铸就的。

生存法则 29：

存天理，顺人性

人力资源管理的对象是人，管人到底管什么？就是管人性，管理的本质是对人性欲望的洞悉和管理。华为的成功，其实就是对人性的洞察和驾驭的成功。

‖ 管理就是洞察人性，激发人的欲望

任正非是一位志存高远、懂人性的企业家，被称为"人性大师"。他说："管理就是洞察人性，激发人的欲望。欲望的激发和控制构成了一部华为的发展史。一家企业管理的成与败、好与坏，背后所展示的逻辑，都是人性的逻辑、欲望的逻辑。"

中国古代先贤孟子认为人性本善，但荀子认为人性本恶。无论人的本性如何，有一点是我们必须要面对的：那就是每个人内心中都固有贪婪、懒惰、依赖、自私……

如何抵制人的心魔、提升内驱力，便成了抑制人性之"恶"、激发人性之"善"的关键，而企业管理的好坏就与此相关。

华为公司原副董事长洪天峰介绍说，华为的价值观秉持两大底层逻辑：第一是商业逻辑，以客户为中心，其本质是如何更好地满足客户需求；第二是人性逻辑，以奋斗者为本，其本质是理解人性，用科学合理的管理机制去激发人性。

人性假设是华为人力资源理论体系的原点，华为之所以能保持30多年的高速增长，屹立于全球通信行业之巅，与其基于人性的管理机制设计是密不可分的。

《华为基本法》第六十五条提出：华为绝大多数员工是愿意负责和愿意合作的，是高度自尊和有强烈成就欲望的。华为既能看到人性的"善"，又不回避人性的"恶"。

任正非告诉华为的干部，要少一些私心，不要跟下属抢功劳，要克服把功劳归功于自己的冲动。

在知识经济时代，知识员工的欲望是多样的。所以企业不能用一种方式管理员工、构建人力资源，而要用多种方式，既要用文化的方式，也要用制度的方式；既要有精神激励，也要有物质激励，以物质激励促进精神激励；既要从文化层面去激发员工内心更高尚的东西，也要从制度设计层面去约束员工的缺点。而这个制度设计和文化要义又是一脉相承的，如果制度设计和文化要义不一致，那人就会分裂。因为文化会影响人的行为，制度也会约束人的行为，但是人的最终行为只有一个，如果这两个不一致，那人就分裂了。

企业人力资源管理的本质是对人性和欲望的管理。那么，人的欲望是什么？如何激发人的欲望？

任正非指出："我们经常听到一种说法，叫无欲则刚。我想这个说法，第一，违背了人性；第二，无欲者很难做到所谓刚强、有力量。欲望其实是中性的，很大程度上，欲望是企业、组织、社会进步的一种动力。"

任正非从心理学的角度进行分析，将知识型劳动者的欲望分为五个层面：物质的饥饿感、安全感、成长的愿望与野心、成就感、使命主义。他认为，"作为管理者，谁能抓住知识型劳动者五个层面的欲望，谁就有可能成功"。

是的，人如果没有欲望，就会失去奋斗心。优秀的管理者都善于制造饥饿感，让员工产生一点企图心。因为，企图心是一个很重要的力量来源，它能够扫清成功路上的障碍，战胜困难。

管理就是洞悉人性，懂人性的老板最懂激励。如果一个员工的所有细胞都被激活，那么这个员工就有了强大的自驱力。

拿什么去激活？关键就是薪酬分配制度。

为此，华为建立了以岗位责任结果等为导向的薪酬分配机制，员工的收入都与绩效挂钩，实行"按劳取酬，多劳多得"，让贡献者获得应有的回报。

‖ 通人性，才能得人心

通人性，才能聚人心。43岁才开始创业的任正非对人性有深刻的洞察。于是，个体对财富自由度、权欲、成就感等的多样化诉求，构成了华为管理哲学的底层架构。

任正非常说："最大的自私是无私。"30多年来，任正非在华为最重要的工作就是"分分分"。分什么？就是分银子、分位子（权力）、分面子（荣誉），与员工一起共享财富、权力和成就感，其结果就是员工的战斗力和凝聚力所带来的发展奇迹。

华为"利益共享"制度的建立，反映了任正非对员工利益的基本态度，体现了他对员工的真正尊重，因为人的最基本诉求首先是利益获取的问题。

全员持股是华为"利益共享"制度设计的核心。华为一直在回避资本市场的诱惑，拒绝上市，实行员工持股。作为华为的创始人，任正非放弃了公司利益分配的优先权，将公司99%的股份都分给了员工。华为通过全员持股，将员工变成公司的股东，人人当老板，共同打天下。员工的身份变了，干劲自然更足了。这就是华为拥有强大凝聚力和战斗力的核心原因。

研究表明，舍得在员工身上花钱的企业，管理成本是最低的。任正非把赚到的钱拿出来与员工分享，收获的是人心依附。所以，华为员工就会心悦诚服地团结在他的周围，积极努力工作，持续奋斗，从而成为一支战无不胜的华为铁军。

任正非说，"让员工成功才是最大的人性管理"。华为坚持"以奋斗者为本"，为奋斗者提供舞台，授予相应职权，配置相应资源，充分赋能，为奋斗者创造赚钱的机会、表现的机会、成长的机会、发展的机会，使大量的年轻人有机会担当重任，快速成长，实现人生价值的最大化。从管理哲学上来讲，这是基于人性善的一个假设，是正能量的一个牵引。

管理归根结底就是洞悉人性、解放人性。在管理上，华为引导员工对自身和社会价值进行思考，使其逐步产生共鸣，进而改变行为，自我驱动进步。华为在管理上强调人性和本能，用责任感和使命感凝聚饥饿的个体。

任正非认为，管理者的重要职责就是要张扬每个人的雄心，同时又要遏制过度的野心。军人出身的任正非，深谙欲望激发与约束之道。他将华为员工分为四种：奋斗者、贡献者、劳动者、惰怠者；然后用绩效考核和末位淘汰制度来激励奋斗者，奖励贡献者，善待劳动者，淘汰惰怠者；并通过激励制度的优化，来激发人正向的一面，抑制人心中的贪婪，约束权力带来的傲慢，克服安逸、懒惰的天性，并通过严格的制度来驾驭人性，防止干部的贪婪和腐败，从而实现组织的目标。

在任正非看来，"员工是企业财富创造的根本动力，员工是华为最宝贵的财富"。作为全球知名的世界500强企业，华为除了给员工创造良好的工作、生活环境，还建立了完善的员工保障体系，为员工购买各种商业保险，制定了全球紧急医疗救助服务方案，保障员工在紧急情况下可以享受专机接送救治的福利。华为为员工的健康保驾护航，用心呵护员工的身心健康，提供无微不至的人文关怀。

‖ 物质激励和精神激励双向驱动

作为人性大师，任正非意识到，企业除了提供物质条件，还要注重精神激励，实行精神和物质双轨驱动。精神激励导向持续奋斗，物质激励基于价值创造，并以合理的价值分配来撬动最大的价值创造。

华为30多年的发展史，其实就是一部精神文明与物质文明并建共进的历史。不同历史时期，精神激励与物质激励双轨驱动、交替支配，给华为注入了强大的生命力和战斗力，从而造就了一支有责任感和使命感的员工队伍。

彭剑锋先生是著名的人力资源管理专家、《华为基本法》起草人之一，他为笔者的《任正非：成就员工就是最好的人性管理》一书作序，其中写道："任正非先生说自己什么都不懂，其实他最懂人性，洞悉人性的本质，了解人的真正需求和欲望，并通过机制与制度管理好人性与欲望。与其说他是一位伟大的企业家，不如说他是一位人性大师。华为的机制和制度设计往往被人理解为对人性恶的假设，是基于对人性恶的一面的控制，但任正非的很多管理思想和行为又都体现对人性善的弘扬，形似恶，实为善，任正非就是一位具有悲悯情怀的大善者！"

‖ 存天理，顺人性

"存天理，顺人性"，这是华为的管理原则。

什么叫天理？

对于企业来说，所谓"天理"就是价值创造的源泉。企业价值创造的源泉不是资本，不是老板，也不是员工，而只能是客户，正像任正非所说的，客户是华为存在的唯一理由。由此可见，华为的天理就是以客户为中心。

全球范围内，既做运营商业，又做企业网和终端业务的公司，似乎没有成功的。这是由于完全不同的客户群体所致，不同的客户群对企业的文化和组织有不同的要求与约束。

但华为为什么做到了？至少到今天为止，三个不同客户群的业务都发展得比较良好和迅速，运营商业务全球第一，5G基站数量全球第一，路由器市场份额全球第一，终端业务曾做到全球第二，企业业务和云业务也在快速崛起，专利申请数量全球第一。

笔者在与华为的高管交流的时候，觉得最根本的因素是价值观，他们秉持的是共同的"天理"：永远以客户为中心。运营商是客户，全球几千万的其他企业是客户，全球30亿的个体消费者是客户。只要是客户，就是华为员工的"上帝"，组织、产品、人都只能围绕着客户这个"上帝"而变化和调整。

华为的管理顾问田涛先生认为，客户是龙头，组织的任何部分都是龙身，必须随龙头摆动和起舞。在华为高层领导群体的认知里，除了基本的价值观永远不变，其他都可以变，都应依据客户的显性和隐性需求加以改变。

这是一个很朴素、很直白、很有效的商业观，但能长期坚守并且不走样不扭曲，事实上非常不容易，甚至极具挑战性，因为它挑战的是人性，特别是领导者和各级管理者的人性。

华为的人才管理机制设计用拉力"拉"住了人性的贪婪、懒惰、自私，用推力"推动"华人去奋斗、奉献和牺牲，在拉力和推力的共同作用下，企业便得到长足发展。

华为的成功，就是因为华为洞悉人性，顺从人性，建立了基于人性、基于人的动机、基于人的欲望的多元化激励机制，激发出了华为员工的生命活力和创造力，大家"力出一孔，利出一孔"，使华为成为行业中的佼佼者。

生存法则 30:

深淘滩，低作堰

"**深**淘滩，低作堰"是李冰在2000多年前留下的治堰准则，是都江堰2000年来一直发挥防洪灌溉作用的主要"诀窍"，人们将其奉作治水经典，世代遵从，不敢有违。

都江堰水利工程兴建于2200多年前的战国时期，当时的秦国蜀郡太守李冰，选择水量丰沛的岷江中游作堰址，因势利导，构筑了以无坝引水为特征的大型水利工程都江堰，使成都平原"沃野千里，号为陆海"，成为"水旱从人，不知饥馑，时无荒年"的"天府之国"。该工程直到今天还在发挥着巨大的灌溉和防洪作用。

"低作堰"指的是飞沙堰要低作，如果过高，虽然枯水季节宝瓶口可以多进水，但洪水季节却会造成严重淤积，使工程逐渐废弃。而"深淘滩"中的"滩"指的是凤栖窝下的一段内江河道，每年洪水过后这里会有沙石淤积，必须岁岁勤修。为此，李冰才在河床下埋石马，明代起改埋卧铁，作为深淘标志。

何谓"深淘滩，低作堰"？它与企业经营管理有什么关系呢？

深淘滩，就是深入清理企业的弊病，降低成本。

低作堰，就是低欲望，给客户较低的价格。

2009年3月，任正非去了一趟都江堰。他站在堤坝上，望着经典的鱼嘴架构，特别感慨。

任正非说："'深淘滩、低作堰'是李冰父子留下的治理都江堰的古训。2000多年前都江堰水利工程的修建原理，与现在华为所在行业要生存下去的法则极其相似。李冰留下'深淘滩，低作堰'的治堰准则，是都江堰持续保持生命力的主要诀窍。其中蕴含的智慧和道理，远远超出了治水本身。华为公司若想长存，这些准则也是适用于华为的。"

从企业管理角度去理解，"深淘滩"就是不断地挖掘内部潜力，降低运作成本，为客户提供更有价值的服务。客户绝不肯为你的光鲜以及高额的福利，多付出一分钱。员工的任何待遇，除了用努力工作获得外，别指望天上掉馅饼。公司短期的不理智的福利政策，就是饮鸩止渴。

而"低作堰"就是节制自己的贪欲，自己留存的利润低一些，多一些让利给客户，并善待供应商及其他合作伙伴。将来的竞争就是一条产业链与一条产业链的竞争。从上游到下游的产业链的整体强健，就是华为生存之本。

任正非悟透了"深淘滩，低作堰"的大智慧。他在惊叹古人的伟业的同时，也在吸取古人的管理智慧，系统地思考华为的成败得失，并决定将李冰父子的治水理念引入企业管理实践中。于是，"深淘滩，低作堰"便成为华为经营管理的核心理念之一。

企业和人的天性都是逐利的，有多少企业老板面对利润时能控制自己的占有欲？华人首富李嘉诚与人合作的秘诀是：如果赚取10%是正常的，赚取11%也是合理的，他则取9%，让合作伙伴多赚一个点。

2008年中国电信CDMA网络工程招标，阿尔卡特朗讯、北电等巨头纷纷投出了70亿～140亿元的标，而任正非表态"不卖高价，只需要保持行业合理利润就好"。于是，华为只报了不到7亿元的超低价，以绝对优势在竞标中胜出。

一时间华为"裸奔""不正当竞争""价格杀手"等评论铺天盖地，然而任正非却很淡定。这既是华为成本优势的集中体现，也是华为"以客户为中心，为客户创造价值"的经营理念的具体体现。

华为历来秉持的是"低作堰"，与运营商合作共赢，形成共生的关系，用低价格减轻运营商的成本压力，让利给运营商，赢得其长期信任与合作，最终定能获得合理的回报。

曾国藩说："久利之事勿为，众争之地勿往。"华为所从事的是通信行业，技术门槛高，又涉及多个国家的通信命脉，非常之敏感。因此华为的生存之道是在商言商，不搞瓜田李下。但这还不够，如果这个行业因为技术门槛高，"堤坝"很高而导致"堤坝"内的利润一直很高，就有各种"资源"惦记着你，就有更强大的竞争对手进场，就会使华为的生存环境恶化。因此，对华为来说，采用优质、低价是最佳的竞争策略。

那么如何才能把高质量带来的高成本的坑填平？那就得苦练内功，降低自身成本，比竞争对手更低成本、更高效率、更大规模优势，从而保持自身强大的生存能力，这就是"深淘滩"。因为没有暴利，各种"资源"方看到"无利可图"而无心进场，把资金投入股市、房地产领域去了，这实际上抬高了新人进入的门槛。同时因为没有强大的对手进来，华为就能活得更久，就能细水长流，可以持续地赚钱。

商业模式是赚钱的关键要素和逻辑。华为一贯主张赚小钱，赚长钱，不赚大钱，不赚热钱，不追求利润最大化，只追求合理的利润，这个并不是任正非的矫情，而是他对人性洞悉后的大智慧。

生存法则 31：

尊重和保护知识产权，加速专利变现

华为一直重视技术创新和自主知识产权的保护，也尊重他人的知识产权，遵守和运用国际知识产权通行规则，依照国际惯例处理知识产权事务，以积极友好的态度，通过交叉许可、商业合作等多种途径解决知识产权问题，实现知识产权利益最大化。同时，华为构筑强大的知识产权能力，加速专利许可变现，促进技术创新正循环。

‖ 专利大搏杀

向手机制造商收取专利费，成为一些国际通信巨头的重要利润来源，通信企业、手机厂商之间的专利诉讼也已成为国际常态。

早在1989年4月，摩托罗拉公司将一个装有16公斤文件的大纸箱寄到了芬兰，指控竞争对手诺基亚侵犯了9项专利。

"大哥大"给诺基亚好好上了一堂普法课，最终诺基亚向摩托罗拉支付了1000万美元的学费。

2017年，高通与苹果这两大科技巨头掀起耗时2年的专利"世纪大战"，使得通信领域专利许可的重要性为公众所熟知。

诺基亚也是专利家底丰厚的赢家之一。如果说1G是摩托罗拉的天下，2G的主角则是诺基亚，尽管后来的3G、4G时期，高通风光无限，但诺基亚依然是水面下的那条"巨鳄"，手中掌握着与移动设备相关的大量专利技术，专利授权费成为其重要的营收来源。2021年，诺基亚的专利授权收入高达106亿元。

而不造手机，只卖芯片的美国高通公司则是专利授权收费的最大受益者，2021年其专利收入高达63亿美元，折合人民币约380亿元，比华为2022年全年的利润总额还要多。

曾有媒体测算，高通一年的专利收入能占到全球专利许可费的近三分之一，以至于有人调侃，高通是一家兼营芯片业务的律所，律师比工程师还多。

专利诉讼是狙击竞争对手的一种有效手段，苹果公司就运用得炉火纯青。2010年，苹果对HTC发起的专利诉讼，将HTC赶出美国市场，使HTC从全球手机第一阵营跌落后一蹶不振，直至最后退出手机市场。

有了前车之鉴，很多科技公司都有自己的技术专利布局，出发点大多是以专利为"城墙"，保护自身业务安全；只有少数通信企业能把专利变成商业模式，通过高价值专利，掌控整条产业链的话语权。

至于中国企业，从技术标准和专利储备情况来看，在5G到来之前大多处于被动局面：3G和4G核心技术仍掌握在上述科技巨头的手中，国内手机厂商小米、OPPO等很难绕开单向"缴税"的产业链角色，在全球各地被起诉成为各家全球化过程中的重要一课。

用雷军的话说，知识产权争议是智能手机公司成长过程中的成人礼。2014年，正当小米在印度销售火爆的时候，爱立信迎面一拳专利重击，让小米的国际化雄心险些夭折。

作为全球化代表的华为，虽在通信领域有积累，可通过交叉授权防御外国"友商"的狙击，但在终端产品上，同样需要支付不菲的专利费用。

以华为为例，在2021年手机业务遭重创之前，华为获取的专利收入一直低于支付出去的专利费用；就在2020年11月，华为向高通公司一次性支付了18亿美元的三年专利许可费。

5G时代相当于一次重新洗牌，以华为为代表的中国企业在游戏规则制定中拥有更多话语权，成为搅动局面的新势力，这虽然是大家喜闻乐见的事情，但归根结底，技术竞争还是由商业利益驱动。

‖ 密集发起"专利保护战"

任正非很早就意识到知识产权的重要性。他说，"保护知识产权，就是保护技术创新，只有拥有核心技术知识产权，才能进入世界竞争"。

1995年，华为成立了知识产权部，这是中国企业成立的首家知识产权部门。2013年，任正非对未来进行预判："未来5～8年，会爆发一场知识产权大战，我们要构筑强大的知识产权能力，来保护自己不被消灭，但我们永远不会利用知识产权去谋求霸权。"

站在当下回头看，任正非的这一预判的确蕴藏着远见，但是他的预判最巧合的地方在于时间节点上：8年后，华为成为搅动"专利大战"的新变量。

近几年来，随着美国对华为制裁的升级，华为开始密集发起专利保护战，以维护自己在相关领域的利益和优势。目前，与华为签订双边协议、付费获得华为专利许可的企业有30多家，这些企业分别来自美国、欧洲、日本、韩国和中国。

2020年2月，华为在美国起诉美国最大的移动运营商Verizon专利侵权，索赔10亿美元。

2021年8月，华为起诉SolarEdge侵犯其专利。

2022年10月，华为起诉亚马逊公司和仁宝电脑等知名科技公司侵犯其专利。

2023年2月，华为向国家知识产权局起诉小米，涉及4项专利侵权，分别为"发送控制信令的方法和装置""载波聚合时反馈ACK/NACK信息的方法、基站和用户设备""一种获取全景图像的方法及终端""一种锁屏方法及移动终端"。

华为起诉三星、亚马逊、仁宝电脑、小米科技等公司侵犯其专利权，仅是其自主创新的一个良好的开局。在专利面前人人平等。无论是对国外垄断企业还是对国内成长型公司来说，无论输赢，都是对完善知识产权保护机制的推动。

同时，丰厚的专利积累，让华为在行业内的专利交叉授权中拥有了相对的定价权。可以说，如今华为在全球市场发展迅猛，在国际市场中能够免受专利诉讼缠身，并且赢得行业尊重和声誉，逐步为行业开拓、贡献更多的价值，很大程度上得益于其对研发创新的持续投入以及长期积累的专利优势。

科技创新企业有专利交叉许可的基础。2022年12月，华为与三星集团、诺基亚、OPPO签订了专利交叉许可协议。华为和诺基亚都是ICT领域的领军企业，是很多电信标准的重要贡献者，并在全球拥有高价值专利。华为是全球最

大的电信设备厂商，而诺基亚是蜂窝网络、光终端和固定无线接入等多个领域
的领先厂商之一。

华为与诺基亚或成为彼此最大的被许可方之一。企业间相互认可知识产权
价值，可以促进高价值标准技术研究"投入—回报—再投入"的创新正循环，
提升产业的可持续创新能力，为消费者提供更多有竞争力的产品和服务。

‖ 不将知识产权"武器化"

华为坚持将每年10%以上的销售收入投入到研发中，多年的研发投入，让
华为成为全球最大的专利持有企业之一。截至2022年底，华为在全球共持有有
效授权专利12万件。2022年，华为凭借7689件PCT（《专利合作条约》）国际
专利申请量持续排名榜首。

当然更重要的不是专利的数量，而是专利的含金量。在代表更高话语权的
5G标准必要专利中，华为占比15.4%，位列全球第一。

目前，华为已经在全球范围内形成了包括5G、Wi-Fi、音视频等多个高价
值专利包。

任正非多年前憧憬过，"当有一天我们走到世界领先的位置时，就可以来
合理分配价值链了"。

可以说，华为在全球5G标准核心专利中的江湖地位，是其坐上专利收费谈
判桌的筹码。

多年来，华为与全球主要行业厂商持续开展许可协商，并积极通过专利
池与产业分享华为在通信领域的先进技术。到2022年，约有3.5亿台5G手机和
1500万台网联车获得华为许可，约有3000万家庭用户宽带接入终端获得许可，
占全球45%的数据通信连接获得华为许可。

据了解，专利交叉授权协议通常三年一签，如果双方条件对等，往往不涉
及资金往来。但许多专利谈判以终端出货量为基准，华为手机销量萎缩意味着
原本通过专利交叉授权协议实现的技术交换，突然失去了平衡。

在2022年，华为签订了20多个新增或续签的许可协议，包括智能手机、

车联网、网络、物联网等领域。这意味着全球每年生产的7000万辆汽车中约有1500万辆使用华为技术。这意味着，华为在被美国制裁的情况下加速专利变现。

其实，早在2015年，华为就与苹果公司达成一系列专利许可协议，覆盖GSM、UMTS、LTE等无线通信技术。其中华为向苹果公司许可专利769件，苹果公司向华为许可专利98件，也就是说，华为已经开始向苹果公司收取专利许可使用费。

2016年1月14日，华为与爱立信宣布达成续签全球专利交叉许可协议。该协议覆盖了两家公司包括GSM、UMTS及LTE蜂窝标准在内的无线通信标准相关基本专利。根据协议，双方都许可对方在全球范围内使用自身持有的标准专利技术。作为续签协议的一部分，华为自2016年起将基于实际销量向爱立信支付专利许可费。

华为公司发布的《创新和知识产权白皮书》显示，自2015年至2018年底，华为获得的知识产权净收入14亿美元，平均每年有3.4亿美元的专利收入。

后来，任正非在接受媒体采访时表示："华为有很多知识产权，但是不会'武器化'，知识产权相互交叉许可就行了。我们太忙了，发展太快了，没时间收取专利费，当我们不忙的时候，闲下来的时候，即使要专利费，也不会像高通一样要那么多。"

华为从2021年开始收取5G专利授权许可费，收费标准是每台5G手机专利许可费2.5美元。

从每台5G手机2.5美元的收费标准来看，华为相对"克制"。而诺基亚公布的5G专利收费标准是每台手机3欧元，爱立信的5G多模手机专利费标准是在2.5～5美元之间，而高通的5G多模手机按售价的3.25%收取。

但华为真正迈出"收税"这一步，或许还是因为形势的逆转。自2019年美国实施制裁以来，华为不仅在欧美市场遭受重大挫折，其终端业务直接被扼住喉咙。

随着5G芯片存货消耗殆尽，华为手机市场份额持续萎缩，2022年全球出货量已经滑入倒数序列。这意味着之前通过产品实现研发投资回报的道路遭遇重挫，而通过知识产权变现多少还能弥补一些损失。

‖ 专利反制，成功逆袭

在2G到4G的时代，"专利大棒"一直以来是美国科技企业的专利，尤其是美国高通一直以CDMA专利垄断优势，占据着高额专利费绝对优势。而今天到了5G时代，这种局面逐渐被华为持有5G专利技术所瓦解。华为向苹果、高通开收专利费，实现了逆袭。

但实际上，从不知道知识产权有什么用，到如此重视知识产权，华为也经历了一段"痛苦"的过程。

2003年1月，思科与华为发生知识产权纠纷，更是让华为认识自己到在全球信息技术的大棋盘上仍是后进者。与国外竞争对手几十年甚至上百年的积累相比，华为还存在很大的差距。

当时，华为对于所缺少的核心技术，大多是通过购买的方式和支付专利许可费的方式，实现了产品的国际市场准入，并在竞争市场上逐步求得生存。

华为首席法务官宋柳平先生表示，"这些企业要求以1%～5%的产品销售收入作为专利许可费，几十家企业来找华为要钱，产品就没有了利润。对于当时的华为来说，这不仅是要钱，更是要命的事"。

因此，华为做了两个决定：一方面主动找这些企业谈判，交纳专利许可费；另一方面投入更多的研发费用，进行技术积累。

2021年，华为全球专利收入大于支出，实现中国科技企业专利营收的真正逆转。相比于其他国内厂商每年数十上百亿的专利支出费用，华为再一次用实力证明，国内科技企业也可以通过技术专利完成专利费用的营收。

但是对于华为而言，它仍然是一家以产品销售为主的公司，知识产权变现只是让研发投资有回报，促进技术创新正循环。

华为实现专利反制，成功逆袭，再一次让我们看到，中国科技企业在核心专利技术被西方公司近乎垄断的情况下，能够打出自己的一片天地，靠的是数十年持续的研发投入和长远的战略眼光。一个企业如果只是追求短期利益，那么在知识产权方面将永远都受制于人。

生存法则 32：

向一切先进学习

华为强大的生命力背后，是强大的学习力。超强的组织学习力和个人学习力是华为的生存智慧，也是华为从平庸走向卓越的关键因素之一。

所谓学习力，是指一个人或一个企业、一个组织学习的动力、毅力和能力的综合体现。学习力是把知识资源转化为知识资本的能力。

任正非告诉员工，"任何一个人在学校学习的知识总是有限的，如果不能养成终身学习的习惯，你就很难成长。整个社会经济的发展，技术的发展变化，一定是需要不断学习的。从实践中学习，做完事情给自己一点总结反思的时间，并养成一种习惯，只有这样才能不断地成长"。

‖ 打造强大的学习型组织

在通信行业，技术更新速度之快、竞争之激烈是其他行业不能比拟的。学习力不强的企业，一定会被淘汰。

任正非曾经多次强调：华为，没有成功，只有成长。而持续成长，就需要持续不断地学习、进化，完成自我超越。

任正非深知，一个组织如果没有学习力，通常都是危机到来的先兆。停留在原地的组织，自然也跟不上时代的节奏，最终只有出局。

企业学习和个人学习有着本质上的差别，个人学习主要是为了获取新知识，拓展认知边界，但企业学习的核心在于达成共识。

华为是国内最早实行全员导师制的企业之一，30多年始终如一地坚持实施，收到极佳的效果。

而对于学习，任正非也有自己的观点：世上有许多"欲速则不达"的案例，应该丢掉速成的幻想，学习踏踏实实、一丝不苟的敬业精神。

现实生活中能精通某一项技术是十分难的：你想提高效益、待遇，只有把精力集中在一个有限的工作面上，不然就很难熟能生巧。你什么都想会、什么都想做，就意味着什么都不精通。

华为经过30多年的发展，基本成为一个学习型组织。作为一名合格的华为营销人，必须具备各方面的知识，比如产品知识、专业知识、营销理论知识、销售技能技巧知识、沟通知识等。而对于任何一个人来说，这些知识不可能是先天具备的，这就要求华为员工必须具备良好的学习能力，而且还要养成学习的习惯。

例如，华为的新员工在进行集中培训前，公司为每个新员工指定一名导师，进行一对一辅导。导师最多只能带两名新员工，以确保成效。

华为规定，导师除了对新员工进行工作上的指导、岗位知识的传授外，还要给予新员工生活上的全方位指导和帮助，包括帮助解决外地员工的吃住安排，甚至化解情感方面的问题等。

华为认为"将军"都是打出来的，所以经常用"训战"一词而非"培训"一词。华为大学的教学方式就是"训战结合"。因为，人的主要能力是由经历塑造的，没有那段经历，就难以真正拥有那项能力。

华为的新员工入职后都要进行为期3个月的封闭式培训，培训分为文化培训和岗位培训两个环节。

华为在人才培养方面采用"721法则"，即70%通过实践学习，20%通过导师帮助，10%通过课堂学习。华为将新员工培训的重点放在实践历练中。

关于培训，任正非有一个精辟的见解："技术培训主要靠自己努力，而不是天天听别人讲课。其实每个岗位天天都在接受培训，培训无处不在，无时不有。成功者都主要靠自己努力学习，成为有效的学习者，而不是被动的被灌输者，要不断刻苦学习提高自己的水平。"可见，华为培训的本质不仅是让员工具有某种技能，而是培养他们具备自我学习的能力。

为了把华为打造成一个强大的学习型组织，华为建立了一套完善的以华为大学为主体的华为培训体系，让优秀的人培养更优秀的人。

华为的培训对象很广，不仅包括本公司的员工，还包括客户方的技术维护、安装等人员；不仅在国内进行，也在海外基地开展。同时还建立了网络培训学院，培养后备军。

2010年，华为大学启动了一个培训项目，名为"华为干部高级研讨班"。华为干部分批次参加这个研讨班，学习三门课：华为人力资源管理纲要、华为财经管理纲要、华为业务管理纲要。每门课集中学习8天左右，每门课学费2万元，三门课合计6万元，学费由学员自己承担，而且学习期间不发工资，交通费也不报销。

很多企业大学被定位为成本中心，而华为大学仅2014年营收就达到22亿元——绝大部分是公司干部或员工贡献的。华为把华为大学定位为服务型业务单元，完全按市场化的逻辑运作，这与任正非的认知有关。

任正非认为，华为员工普遍受过良好的高等教育，公司付薪水是购买员工胜任岗位工作的能力。如果员工不胜任岗位工作，公司可以视其潜力给予培训的机会，但培训费需要员工自己承担。如果公司承担了这些费用，则是对那些本就胜任岗位工作的奋斗者的不公平。因此在华为的认知中，学习又是员工个人的事。

‖ 领导带头终身学习

任正非是位学习型企业家，有着强大的学习能力，他不仅要求华为高管和员工坚持学习，他自己也带头学习。

任正非善于学习，博览群书。他没有什么业余爱好，下班就回家，不是看书学习就是看电视。他出差时必带的物品就是书籍，基本上一个礼拜要读一两本书，每天看几本杂志，养成了终身学习的习惯。

任正非说："我们提倡自觉地学习，特别是在实践中学习。自觉地归纳与总结，就会更快地提升自己。公司的发展，给每个人创造了均等的机会。英雄要赶上时代的步伐，就要不断学习，不断地超越自我。只有向领先者学习，自己才能成为领先者。"

在任正非看来，学习本身不是目的，学会举一反三，灵活运用知识才是真正的目的。为此，就必须进行积极、认真的思考，弄清知识的来龙去脉以及知识的有机联系。

在某种程度上，任正非的学习能力实际上是公司成长的一把尺子，学习——写作——传播——反馈，他用这样的循环通过思想管道向管理者传达公司的文化和价值观。任正非牢记父亲曾经说过的一句话："记住，知识就是力量，别人不学，你要学，不要随大流。"或许在他的成长轨迹中，"学习就是救赎"，所以年近八十的任正非依然酷爱学习。

任正非没有什么业余爱好，业余时间就是待在家里看书。他称自己是"宅男"，回到家里不是看书，就是看新闻。他曾被财富中文网评为"最爱读书的年度中国商人"。

几十年来，任正非孜孜不倦地阅读，出差时必带的物品就是书籍，基本上一个礼拜要读一两本书，每天都翻阅杂志。

任正非平时喜欢读政治、军事、经济、社会、人文等方面书籍，中外历史方面的书读得最多，而很少读小说和管理之类的书。他认为，小说太假，不真实，很多管理类书籍都是教授们闭门造车，读多了限制思想，真正的管理哪是几条原理那么简单。

有一次笔者问任总：您最喜欢哪本书？哪本书对您影响最深？

任总回答道："我读过很多书，但不知哪本书影响了我，思想是怎么生成的。我脑袋里产生的想法我也找不到源头在哪里。"

任正非是技术出身，知识面广，志存高远，眼界开阔，富有思想。他虽然年近八十，但他的思想始终处于高度开放的鲜活状态，思维非常敏捷，讲话逻辑性很强，而且富有哲理，从他的讲话和所写的文章中便可见一斑。

任正非喜欢在书上做批注，写读书心得，并与同事分享。他每当看到好书、好文章和好看的电视剧时，就忙不迭地推荐给公司高管，这也熏陶了这家卓越公司，将华为的事业推向更高。

任正非曾向华为的高管们推荐了20多本书，其中包括《五角大楼之脑》《隆美尔战时文件》《CEO的海军陆战队》《国际商法》《闪击英雄》《失去的胜利》《新教伦理与资本主义精神》《超限战》《蓝血十杰》《落难英雄丁盛将军回忆录》等，并亲自写推荐语。

此外，任正非还向华为员工推荐了《价值为纲》《黄沙百战穿金甲》《以客户为中心》《以奋斗者为本》《枪林弹雨中成长》《厚积薄发》《迈向新赛道》《华为没有秘密》《下一个倒下的是不是华为》等10多本书籍。

在任正非看来，对于华为而言，还有很长的路要走，会遇到很多艰难险阻，需要高瞻远瞩的领导者，这就是任正非向华为干部荐书的初衷。当然，仅靠20多本书是培养不出思想家和战略家的，也锻炼不出华为的接班人，但是我们能从任正非的这个举动中看出，企业的最高领导者一定要养成终身学习的好习惯，要有宽广的胸怀和远见卓识以及居安思危的心态，这样才能带领企业不断发展壮大！

任正非平时很少和别人闲聊，他会有计划地去挑选好书来读，有针对性地和人交流。他一直处在学习、思考的状态中。所以说，他一直有着超乎寻常的对现实的担忧、对未来辉煌的向往，急迫感与成就感交织，被时不我待的使命感驱使着前行，放下名利，专心于自己的事业。

笔者有一次在北京首都机场偶遇任正非，发现他正在看英国战略家李德·哈特所著的《隆美尔战时文件》。该书整理了隆美尔在北非作战期间所保存的大量战时文档，里面许多内容都反映了如何在运动中集中兵力，如何在点上突破，进而取得全局胜利，以及当将军的真谛。读完后，他推荐给华为的高管们阅读。

任正非倡导华为员工要养成终身学习的好习惯，不断获取新知识，与时代同步，努力把华为打造成行业领先的技术公司，为客户提供最卓越的服务。

‖ 干部要有"宽文化"背景

华为要求公司干部要具有"宽文化背景"。干部为什么要具有"宽文化背景"？

任正非指出："未来公司需要什么样的干部？我认为未来公司需要的管理

干部是对市场有深刻体验和宽文化背景的人，宽文化背景怎么理解？就是'大杂烩'，什么都懂一点。要成为高级干部，就要有宽文化背景，干部要进行必要的循环，这是宽文化学习的好机会。"

所谓"大杂烩"，就是历史、哲学、军事、天文地理、古今中外各方面的知识都要懂一点。这是任正非对华为干部的要求。

一般来说，一个人读的书多了、杂了，文化背景深厚了，同时在实践中又经常面对和处理各种复杂情形，他的思维方式就会变得系统、多元，而不是简单和机械的，不是形而上的黑白分明。领导者最可贵的就是灰度思维。

任正非的思想极其开阔，经常有一些天马行空、海阔天空的观点，但这一切都离不开关于华为的思考，都自觉不自觉地把各种思想火花，与华为这个组织的生死相关联。

任正非要求华为干部要淡泊名利，不当个人英雄。只有淡泊名利，才能更少一些名与利的负累，才能无所畏惧地持续奋斗，做大战风车的"堂吉诃德"——事实上，华为30多年的历史，就是一部东方的"堂吉诃德"大战西方"风车"的历史。

任正非是一位兼具哲学思想与人文情怀的企业家，也是一位史学发烧友，始终"以史为鉴"。我们可以从任正非所写的文章中和内部讲话中体味到他的思维轨迹，以及他是如何做企业的；可以更深切地感受到任正非，更真实地感受到华为公司的过去、现在和未来。

‖ 万物皆为师

德鲁克说："真正持久的优势就是知道怎样去学习，知道怎样使自己的企业能够学习得比别人更快！"

华为打破行业的局限，主张向一切先进学习，万物皆为师，向建筑、动物、植物等世间万物学习。尤其是要"用一杯咖啡吸收宇宙能量"，主动跟高手约咖啡，向高手请教学习，努力追赶美国。

华为学美国的创新，学英国的制度，学日本的精益，学德国的规范。

从1998年开始，华为花40亿元拜IBM为师，引入西方先进的管理理念和方法论，从业务流程、组织、品质控制、人力资源、财务管理等方面进行了系统变革。经过不断改进，华为的管理已与国际接轨，不仅承受了公司业务持续高速增长的考验，而且赢得了海内外客户及全球合作伙伴的普遍认可，有效支撑了公司全球化战略。

在学习西方先进管理经验上，华为的投入是非常大的。正是这些世界一流的公司帮助华为构建流程、组织运作、管理等，使华为得到转型发展。在这个过程中，既总结自己的成功经验，又结合外部的最佳实践，两者相结合，使公司更快完成变革。

IBM的资深顾问阿莱特则感慨地说："过去的10年我们耗费了无数的心血和精力，甚至把心也掏给了华为，我们为有机会把华为改造成一家跨国公司而甚感欣慰与骄傲。"

正如任正非所说："找到标杆，向标杆学习。每个行业里总有最优秀的代表，我们要学他们产品的核心竞争能力，做好IPD变革。规范技术目标、平台架构、研发流程、质量管理、需求引导，这个过程需要的时间很长，但只要我们坚持学习，持续改进，我们的管理、技术和产品就会比竞争对手更具优势。"所以华为就花了大量精力去完成华为的EMT、决策、市场、流程管理、人力资源管理、财务管理体系建设，用最科学的方式，管好人，用好人，分好钱。

‖ 在学习中感悟，在思考中升华

任正非曾说，思考能力是最重要的。学习与思考是人们在获取知识过程中两个相辅相成、密不可分的思维活动。一味地读书，而不思考，只能被书本牵着鼻子走，就会被书本所累，从而受到书本表象的迷惑而不得其解。正所谓"尽信书则不如无书"，"学而不思则罔，思而不学则殆"。只学习不思考不行，只思考不学习也不行。只有将二者结合起来，才算真正懂得了学习与思考的辩证关系。

任正非告诉华为员工，学习本身不是目的，学会举一反三，灵活运用知识才是真正的目的。为此，就必须进行积极、认真的思考，弄清知识的来龙去脉以及知识的有机联系。如果学到的东西不经头脑加工，就好比吃下的食物未经口腔咀嚼、肠胃消化，即便是美味佳肴，也不会被身体吸收，非但无益，反而有害。

在任正非的思想体系中，我们不仅可以看到中国古代传统的哲学智慧，比如"无为而治""力出一孔，利出一孔""深淘滩，低作堰""自利则生，利他则久""财聚人散"等，还可以看到毛泽东思想中的"批判与自我批判""农村包围城市"；不仅可以看到古希腊神话中的丹科，还可以看到第二次世界大战期间美国的英雄人物"蓝血十杰"；不仅可以看到"凤凰""乌龟""狼狈"等字眼，还可以看到"黑寡妇""猫头鹰""眼镜蛇"，甚至"青纱帐""土八路""上甘岭""炮楼"等词语。

思考是孤独的，难以让商业领袖享受到成就感。30多年来，任正非思维的兴奋点几乎从没有离开过华为。一个白手起家的知识型退伍军人，一个从来都不甘居人后的理想家，一个贫困潦倒、走投无路，43岁才开始创业的男人，一种或自发、或自觉的使命感，使他付出了全部的身心。

任正非善于与人交流，从国内到国际，经济、政治、外交，无一不侃侃而谈，但这一切都不离开对华为的深入思考。

在任正非看来，"未来的文盲不是不识字的人，而是不坚持学习和思考的人"。

作为华为公司的领袖，任正非坚持自我批判、慎思笃行。他有一句话常被引用：思考能力是最重要的。他所说的思考能力不单单是指人的一项重要能力，还是华为文化的精髓。他认为员工智慧是华为最珍贵的资产。通过思考，我们可以连点成线，制定灵活的战略。任正非坚信，只有具备大视野，才能做出明智的战略决策。

有趣的是，这种战略需要将思考能力与全员学习结合起来。华为大力营造良好的学习氛围，鼓励员工进行思想碰撞，让一杯咖啡吸收宇宙能量。

华为鼓励高管除了阅读专业书籍外，还要阅读专业领域以外的书籍。此外，华为还专门开设了面向全球华为员工内部论坛——"心声社区"。任正非和其他高管的想法经常会放在心声社区，让员工去评头论足。

学习能力、思维能力、创新能力是构成现代人才体系的三大能力。学习是思考的基础，思考是学习的升华。在学习的基础上思考，思考才能深入。在思考的前提下学习，学习才有效果。同时对所学的知识必须结合实际反复运用，知识才能巩固，技能才可纯熟，这也是我们掌握知识的必由之路。

‖ 活学活用，融会贯通

任正非是毛泽东的忠实粉丝，在部队的时候就是"学毛标兵"，他不仅深受毛泽东思想的影响，创业后更把毛泽东思想很好地运用在企业经营和管理实践中。

在华为早期的发展过程中，采取的就是毛泽东的"农村包围城市"策略。当时为了避开国外强势的竞争对手，在"农村包围城市"这一策略指导下，华为与国外竞争对手采用了游击战的方式，选择了竞争对手无暇涉足的庞大的中国农村市场，在当时的中国农村市场成立了一个"装机小分队"，这个小分队机动灵活，只要有客户需求，他们可以第一时间出现在客户面前，这些区域都是国外大型电信设备提供商连瞧都不愿意瞧的地方。就这样经过4年的时间，凭借出色的服务和颇具性价比的产品，华为成为中国农村市场的第一品牌。不过华为并不甘心永远待在农村市场。1996年，华为开始向中国的城市进军，又用了2年时间，华为进入了一个又一个一线和二线城市，1998年华为战胜众多国际巨头，成为中国市场的第一。

华为在海外市场的布局也是采用"农村包围城市"这一策略。最早华为选择以亚非拉国家作为突破口，当在这些国家取得市场地位和份额之后再杀回欧美等主流国家，华为凭借这一策略也大获成功。如今的华为不仅在亚非拉等许多国家拥有绝对的市场份额，在许多欧美主流国家也拥有绝对的市场份额。

2009年，任正非在四川参观都江堰时，从李冰父子治水的故事中得到启示，写了一篇《深淘滩，低作堰》的文章，第一次明确提出："将来的竞争就是一条产业链与一条产业链的竞争。从上游到下游的产业链的整体强健，就是华为生存之本。""常识推到极致就是宗教"，这句话有一定的道理，用在任正非和华为的身上是恰如其分的。

任正非具备极强的学习能力，他看电视剧《大秦帝国》，对商鞅这位中国历史上杰出的悲剧性改革家充满了敬重，又充满遗憾。他说，"商鞅变法的路子是对的，可惜太激进，变革不能太激进，会人为增加变革的成本"。

任正非认为企业家就要终身学习。任正非从中国人民大学、浙江大学请了几位教授做顾问，顾问们的办公室和他的办公室挨着，他只要一有时间就跟教授们聚在一起辩论问题。有时候他跟教授们拍桌子，辩论完他就走了，隔了一会，他又回来了，发现刚才批判他的观点已经变成他的了，而且从他口里说出来更有思想、更有深度。

著名管理学家、中国人民大学教授、《华为基本法》起草人之一彭剑锋曾写过一篇题为《任正非的学习与"血洗"》的文章，任正非看到这篇文章后对他说："我就是要'血洗'你们的知识！知识只有'洗'完以后才是你的。"

在华为员工看来，任正非是一位以行践言的卓越领袖。他持续学习、不断获取新信息，力争把华为发展成行业最好的技术公司，为客户提供最卓越的服务。

强大的生命力背后，是强大的学习能力。反之，停止学习，通常都是危机到来的先兆。停止自我更新的生命，成了凝固的化石；停止不断学习的人，成了时代和集体的负担。

很多人抱怨社会变化太快，其实是你的学习能力没跟上。社会变革不以任何人的意志为转移，而学习能力是我们唯一可以依靠的、不变的核心能力。在充满不确定性的时代，没有人可以停留在过去，唯有持续学习。

对于个人来讲，也要有主动"进化"的意识，而学习就是最好的"进化"手段。唯有一直努力向上、迭代更新，才能不被激烈的竞争淘汰。

作为一个普通人，你可能不需要为如何打造学习型组织而费心，但你可以学习华为员工强大的个人学习力，为自己赋能。

通用电气CEO杰克·韦尔奇说："一个组织的学习力，和将学习转化为行动的速度，将是它战胜竞争对手最终的关键优势。"

对于个人来讲，一个人的学习力，是其核心竞争力。愿我们都能通过学习来持续迭代自己，跟上时代的步伐，你的勇猛精进，终将迎来闪闪发光的自己。

生存法则 33：

忘记过去的成功，重新出发

任正非说："一个企业应该忘记成功，当你能放下成功时，你离成功就越近。一家企业，假如总是背着过往成功的包袱，那么，这家企业离倒下也就不远了。"因此，任正非经常对华为的干部们讲，华为是一家没有历史的公司。

2001年3月，任正非参观日本松下电器博物馆。博物馆是松下创立50周年时建成的，仿照20世纪30年代松下总部的原貌而建，是松下公司的资料馆，其规模宏大，资料齐全，馆内有再现当初创业车间的展区，也有影像展区，可以看到松下幸之助先生当时亲自讲述其经营理念的录像。

在参观过程中，任正非对感兴趣的地方看得很仔细。他最感兴趣的有两个部分：一个是松下的创业阶段；另一个是松下的国际化阶段。

参观完毕，松下电器的CEO向任正非赠送了一幅书法作品，上面书写的是松下幸之助1937年确立的"松下七精神"，即"产业报国、光明正大、团结一致、奋斗向上、礼节谦让、适应形势、感恩报德"。由此看来，重视历史的松下，也重视自己的价值观。

随行的华为管理顾问吴春波教授提议华为也可以建一座博物馆，任正非坚定地讲："华为不需要历史，华为要忘掉历史。"

任正非曾在《华为的冬天》一文中写道："十年来我思考的都是失败，对成功视而不见，也没有什么荣誉感、自豪感，而是危机感。"

2017年，在华为创立30周年之际，笔者到华为采访时，好奇地问任总："今年是华为创立30周年，为何不搞庆典？"

任总回答道："华为不需要历史，只需要铭记自己的核心价值观。一个高科技企业，绝不能对历史怀旧，绝不能躺在过去的功劳簿里，那样就很危险了。"

华为公司总部的展厅非常气派，但所展示的都是产品和技术，哪怕过去华为获得了很多荣誉，如2020年华为名列《财富》世界500强企业第49名，这可是中国民营企业有史以来唯一一次跻身世界500强前50名，这些在展厅里都找不到踪影。华为公司展厅里最醒目的是华为的价值观和公司历年来所获得的专利数量。

而在华为公司的官方网站上，根本找到其他企业所标榜的"世界500强""全球第一"等字眼，在"企业简介"里只写着："华为是一家百分百由员工持有的民营企业，是全球领先的ICT基础设施和智能终端提供商。"

华为公司对外公布的一份《华为大事记》，只有半页纸，就连公司注册资金、创始人、公司的规模、行业地位、获得的荣誉等资料在华为公司的官方网站上都找不到。

更让国内外媒体记者惊讶的是，在华为的官方网站上，几乎看不到关于华为历史的照片，也看不到华为高层与政府领导的合影，甚至连老板任正非的照片都找不到。任正非自己也表示，退休以后，不允许华为将自己供奉在荣耀殿堂里！在互联网被广泛运用之前，外界甚至都不知道任正非长什么样。

2014年，任正非在《致新员工的信》中提出希望新员工保持危机意识，戒骄戒躁，永不自满，坚持自我批判，保持空杯心态，踏踏实实做新人。

任正非曾经说，他从来都不在乎外界怎么看他，也不在乎接班人的问题，他说："接班人都是从底层打出来的，打出来的英雄同时又能够进行自我否定、自我批判，同时又有开放的胸怀，又有善于妥协的精神，在看人的问题上能够多元视角，而不是黑白分明，他就是自然而然成长的领袖。领袖不是选拔出来的，是打出来的。"

笔者研究华为25年了，发现在华为的企业文化里，没有迷恋历史情结，强调一切向前看，保持空杯心态，砥砺前行，时刻铭记自己的价值观。

任正非说："华为是一个没有功臣的公司，任何人都不会被供奉在神殿里，我也是。"任正非不愿意给华为太多的负累，包括他自己。在华为，过去只是一张白纸。如果把过去的经验应用到今天的挑战中，几乎是不可能的。

在当代中国商界，任正非是最淡泊名利的企业家之一。他创立华为30多年来，从不做一些沽名钓誉的表面文章，也几乎不参加任何颁奖活动。他说："作为国际化的民营科技企业，应该淡泊名利，把精力都用在为客户服务上。我们不做企业明星，只做明星企业。"

单凭华为的经营规模和对国家所作的贡献，任正非可以说是荣誉等身，但他一直拒绝担任社会职务，多次谢绝参选全国人大代表、政协委员，他的名片上只有一个头衔——"华为技术有限公司总裁"。

2018年是中国改革开放40周年，党中央和国务院决定表彰"中国改革开放100名先锋"。任正非作为民营企业家的杰出代表入选。但是，最后公布的"百名先锋"上却没有任正非的名字，大家感到很奇怪。

2019年，任正非在接受央视采访时透露："我得知消息后，立即给深圳市委、市政府和中央写信，主动申请不要将我列入'中国改革开放100名先锋'名单。后来，深圳市委、市政府尊重我的意见，把我从名单中删除了。"

任正非不仅自己不要荣誉，还不断提醒华为的高管不要有狭隘的荣誉感。他说："不要总想到做领袖的光荣，不要去背这个沉重的包袱，荣誉对于我们来说是没有用的。我们说'未来要领导世界'，是为了鼓舞大家，让大家奋斗，去做得更好。我们要把精力放在为客户服务和产品研发上，少参与外面的个人奖项评选，埋头做实业。"正是任正非始终淡泊名利，他才有大把时间考虑华为的发展战略。

任正非拒绝领奖的事例还有很多。如2004年，任正非成为中央电视台中国经济年度人物候选人，编导给华为打电话说，如果要获奖，任正非必须出席颁奖典礼，却被任正非拒绝。他还委派负责公关的副总裁到央视公关，要求取消这一称号。所以直到现在，中央电视台中国经济年度人物榜单上一直没有任正非的名字。

2019年4月18日，美国《时代》杂志发布了"2019年度全球百位最具影响力人物榜单"，榜单共分为先锋、艺术家、领袖、偶像及业界泰斗五个类别。华为公司创始人任正非、Facebook CEO马克·扎克伯格、领导探测黑洞并拍摄照片研究的天文学家谢普·多尔曼等人上榜。《时代》杂志在提名词中称："当任正非在1987年创建华为时，他并不是一位计算机奇才。但他的管理工作帮助华为成为全球最大的电信设备公司，去年营收达到1070亿美元，客户遍及170多个国家和地区。除了尖端智能机，华为还是5G领域的先锋，这项革命性技术将推动第四次工业革命中无人车和智慧工厂的发展。尽管华为近期风波不断，但现在没有任何强大力量能承担得起忽视华为的代价。"

任正非入选的是业界泰斗类别，面对这项含金量很高的殊荣，任正非却不领情，谢绝领奖。他让华为公司官方论坛在18日晚比较含蓄地发了一张图片，对这个奖项进行回应：图中是一架伤痕累累的飞机，机身上戴着一顶礼帽，并配上文字——"我们还在痛苦中，不知道能不能活下来"。

这看起来像是美式幽默，但实则是任正非的一贯表现。

2019年12月，中央电视台举办的"2019中国品牌强国盛典"，华为获得"年度荣耀品牌"奖，其他获奖企业都是老板登台领奖，华为却派了一名年轻的女员工去领奖，此举引起了网友的广泛讨论，有人说任正非太不给中央电视台"面子"了。

任正非却说："面子是虚的，不能当饭吃，为了面子而丢掉里子，是愚蠢的。我不要什么面子，要的是成功！"

这句话朴实而纯粹。如何看待名利，是检验一个企业家品格的试金石。"个人的名利淡如水，华为的事业重如山"，任正非的这种风范值得所有中国企业家学习。

任正非还说："华为没有成功，只在成长。今天的华为恰恰可能是最脆弱的时候。因为成功容易让人变得怠惰和自大，让组织变得盲目骄傲和故步自封。过去的成功不是未来成功的可靠向导，不能陶醉于过去的成功、迷信过去成功的经验，要敢于不断地批判自己。一个企业、一个组织，如果总是背负成功与辉煌的包袱，这个企业离死亡也不远了。"所以，他始终认为华为是一个没有历史的公司，要求华为的高管们始终保持归零的心态，忘记历史，牢记使命，走出疲劳和病态，重新激发活力，让公司走得更稳、更远，开创更加美好的未来。

　　一个人如果忘掉自己过去的成绩和荣誉，就不会患得患失，能够坦然面对各种挑战和压力，随时都可以轻装上阵，不断地冲击新的事业巅峰。

　　真正的成功，就是忘记成功。当你能"放下"成功时，你才能走向更大的成功。

　　忘记成功，只因为心存敬畏，而这种敬畏恰恰造就了华为的伟大，这正是华为与其他许多企业最大的不同。

生存法则 34：

把死路留给自己，将活路留给其他人

从2020年开始，美国实施芯片禁令，华为的手机业务就遭受到重创，依赖于外部芯片供应链的华为，在这次禁令收缩之后，彻底失去了芯片自主权。事实证明，芯片禁令确实卡住了华为的脖子。

在生死存亡的紧要关头，华为选择将"死路留给自己，活路留给其他人"。

2021年11月17日，华为对外宣布，整体出售荣耀资产，收购方为深圳市智信新信息技术有限公司。对于交割后的荣耀，华为不占有任何股份，也不参与经营管理与决策。

荣耀品牌从华为剥离，意味着荣耀不再受到美国对华为的制裁，可以采购高通、联发科的芯片，如果荣耀有自己研发的芯片，也可以让台积电为其代工生产。这对于荣耀来说，是脱胎重生的机会，是机遇也是挑战。

但是荣耀究竟卖了多少钱？买卖双方至今都没有公开数据。这也是华为公司第四次变卖资产，其中有一次任正非在最为困难的时候差点以100亿美元将华为卖给美国摩托罗拉公司，买个美国的"保护伞"。当时双方谈得很顺利，万事俱备，就等摩托罗拉公司董事会批准付款，但是因为摩托罗拉董事长突然换人，终止了这笔交易。

荣耀品牌诞生于2013年，始终面向年轻人，坚持中低端价位，7年间发展成为年出货量超7000万部的互联网手机品牌。

荣耀的使命是创造一个属于年轻人的智慧新世界，将持续为全球年轻人提供潮酷的全场景智能化体验，打造年轻人向往的先锋文化和潮流生活方式。

在有了荣耀系列后，华为开始把重心放到技术研发上，华为mate系列和P系列负责主攻高端市场，不考虑出货压力，而平价版的荣耀系列则保证华为手机的市场占有率。

公开的数据显示，2017年，荣耀登上中国互联网手机第一的宝座。2019年"荣耀"营收为900亿元，净利润60亿元。自2017年开始，荣耀的出货量就已经超过小米。华为能稳居中国手机市场第一、全球第二的宝座，少不了荣耀的助力，因此，荣耀对华为来说至关重要，出售荣耀也是迫于无奈。

自2019年遭受美国制裁以来，华为和荣耀的供应商、生产工厂、渠道商、分销商都面临了巨大的困难。在这种情况下，华为出售荣耀，正是在"保护"来之不易的荣耀品牌。

正如出售公告所说，共有30余家荣耀代理商、经销商联合发起了本次收购，此次收购荣耀更是相关产业链发起的一场自救，保证了供应商、生产工厂、渠道商、分销商、合作伙伴的利益，更是一次产业的互补，让新荣耀在资源、品牌、生产、渠道、服务等方面汲取各方优势，更高效地参与到市场竞争中。

2020年11月26日，华为召开荣耀送别会。任正非在送别会上发表了一个简短的演讲。他动情地说："你们要走了，没有什么送你们的，除了秋风送寒催落的一地黄叶，我鼓励新荣耀拥抱全球化，做华为最强的竞争对手，同时给新荣耀今后的发展送上美好祝福！"

最后，任正非依依不舍地说："我们近似严苛的管理，将你们一批天真烂漫、年轻的小知识分子改造成能艰苦奋斗的'战士'，过去我们有些方法过于生冷，对不起了。今天要送别你们，同样是依依不舍。正当秋风起，杏叶一地黄，出门也许是更冷的寒风，我们再不能为你们遮风挡雨了，一路走好，多多保重！"

任正非在讲话当中还解释了剥离荣耀的原因。他说："在美国的一波又一波的严厉制裁下，我们终于明白，美国某些政客不是为了纠正我们，而是要打死我们。华为短期的困难，我们有能力克服。我们不因自己受难，而要拖无辜的人下水。"

与荣耀分离，华为肯定是不舍的。但是在这个艰难的时期，华为这么做也是非常的无奈。因为荣耀脱离之后，它要承担更多的责任。

任正非向新荣耀建议："尽快地恢复渠道的供应。渠道干久了，小草枯了，就很难恢复生命了。全力拥抱全球化产业资源，尽快地建立与供应商的关系。供应是十分复杂而又千头万绪的工作，你们的难度比任何一个新公司都大……你们要坚持向一切先进的学习，包括向自己不喜欢的人学习。坚定不移地拥抱全球化，加强拥抱欧美企业；美国是世界科技强国，它的许多公司很优秀，你们要坚定大胆地与他们合作；同时也要与国内合作伙伴合作，与他们一同成长。"

任正非对荣耀寄予厚望，他希望新荣耀把华为视作对手，可以拿着"洋枪""洋炮"，与手持新"汉阳造"、新"大刀""长矛"的华为竞争，做华为全球最强的竞争对手，超越华为，甚至可以打败华为。

读任正非的这篇讲话，再结合华为目前的处境，你可能会联想到历史上的"易水送别"，想到"风萧萧兮易水寒"；但是你不会感觉到悲观，反而会在无边寒风、一地黄叶中感受到一股英雄豪气。

我当时就此事写了一篇评论，我认为任正非伟大的地方不单是面对美国的制裁而决不屈服，更是能体谅员工、照顾员工、成全员工。因为任正非知道华为手机面临的困境不是短期内能够解决的，没必要拖着所有人一起去艰难抗争，大家与其一起等死，还不如分离。荣耀手机从华为分离，是一招活棋，给了几万荣耀员工和经销商一条生路。

我们从荣耀Magic3上就能清楚地看到，华为将技术骨干和目前最好的技术，都毫无保留地给了荣耀。而这个结果，对华为和荣耀来说，也是一个新的起跑。

生存法则 35：
实行军团作战，做深做透一个领域

任正非说过："活下去是公司的最高纲领。活下去难，但活下去就有未来！"为了活下去，华为在极其困难的情况下开启了"军团作战"模式。通过"军团作战"，打破现有组织边界，快速集结资源，穿插作战，提升效率，做深做透一个领域，增加收入。军团作战模式已经成为华为未来最重要的业务变化方向。

2021年10月29日，华为在松山湖园区举行第一批军团组建成立大会，任正非给煤矿军团、智慧公路军团、海关和港口军团、智能光伏军团和数据中心能源军团的300余名将士壮行。各军团集结完毕后接受公司领导的授旗，整装待发。在华为发展的关键时期，上述军团将担负起冲锋突围的重任。

任正非在五大军团组建大会上讲道："和平是打出来的！我们要用艰苦奋斗、英勇牺牲，打出一个未来30年的和平环境，让任何人都不敢再欺负我们。我们在为自己，也在为国家舍命！日月同光，凤凰涅槃，人天共仰！历史会记住你们的，等我们同饮庆功酒的那一天，于无声处听惊雷！"

在华为五大军团集结完毕后，在场华为高管和员工们一同唱起了《毕业歌》，最后，大家高呼：华为必胜！必胜！必胜！

自2021年10月成立首批军团开始，华为军团就吸引了外界众多目光，这种新组织也被外界认为是华为在被制裁的背景下，开展的一次组织变革，寻求新的业务增长点。

到2022年12月底，华为组建了三批次共计20个军团。随着军团的陆续成立，华为的业务体系也更加多元，业务覆盖煤矿、智慧公路、智慧海关、智慧港口、智能光伏、数据中心能源、电力数字化、政务一网通、机场与轨道、互动媒体、运动健康、显示新核、园区、广域网络、数据中心底座和数字站点等领域。华为将整合资源，高效服务客户，为客户创造价值，助力行业数字化、智能化高质量发展。

任正非在军团成立大会上表示："军团要重视各自商业模式的探索与建立，军团是一个精干的集团组织，市场和服务是全球化的，我们要构建共生共赢的伙伴体系，卷入众多合作伙伴的千军万马，服务好千行百业。"

华为军团和华为的三大业务，即运营商BG、企业BG、终端BG等同于一个战略级别，具有很大的独立性，它和华为的三大主营业务并立而行，可以调动和匹配华为内部的优质资源。

华为的军团组织由任正非亲自制定并督导，军团的一把手都通过内部公开竞聘产生。这样的改革措施，也是华为处在如今极其困难环境下一个大胆的探索。

任正非希望通过军团作战，打破现有组织边界，快速集结资源，穿插作战，提升效率，做深做透一个领域。

军团要以销售收入为中心，一切为了多打粮食，一切为了胜利！

华为为什么要组建军团？

从2019年5月开始，美国对华为实行了一系列的制裁措施，包括限制半导体的购入、禁止谷歌等美国企业与华为进行合作等，这导致全球出货量下降，手机海外销量大幅下滑。对华为来说，这确实是一场前所未有的挑战，外界曾将这段时期称为华为的"至暗时刻"。

从华为近三年的财报中可以看出，华为终端业绩严重下滑，华为的确需要加速造血。尽管华为对外宣称其"营收符合预期"，但华为迫切地需要找到新的增长引擎，而To B（企业业务）则承接了这一重任。华为希望将To B业务进一步聚焦子行业，通过军团的模式更贴近客户，来带动收入增长，这也是华为成立军团的核心目的之一。

"军团模式"的说法最早来自谷歌，即把从事基础科学研究的科学家、技术专家、产品专家、工程专家、销售专家、交付与服务专家汇聚在一个部门，整合在一个个以细分场景为单位的独立部门中，缩短产品生产的周期，对重点行业进行突破，打造新的增长引擎。由此可见，军团则是帮助华为快速适应新型作战模式的一种组织手段。

对于军团进军行业的选择，华为主要有三个考虑标准：第一，行业空间足够大，是否有足够多的客户考虑数字化转型；第二，军团使用的产品和解决方案，是否符合华为产品投资的主航道；第三，行业对数字化转型的需求比较迫切。

事实上，华为一直都有面向特定行业的组织——行业业务部，但这些业务部范围极广，比如交通业务部就包括航空、机场、公路、轨道、港口等多个行业，跨越幅度大，业务部里有限的人才难以深入聚焦各个子行业，产品也不符合客户需求。

从行业大势来看，华为企业业务仍旧有着很大的增长空间。目前，数字化浪潮之下，中小企业也正迎来新一轮发展的"黄金时代"。在华为看来，"为场景找技术"是深化数字化转型释放价值的关键途径，同时，华为以产业、多技术协同、场景为抓手，通过成立军团组织整合资源，助力行业数字化、智能化高质量发展。

华为军团成立后，这些人才也流入军团，每个军团大约100人左右。目前，华为有两类军团：一类是行业军团，囊括研发、营销、服务体系，与各省代表处共同作战；一类是产品组合军团，重在打造可直接交付的或者集成到各个军团的解决方案。

效率在军团模式中尤为重要。一方面，这些行业足够传统，方案也更容易复制，华为希望通过快速打下标杆，然后加速向行业推广，做大业务体量；另一方面，To B领域的战争已经越来越激烈，华为需要快速拉通公司各部门资源，以方便争抢客户。

华为的这些军团成立后，快速出征，跑马圈地，已经拿到了一些成绩单。其中，在智慧城市领域，华为已服务全球100多个国家和地区的700多个城市客户；在金融领域，华为已服务全球60多个国家和地区的2500多个金融客户；在教育领域，华为已服务全球120多个国家和地区的超过2800个教育部委、高等院校和科研机构。

2021年9月，华为与国家能源集团共同发布了基于开源鸿蒙的矿鸿操作系统，使鸿蒙率先打进煤矿；2021年12月，华为煤矿军团与国家能源集团宁夏煤业有限责任公司签署战略合作协议，推动煤炭、煤化工数字化；在此之后，华为数字能源、华为智慧公路军团也先后拿下大额订单。这说明"军团模式"运作得不错。

其实，想要筛选出合格的军团还是有些讲究的。这些军团与华为原本的关键产品线强相关，具备一定规模的营收或社会资源，华为才会在这个基础上考虑组建军团，做到组建一个，成功一个。

例如，华为互动媒体与运动健康军团契合终端业务，这虽是华为终端过去擅长的领域，但在芯片断供的情况下，如今风险和难度陡然增加。其他几个军团多与企业业务相关，尤其是数据中心网络、数据中心底座、站点及模块电源三大预备军团，在2022年宣布的东数西算国家战略工程背景下，更易挖出新水源。

从目前的20个军团来看，华为选择的切入点以民生和基建为主，具有智能化需求，一些领域中的通用案例便于推广甚至复制，这也是华为过去最擅长的打法。不过，明眼人也能看出，华为率先选择的五大军团，市场价值和自身能力匹配度较高，部分预备军团则稍显稚嫩，试水温的意味明显。

外界对华为军团存在一定的误解。比方说华为煤炭军团并不是要去挖煤，电力军团也不是要去发电。简单地说，华为的业务有很明显的边界，目的是把已有的、集结华为在5G、AI、云等领域优势的数字化解决方案输出到传统行业。

例如，华为可以通过ICT技术与煤炭开采技术的结合，帮助煤炭行业进行数字化、智能化转型，实现"安全、少人、高效"的生产模式，也让煤矿工人以后工作可以"穿西装打领带"。简单地说，就是华为不挖煤，但可以发挥自身数字化、智能化技术优势，帮助煤炭行业转型升级，更安全、更高效地挖煤。

2021年2月9日，山西省人民政府、华为公司、晋能控股集团有限公司以及山西云时代技术有限公司等联合成立"智能矿山创新实验室"，聚合生态、赋能产业，推进煤炭行业转型升级，促进煤炭工业高质量发展。

华为煤炭军团董事长邹志磊表示，智能矿山建设的本质是工业体系架构的变革，唯有建设统一架构的工业互联网平台，才能彻底解决问题。要实现智能矿山，就是要构筑数字世界里面的矿山数字孪生。华为智能矿山解决方案，采用分层解耦架构、基于华为云及矿鸿生态，使能煤矿智能化。矿鸿构建矿山统一接口、统一数据格式的底座，为矿山智能化奠定基础。

值得注意的是，这也是华为鸿蒙操作系统首次从To C（个人业务）领域扩展到了To B领域，在工业领域进行B端商业化试水。对于鸿蒙新能而言，这是拓展生态中非常关键的一步。

在受到欧美制裁后，华为将精力投入到了传统行业的开拓中。其中一个特别受到重视的项目，就是"智慧矿山"。

目前，国内大型煤矿中的机器使用的都是外国的操作系统，而华为现在正在推进的项目，正是在煤矿中使用自主研发的鸿蒙操作系统。

矿井下面非常危险，不仅环境狭小逼仄、满是粉尘，安全事故也随时都有可能发生，而且煤矿工人们经常要在这样的环境中长时间工作，又苦又累，又不安全。

鸿蒙操作系统可以实现设备间的互联互通，在煤矿机械设备上搭载鸿蒙操作系统，可以实现用手机操控数台设备。

除此以外，搭载鸿蒙系统的安全帽能够实现骨传导对话，AI机器人则能够在煤矿中自动巡检，进行安全预警。华为的初衷就是想利用自主开发的鸿蒙系统以及AI技术，尽可能减轻井下煤矿工人的工作负荷。

但是，华为军团想要在激烈的市场竞争中挖出更多的"金子"，还有很长一段路要走。即使一路荆棘，华为依旧把企业业务看得很重，期望能在多个新行业中"逼"出一些独角兽。

任正非认为，"未来30年，我国在智慧农业、智慧乡村、智慧交通、智慧社区、智慧城市、智慧医疗、智慧工业等多个行业，存在巨大的数字化转型升级机会"。

值得一提的是，2021年10月18日，华为成功签约了大型储能项目——沙特红海新城储能项目，规模达1300MWh。对于华为而言，拿下这个重大项目，意味着持续布局的储能赛道终于实现了实质性突破，开启了万亿级市场。

所谓"储能"，就是将能量储存起来以便以后需要时利用的技术。一般来说，当前的储能技术可以分为两大板块：一个是物理储能，主要包括抽水蓄能、压缩空气储能和飞轮储能等方式；另一个是电化学储能，也就是我们通常熟知的电池储能方式。

目前，全球已有137个国家承诺了"碳中和"目标。任正非认为，这将是一场史无前例的全球大规模合作行动，同时也将催生可再生能源与绿色基础设施领域的广泛投资机会。当前，储能产业正从试点示范步入规模化建设阶段。

未来，华为将集中各个BG的精兵强将，打破边界，打通资源，形成纵向能力，对重点行业进行突破，并创造新的增长引擎。

生存法则 36：

自主创新，突破美国技术封锁

2019年5月，美国将华为列入"实体清单"，禁止华为从美国企业购买技术和配件，这一决定让华为陷入至暗时刻。华为抛弃幻想，以向死而生的勇气，打响绝地反击战。

为了解决"卡脖子"的问题，华为启动了"南泥湾项目"，加快"去美国化"的步伐。经过4年的艰苦努力，华为的鸿蒙、欧拉操作系统已经投入使用，同时完成对旧ERP系统的替换。目前，华为重新构建了一条半导体全产业链和元器件供应链，在自主芯片设计生产方面已经取得突破，走出了一条技术自立自强的发展之路。

‖ 绝地救生，启动"备胎计划"

美国将华为列入"实体清单"后，任正非随即宣布华为进入"战时状态"，并率领近20万名华为铁军，提枪跨马上战场，打响了这场没有硝烟的反击战，并制定了切实可行的行动计划，应对危机。

至暗时刻，华为如何打赢这一仗？

任正非的思路是：精兵简政，激活组织，聚焦战略，增加研发投入，加强预算集中度，缩短战线，发挥自己的优势，做优、做强产品线，形成一把"尖刀"，打赢市场攻坚战，同时启动"备胎计划"以应对这场危机。

任正非指出："美国制裁华为比我预想的节点要早了两年。如果两年之后再发生，我不会有这么大的压力。现在我们和美国赛跑，到了提枪跨马上战场的时候了，一定要把英雄选出来，没有英雄就没有未来，英雄犯错了就下去，改了再上来。我们一定要改变用人的格局和机制。我们要敢于团结一切可以团结的人，我们的唯一武器是团结，唯一战术是开放。只有敢于敞开心胸，容纳人才，我们才有未来！"

按照任正非的战略布局，在之后的3～5年内，华为放弃幻想，强化自己在通信、终端和云三方面的积淀，加大战略投入，自立自强，在5G时代和AI时代继续领导世界。

面对巨大的压力和挑战，华为选择的是宁可向前一步死，绝不退后半步生。华为为什么要做出如此选择呢？

如果华为选择暂时退让、妥协，会不会比现在好受一点？答案是肯定的。但是，任正非毫不犹豫地选择了向死而生！

至暗时期，任正非硬是用战争思维指导商业运营。他认为"进攻是最好的防守，中美贸易冲突是一场国运博弈战。在极端艰难的条件下，除了保持坚定不移的战略方向外，灵活机动的战术也非常重要；要保持战略耐心与定力，坚信笃行致远的长期主义，面对困难，要心有惊雷，面不改色，沉着应战，不论是5G还是芯片，我们都不会放弃，我们有信心打赢这场战争"。

华为员工的硬气，要归功于华为的未雨绸缪，更得益于华为持续对研发的高投入，掌握了业内很多核心技术，5G技术专利数量在全球同行业中名列第一，成为全球5G技术的领导者。这是近百年来中国人首次在前沿科技领域领先世界，并在西方严密而坚固的技术城墙上，撕开了一个巨大的缺口，才有了行业的领导地位，所以华为能做到"泰山崩于前而色不变"。

面对美国的制裁，任正非自信地说："求生的欲望使我们振奋起来，寻找自救的道路。困难只是暂时的，华为有信心在未来3～5年内仍然保持竞争力，美国的打压只会让华为变得更加强大！"

号称"没有远大理想"，其实是任正非的自谦。他很清楚，华为的路走向何方，以及该怎么走。多年前，他认定华为的长远发展方向是网络设备供应商——这是公司核心竞争力的重要体现。有了这个导向，华为才不会迷失方向。长期以来，华为不断向西方学习，吸收他人长处，补己短板，成为世界知名的通信企业，如今更是在代表新一轮科技革命的5G上冲到了世界前沿，全面迈向5.5G时代。

华为按照既定方案和节奏，继续加大研发投入，重新构建自己的供应链，规避含有美国技术的产品，实现自给自足。

华为的技术创新与突破，象征着中国科技发展的高度。华为今天遭遇美国等国的制裁，折射出国际科技竞争血淋淋的残酷真相，也折射出中国崛起之路注定荆棘密布。

其实，任正非非常清楚未来外部环境充满不确定性，但他并没有因此减少对华为未来发展的信心。经过30多年的发展，华为早已经度过了数个"寒冬"，也练就了一身应对危机的本领。

‖ 鸿蒙和欧拉双剑合璧，终结美国科技霸权

在美国的制裁下，华为加大了去"美国化"的进程，打造两个操作系统，一个是鸿蒙，一个是欧拉。鸿蒙和欧拉双剑合璧，彻底打破美国的垄断。

2021年6月2日，这是中国ICT产业载入史册的日子，华为公司正式向用户发布了首个国产操作系统——鸿蒙2.0。笔者应华为公司邀请参加了发布会，见证了这一历史性的一刻。

在汉语中，"鸿蒙"是盘古开天辟地前的混沌状态，是万物肇始，是宇宙之元。

在英语中，Harmony有"融洽""和谐"之意，寓意这个系统的宏大和包容性。

《庄子·在宥》写道："云将东游，过扶摇之枝而适遭鸿蒙。"中国神话传说的远古时代，在盘古开天辟地之前，世界一片混沌，因此把那个时代称作"鸿蒙时代"。后来，盘古凭借手中的法宝——太极图，劈开了鸿蒙，自此才孕育了天地万物。

鸿蒙"一生万物，万物归一"。鸿蒙的面世，意味着一个新世界即将到来，它将成为我国高科技自强自立的一张重要的牌。

很多人都知道，芯片是我们的痛，实际上操作系统也是。多年以来，中国所使用的操作系统都掌控在美国手中，从PC时代的Windows，到移动互联网

时代的iOS和安卓系统。面对西方的垄断，华为除了突围，别无选择。

操作系统分为两大类：一类是个人电脑（PC）领域，基本被微软的Windows占领；另一大类是手机移动端。公开的数据显示，目前Android（安卓）操作系统占据了全球72.2%的市场份额，苹果的IOS占据了26.99%的市场。也就是说，留给其他操作系统的市场份额已经很少了。而中国的手机操作系统领域与芯片领域一样，都处在被美国"卡脖子"的状态。

而这种现状严重制约了我国的发展，"谁拥有操作系统，谁就拥有主导权"，成了信息化时代的话语逻辑。因此，国人才会如此看重鸿蒙系统的上线。

什么是核心技术？

假设一台售价4000元的手机，刨去软件、硬件、组装、渠道运营费用，手机厂商能挣约200元。可凭借单价1000元的CPU，高通公司可以轻而易举地赚走1/4。而边际成本近乎为0的手机操作系统，甚至可以赚走更多的利润。

例如通过苹果公司自带软件商城App Store售卖的App，每一笔都要被抽成30%，苹果公司2020年App Store的抽成收入高达640亿美元。苹果公司仅这一项收入，就是小米集团2020年总营收的两倍多。而谷歌的安卓操作系统，更是可以强行推动征收授权费，被很多用户戏称为"收安卓税"。

2018年7月，欧盟判定安卓操作系统垄断，向谷歌公司开出50亿美元的罚单。当时，谷歌公司的CEO皮查伊警告欧盟：欧盟的罚款可能打破安卓操作系统一直以来的收费模式，并称其可能将向欧盟一些公司收取授权费。这不是警告，之后谷歌真的开始向德国、英国、瑞典、挪威、荷兰等欧洲国家征收"安卓税"。

谷歌向在欧洲销售的安卓设备收取专利授权费的标准是：PPI（生产价格指数）超过500的设备每台收费40美元，400~500之间的设备收取20美元，低于400的设备则收取10美元。谷歌敢这样与欧盟硬碰硬，是因为在智能手机时代，欧洲本土手机厂商，如西门子、诺基亚、爱立信、飞利浦、阿尔卡特，这些曾经拥有独立操作系统的厂商已经没落。取而代之的是三星、华为这样使用安卓系统的手机在欧洲市场畅销，这就是谷歌敢与欧盟叫板的底气。

如果同样的情况发生在中国，后果不难想象。想改变这种受制于人的现状，那么打一场操作系统争夺战，势在必行。

鸿蒙在2016年正式立项，到2019年正式面世，已经升级了4个版本，2023年3月发布的华为P系列手机搭载鸿蒙3.1版本。2023年秋季发布的华为Mate60将搭载鸿蒙4.0版本，届时，华为用户可以体验到鸿蒙带来的前所未有的功能和优化。

华为对鸿蒙越来越重视，伴随着接踵而至的"黑天鹅"，鸿蒙无疑背负了"自救"的色彩，正式向安卓、iOS的霸权发起挑战。

2019年，中国的操作系统市场规模约为189亿元，国产操作系统的规模只有15.13亿，大约占8%。操作系统的短板不仅让我国每年花费两百亿美元去购买美国的操作系统，更给国家的网络信息安全带来不可控的隐患。

因此，鸿蒙操作系统的面世，可谓是鼓足了国人的士气。面对当今世界一项新的机遇——物联网的迅速发展，国产操作系统走出了一条弯道超车的新路径。

作为一款操作系统，鸿蒙非常实用、好用。它既能控制手机、电视，也能适配PC、平板、手表等智能终端。不同属性的智能终端设备之间普遍存在的"兼容性"问题，在鸿蒙这里反而不存在。

如果说安卓是4G移动互联网时代手机的"供电系统"，那么鸿蒙就是5G时代下，实现"万物互联"的底层系统。它的意义就是在市场上各类硬件终端彼此连接沟通困难、生态碎片化的背景下，打通不同设备终端，让它们在一起协同工作。

任正非曾表示，"华为在与谷歌、苹果竞争时，最大的失误在于没有及时建立良好的应用程序生态系统"。当前，华为虽然在努力追赶对手，但由于进场时间较晚，人才资源、市场优势都被对手占据，想要后发制人，难度非常大。

但即便如此，华为也没有放弃鸿蒙生态的创建。事实上，自从鸿蒙项目公布开始，华为就一直在为创建应用生态而做准备。2019年10月，华为宣布拿出10亿美元奖励开发者为鸿蒙生态增砖添瓦。

中国的ICT产业一直"缺芯少魂"。早在2016年，华为就启动了一个"铸魂工程"，就是希望通过鸿蒙和欧拉，打造覆盖所有场景的操作系统，而且全部开源，让产业界参与进来，适配更多产品和场景，大家共同努力，结束"缺芯少魂"的历史。

2021年，华为还把鸿蒙的基础能力全部捐献给开放原子开源基金会，形成"鸿蒙开源"项目，让千行百业拥有开放的"数字底座"。

鸿蒙在开源上采取了另一种办法，将系统解耦，按照业务逻辑切割开，再给切开后的所有模块打上标签，提醒开发者每个模块适用于什么样的硬件。上万个模块，只需要上报性能参数就可以了，开发效率大大提高。

截至2023年6月30日，搭载鸿蒙的设备数量已达到7亿台，鸿蒙成为史上发展最快、覆盖升级机型最多的操作系统，成为全球三大操作系统之一。接下来的生态系统建设将成为鸿蒙的关键。

华为也在努力帮助国内各终端厂商搭建软件系统，通过高效的信息交互，给消费者提供更好的体验，从而获得更多的厂商支持，让他们愿意将自己的设备与鸿蒙系统适配。

华为还组建了一个开放的鸿蒙生态合作平台，旨在与产业伙伴共同建设、推广和应用鸿蒙操作系统，促进鸿蒙生态的繁荣和发展。

鸿蒙操作系统面世后，华为又亮出了一张重要底牌，于2021年9月25日正式发布了欧拉开源操作系统首个全场景版本。

欧拉是面向数字基础设施的操作系统，支持服务器、云计算、边缘计算、嵌入式四大应用场景，支持多样性计算，致力于提供安全、稳定、易用的操作系统，并通过为应用提供确定性保障能力，支持OT领域应用及OT与ICT的融合。

欧拉和鸿蒙设计理念相同，可实现两套操作系统内核打通，可将鸿蒙移植到欧拉上面。这样的好处就是拥有欧拉操作系统的设备，可以自动识别，并且连接鸿蒙设备，可以真正做到互联互通，覆盖各种场景。

此外，欧拉操作系统不仅进一步提升华为云的使用体验，还能开放给其他企业使用，实现能力共享，生态互通，提高华为服务器的安全性，有效地防止"黑客"入侵。

欧拉和鸿蒙已经实现了内核技术共享，未来计划在欧拉构筑分布式软总线能力，让搭载欧拉操作系统的设备可以自动识别和连接鸿蒙终端。后续进一步在安全OS、设备驱动框架以及新编程语言等方面实现共享。通过能力共享，实现生态互通，"欧拉+鸿蒙"更好地服务数字全场景。

‖ 重构供应链，突破西方封锁

自从2019年5月，美国政府将华为列入"实体清单"，彻底切断了华为芯片来源，华为陷入无5G芯片可用的尴尬境地，这如同当年横在红军前进路上的乌江天险，华为只有突破"乌江天险"，实现战略突围，才有可能持续开发出领先的产品开发工具软件，彻底摆脱对美国的产品开发工具软件的依赖。

近几年来，中美科技战加剧，美国对中国半导体行业加大了打压力度，而中国政府也开始大力扶持国产芯片行业。因此，每隔一段时间就会传出关于国产光刻机技术的突破。

正当全国一窝蜂似的搞芯片之时，任正非冷静地指出："解决芯片问题不能只砸钱，得'砸'数学家、物理学家、化学家，因为我们的基础教育和理论研究较为薄弱。高科技不是基础建设，砸钱就能成功，要从基础教育抓起，需要漫长的时间，华为急不得。一个基础理论的形成需要几十年的时间，如果大家都不认真去研究理论，都去喊口号，几十年以后我们也不会强大。所以，还是需要人去踏踏实实做学问。"

为什么要"砸"数学家、物理学家、化学家呢？

因为，世界逐渐进入数据时代，算法、算力、数据是数据时代的三个支柱。在信息社会，数学的重要性越来越高，它是人工智能中非常重要的基础学科，算法问题就是数学问题。当然，物理学、化学、神经生物学、工程学、电子学……同样都非常重要。

华为从2015年开始进行7nm工艺研究，到2018年实现SoC（系统级芯片）大规模量产，华为麒麟980 7nm芯片整个研发周期历时36个月，这还不算其10余年的前期基础科学研究，所以自主芯片非一日之功！

对于整个芯片行业来说，7nm工艺意味着一个非常关键的节点。根据摩尔定律，当价格不变时，集成电路上可容纳的元器件的数目，约每隔18~24个月便会增加一倍，性能也将提升一倍。然而，从芯片工艺上看，7nm相当于70个原子直径，已经逼近硅基半导体工艺的物理极限。再往下走，将意味着难以预估的巨额成本投入。华为的麒麟980 7nm芯片的研发费用近4亿美元，而麒麟9000芯片的研发费用则更高，可见投入是惊人的。要知道，能够承受如此高昂成本投入的芯片企业并不多见。

就在2023年，OPPO关停ZEKU（哲库）自研芯片业务，阿里集团也关闭了达摩院自动驾驶实验室，再加上长鑫存储目前的处境，一切的一切都在告诉我们：如果不具备100%的芯片自主化技术，盲目地设计芯片、扩充产能，无异于在别人的地基上盖房子，随时随地都可能崩塌。就像任正非所说的那样，解决芯片问题不能只靠砸钱，要砸人，砸物理学家、数学家、化学家。放弃一切不切实际的幻想，踏踏实实地从基础学科做起，从0开始做起，实现100%的芯片自主化技术，才是中国芯片破局的唯一出路。

光刻机被誉为"芯片行业皇冠上的明珠"，是不可或缺的芯片制造设备，也是我国急需的设备。事实上，我国早在50多年前就开始了光刻机的研发，但为了实现经济的快速发展和快速占领市场，许多企业已经偏离了"贸易、工业和技术"的道路，先做生意，后做技术。毕竟很多公司只关心业务，没有技术。这让西方在光刻机和芯片生产机领域建立了严密的技术壁垒！

此外，中国的半导体产业起步较晚，因而在芯片制造方面与欧美国家存在较大的差距。虽然华为能设计出性能领先的麒麟5G芯片，但是不能生产芯片，而且国内芯片企业只能生产28nm低端芯片，无法达到5G芯片的标准。

为了解决芯片"卡脖子"的问题，华为通过旗下的哈勃投资，先后投资了20多家半导体产业链相关的企业，涵盖芯片设计、EDA、测试、封装、材料和设备各环节，并在晶圆、EUV光源、人工智能等高科技设备和材料领域全面发力。华为想打造一条半导体全产业链的雄心已经清晰可见，并取得了实质性突破。

同时，华为还投巨资兴建了上海青浦研发中心，该中心位于青浦区金泽镇，占地面积160万平方米，建筑面积200万平方米，计划2023年底竣工，主要用于开展终端芯片、无线网络、物联网等领域的研发，建成后将是华为全球最大的研发创新基地，必定会推动中国半导体产业链的快速发展。

除了布局半导体产业链，华为正在凭借5G和人工智能等方面的领先优势，开辟新赛道，打造鸿蒙全场景智慧生态。依托中国庞大的市场和用户基础，把自主的鸿蒙、欧拉操作系统、软件、设备、装备、生态服务等有机连接起来，构筑了风格统一、智慧、便捷的万物互联的应用生态系统。

华为轮值董事长徐直军在华为2022年财报发布会上透露了一个重磅消息："华为联合行业伙伴共同打造了14nm以上工艺所需EDA工具，实现了14nm以上EDA工具国产化，2023年将完成对其全面验证。"也就是说中国的半导体企业可以使用国产EDA工具设计生产14nm以上的芯片。掌握了14nm等先进工艺，就意味着能够满足更多芯片需求。

华为软件开发和工具开发团队自2018年就开始联合国内相关厂商，共同推动EDA的国产化。这项工作的重要意义，不仅是让该公司在美国的封锁下有了更大的生机，同时对国内芯片产业而言也是一个里程碑。EDA一直以来都被认为是国产芯片最薄弱的环节。

为此，华为围绕芯片开发、硬件开发和软件开发三条研发生产线，努力打造自己的工具，完成了软件和硬件开发78款工具的替代，保障了研发作业的连续。

目前，华为联合行业伙伴实现了EDA工具的全面突破，已经发布了十几款产品开发工具，而且所有产品线都已经切换到华为自己发布的工具上，每月有大约20多万软件开发人员、19万硬件开发人员在使用华为开发的工具，同时还有203家企业愿意付费使用华为的软件工具，这是对华为开发工具团队的一种认可。

EDA全称Electronic Design Automation，意为电子设计自动化，是用于辅助完成超大规模集成电路芯片设计、制造、封装、测试整个流程的计算机软件，控制着整个芯片产业中游的设计与生产环节，被称为"芯片之母"。

有人将芯片比喻成一座架构复杂的大厦，那么IC（集成电路）设计公司的任务就是画好这个大厦的图纸，所借助的工具就是EDA软件。实际上这个比喻也不能完全诠释出EDA的重要性，EDA贯穿整个芯片的生命周期。在IC设计环节，无论是模拟IC还是数字IC，都需要EDA工具来进行设计、验证、逻辑合成、电路布局和电路检测等工作。在IC制造环节，EDA工具提供流程服务，通过EDA工具制造设备才能够将设计版图结构转移到晶圆上。因此，晶圆代工厂需要定期更新PDK。在IC封装环节，EDA工具扮演的角色是封装设计平台，芯片保护和引脚引出都需要EDA工具，并且越是先进封装，越需要EDA工具的帮助。因此，EDA工具的发展极大地提升了芯片设计和制造的效率，这就是为什么EDA被誉为"芯片之母"。

同时，华为携手高校，加速工具软件课程和人才培养体系建设，培养工具软件人才。华为把所有已发布的工具软件在高校中率先使用，让学生从接触工具开始就使用上这些工具软件，形成星星之火。

经过4年的艰苦努力，我国在国产芯片设计制造方面已经取得全面突破，利用国内自主技术可以生产14nm以上的芯片。相信在不远的将来，华为和中国EDA厂商一定会在14nm以下，7nm、5nm，甚至3nm等更为先进的芯片制造上取得突破。

2023年8月，华为推出了Mate60系列旗舰手机，搭载国产的麒麟9000S 5G芯片和鸿蒙4.0系统，而且拥有卫星通信功能，引发线上线下抢购潮，全系溢价，一机难求。

华为Mate60系列5G手机和国产麒麟芯片的回归，意味着华为彻底摆脱了对西方技术的依赖；也意味着中国在半导体和高端芯片领域获得重大突破；同时也彰显了华为强大的科技实力和极强的生存能力。华为手机王者归来，是华为与国内供应商一起努力的结果。

从2023年5月开始，华为手机重新回归国际市场。华为还上调了2023年华为手机销售目标，从原定的3700万台上调至4000万台，增长幅度约8.1%。这也意味着华为是目前大环境下唯一一家上调出货目标的手机厂商。华为上调出货目标虽不意味着智能手机市场全面回暖，但却是华为复苏的信号。

"雄关漫道真如铁，而今迈步从头越"，华为突破"乌江天险"，实现战略突围的号角已经吹响，华为人将不辱使命，奋力突围，在全新的国际形势下，走出一条技术自立自强的新路，为后续国产软件和国产芯片的发展树立标杆。我们期待着华为早日摆脱对西方技术的依赖，彻底解决"卡脖子"的问题。

‖ "强渡大渡河"，打造面向未来的企业核心商业系统

2019年5月15日，美国把华为列入"实体清单"，ERP供应商在几天内就通知对华为断供停服，而ERP作为华为企业经营最为核心的系统，支撑了华为20多年的快速发展，支撑了每年数千亿产值的业务，支撑了全球170多个国家业务的高效经营，一旦出问题，相当于自身运行的神经系统出了问题，公司基本业务运转面临瘫痪风险。这条影响企业经营生存的"大渡河"突然横亘在前，华为已经没有退路，"强渡大渡河"成为唯一选择。

断供停服是一场巨大的危机，也让华为重新审视老ERP的问题和发展限制，最终决定不仅要全栈自主可控，且要基于云原生、元数据多租、实时智能等新技术，打造面向未来的下一代企业核心商业系统，让企业运营更安全、更高效。

2023年4月20日，华为正式宣布实现了自主可控的Meta ERP研发，并完成对旧ERP系统的替换，重新定义企业核心商业系统。

ERP是企业经营管理软件中最为关键的企业级IT应用。ERP全称Enterprise Resource Planning，最早由美国Gartner Group公司于1990年推出。华为自1996年引入MRPⅡ，并持续迭代升级ERP版本。

华为也是旧有ERP系统全球使用体量最大的企业之一，ERP支撑了华为每年数千亿产值的业务，以及全球170多个国家业务的高效经营，承载了销售贸易型、生产制造型、财务核算型企业的多样化、复杂的业务需求，完成了日均销售订单76万件、应付开票21万张、会计分录1500万的海量作业交易量。

华为做ERP完全被形势所迫。2019年，面对外部环境的压力和自身业务的挑战，华为决定启动对旧有ERP系统替换，并开启研发自主可控的Meta ERP系统。

对华为而言，鉴于精益管控需求已经细化至每一笔订单履行、每一次计划调度、每一个人员管理，为了不让管理退步，同时一并解决旧有ERP系统灵活性差、业务需求响应慢、智能体验差的问题，唯一的出路只能是自研。

据了解，旧有ERP系统对集团型公司统一业务流程、统一数据标准等规范业务管理的价值是不可否认的，但在当前智能化、数字化迅速发展的时代，旧有ERP灵活性差、对业务需求响应慢、不够智能的局限性也为华为公司数字化转型带来了制约。

华为认为，面向未来，新ERP的发展方向应具备三个特征：一是云化和服务化；二是组件化，能支持服务的灵活编排组合、适配企业差异化场景；三是实时和智能。

然而，完全自主研发和替换ERP系统的挑战是极大的。例如，旧有ERP与外围系统集成点有3950多个，上万个数据集成点，IT架构如何重构适配？旧有ERP固化了华为公司20余年的管理和运营经验，这些管理流程经验如何继承，以及多个技术难题如何攻破？这也成为华为有史以来牵涉面最广、复杂性最高的项目。

2020年，华为自主研发ERP系统正式立项，并命名Meta ERP，它是华为内部对ERP替换项目的代号。3年来，华为投入3000多人，联合产业伙伴和生态伙伴攻坚克难，研发出面向未来的超大规模云原生的Meta ERP，并成功完成对旧有ERP系统的替换，实现了从操作系统、数据库、中间件到应用系统软件的全栈自主可控。

截至目前，Meta ERP已经覆盖了华为公司100%的业务场景和80%的业务量，经历了月结、季结和年结的考验，实现了零故障、零延时、零错账。

对于华为来说，ERP成功切换不单单是解除了经营风险，更是对华为在大型集团、复杂企业应用软件设计、开发和成功替换能力上的一次验证。

华为董事、质量与流程IT部总裁陶景文表示："面对包含ERP在内的企业作业和管理核心系统的断供停服，我们不仅能造得出来，还换得了，用得好，现在终于可以宣布，我们已经突破了封锁，我们活了下来！"

接下来，华为将继续围绕"极简架构、极高质量、极低成本、极优体验"

的目标，在ERP、PLM等领域，和伙伴一起打造自主可控、更加高效安全的企业核心商业系统。

"为有牺牲多壮志，敢教日月换新天"，ERP的成功"强渡大渡河"，是华为和中国软件产业共同努力的成功。

凡是打不倒我的，只会让我变得更加强大！美国将华为列入"实体清单"，从长期来看，将激励华为奋起。美国的极限打压，让华为彻底清醒，丢掉幻想。伟大的企业都是苦难逼出来的，我们坚信，在压力面前，将会崛起一个更强大的华为！

后 记

　　这本书是我继出版《华为还能走多远》《华为知识型员工管理之道：用好人，分好钱》《任正非：成就员工就是最好的人性管理》《任正非和华为：非常人 非常道》《任正非讲给华为人的100个故事：没有退路就是胜利之路》《商业思想家任正非》系列作品之后的最新力作，也是我的"华为之道七部曲"的收官之作，同时也是我追踪采访和潜心研究华为25年的又一项成果，倾注了我很多的心血和汗水，唯愿读者能从中获取智慧与启迪。

　　为了确保本书的真实性、权威性和可读性，我查阅了任总历年的讲话，翻阅了自1996年以来的《华为人》报以及大量未公开的内部文献资料，采访了华为公司9名高管和数十名与华为共同成长的亲历者，获取了大量的一手资料，从中梳理、提炼出了华为的36条生存法则，列举了很多真实而鲜活的案例，生动再现了华为30多年跌宕起伏、九死一生的成长历程和悲壮的战斗史。华为的36条生存法则是华为成功的"道与术"的融合，具有很强的普适性和实操性，对中国企业有着积极的启发和借鉴意义。

　　我写这本书的目的，就是帮助中国企业经营管理者在高度不确定性的环境中，解决企业生存和发展的难题，摆脱各领风骚三五年的宿命，让企业基业长青！

　　在历时一年多的采访、写作过程中，华为不畏强敌、艰苦奋斗、披荆斩棘、绝地反击、向死而生的感人故事一直鼓舞着我，让我有了创作的激情与动力！感谢著名经济学家、中欧国际工商学院终身荣誉教授、中国经济学界最高奖"孙冶方奖"获得者许小年，南开大学新闻与传播学院院长、教授、《科技日报》社原总编辑刘亚东，著名媒体人、《财富》杂志首席执行官穆瑞澜（Alan Murray），著名财经评论家、沃伦财经董事长水皮点评、推荐本书。

对于华为而言，2023年是极不平凡的一年，是华为从应对美国制裁的"战时状态"转为正常运营的第一年，也是华为彻底摆脱对西方技术依赖、绝地重生的一年。华为的绝地反击，不仅让我看得到了华为的坚持和顽强，也让我看到了其中的辛酸和无奈。但我们有理由相信，向死而生的华为一定会有质量地活下来！也祝愿华为手机早日"王者归来"，续写中国智造的传奇和荣耀！

由于本人水平有限，再加上时间仓促，书中难免出现不当和浅显之处，恳请任总和读者原谅、指正！欢迎您对本书提出宝贵意见或建议，我在此先行表示感谢！我的电子信箱：ysh5198@163.com，期待与您交流！

余胜海

2023年11月18日写于北大燕园

内容简介

　　华为公司从1987年创立至今，经历了四次"寒冬"和八次重大危机事件，但是华为却奇迹般地活了下来。尤其是在美国持续的不公平打压之下，华为不仅没有倒下，反而迸发出更加强大的生命力，成功实现了战略突围，摆脱了对西方技术的依赖，不仅展现了极强的韧性与风骨，而且走出了一条教科书式技术自立自强的发展之路。

　　本书是著名财经作家、华为资深研究专家余胜海先生的最新力作。他以"活下去"为主线，梳理总结出华为三十多年来凝心聚力、艰苦奋斗、化解危机、安然"过冬"、绝境重生的36条生存法则，生动而又真实再现华为九死一生的成长历程和悲壮的战斗史。华为的这些生存法则具有很强的普适性，对中国企业有着积极的启发和借鉴意义。

作者简介

　　余胜海，1964年生于湖北随州，北京大学MBA，著名财经作家、华为研究专家，著有"华为管理七部曲"——《商业思想家任正非》《用好人，分好钱：华为知识型员工管理之道》《任正非：成就员工就是最好的人性管理》《没有退路就是胜利之路：任正非讲给华为人的100个故事》《任正非和华为：非常人非常道》《华为还能走多远》《活下去才是硬道理：华为的36条生存法则》以及《绝不雷同：小米雷军和他的移动互联时代》《不折腾：大众创业成功法则》《寻味人间》《能源战争》《企业家大败局》等20余部作品，其中多部作品在国内获奖并译成英文出版，在商界引起巨大反响。